FOUR ENGLISH POLITICAL TRACTS OF THE LATER MIDDLE AGES

edited for the Royal Historical Society

by

JEAN–PHILIPPE GENET

CAMDEN FOURTH SERIES
Volume 18

LONDON
OFFICES OF THE ROYAL HISTORICAL SOCIETY
UNIVERSITY COLLEGE LONDON, GOWER STREET
LONDON WC1E 6BT
1977

© Royal Historical Society

ISBN 0 901050 30 X

Printed in Great Britain by Butler & Tanner Ltd
Frome and London

CONTENTS

ACKNOWLEDGEMENTS

For permission to print material in their possession I am grateful to the following: The Trustees of the British Library (Cotton MS. Cleopatra A. xiii); The Bodleian Library (MSS. Douce 273 and Bodley 581); University College, Oxford (University College MS. 85); The Houghton Library, Harvard University (Harvard Eng. MS. 530); the Master and Fellows of Trinity College, Cambridge (Trinity College MS. O.5.6); the Bibliothèque Municipale Rouen (MS. 1233 [Y. 26]).

I wish to thank the Maison Française at Oxford and its former Director, M. François Bedarida, who gave me every assistance during my stay in Oxford in 1968-9. My gratitude, too, is due to the staffs of the Bodleian Library and the British Library, and especially to Dr J. J. G. Alexander, Mrs. Kathleen Ross and Miss A. de la Mare for making comments on the scribes and illuminations of Bodley MS. 581 and University College MS. 85. Miss Anne Hudson must be thanked for her advice on Douce MS. 273. I am likewise indebted to Dr A. I. Doyle for knowledge of the *De Regimine Principum ad Regem Henricum Sextum*, and of the Harvard and Cambridge manuscripts of the *III Consideracions*. M. Raymond Cazelles, Director of the Musée Condé at Chantilly, gave me valuable advice on the authorship of the *III Consideracions*. Without Dr Pierre Chaplais, several passages of these texts would have remained obscure to me. M. Marcel Baumlin read the transcripts of the two Latin texts, while Father Folliet and Dom Jean Leclercq helped me in my search for patristic quotations. My final thanks must be to my guide in the study of political theory of the later Middle Ages, Professor Bernard Guenée.

Paris   JEAN-PHILIPPE GENET

ABBREVIATIONS USED IN THE NOTES

B.I.H.R.	*Bulletin of the Institute of Historical Research*
B.L.	British Library
B.N.	Bibliothèque Nationale
B.R.U.C.	A. B. Emden, *Biographical Register of the University of Cambridge, to A.D. 1500* (Cambridge, 1963)
B.R.U.O.	A. B. Emden, *A Biographical Register of Members of the University of Oxford from A.D. 1176 to 1500* (3 vols., Oxford, 1957–9)
Cal. Close Rolls	*Calendar of the Close Rolls*
Cal. Fine Rolls	*Calendar of the Fine Rolls*
Cal. Pat. Rolls	*Calendar of the Patent Rolls*
CCCM	*Corpus Christianorum. Continuatio Medievalis*
CCSL	*Corpus Christianorum. Series Latina*
CSEL	*Corpus Scriptorum Ecclesie Latine*
Decretum	*Decretum Magistri Gratiani*, ed. A. L. Richter (Leipzig, 1879)
De reg. princ.	Egidius Colonna, *De regimine principum*
E.E.T.S.	*Early English Text Society*
E.H.R.	*English Historical Review*
LCL	*The Loeb Classical Library*
PL	*Patrologia Latina*, ed. Migne.
P.R.O.	Public Record Office
RS	Rolls Series
Summa	Thomas Aquinas, *Summa Theologiae*
T.R. Hist. S.	*Transactions of the Royal Historical Society*
WS	Wyclif Society

BOOKS OF THE BIBLE CITED IN
ALPHABETICAL ORDER OF ABBREVIATION

Old Testament

Bar.	Baruch
Ca.	Song of Songs
2 Ch.	2 Chronicles
Dan.	Daniel
Dt.	Deuteronomy
Ec.	Ecclesiastes
Est.	Esther
Exod.	Exodus
Ez.	Ezekiel
Ezr.	Ezra
Gen.	Genesis
Hos.	Hosea
Isa.	Isaiah
Jdt.	Judith
Jer.	Jeremiah
Jg.	Judges
Jl.	Joel
Job	Job
Jon.	Jonah
Jos.	Joshua
1 Kg.	1 Kings
2 Kg.	2 Kings
Lam.	Lamentations
Lev.	Leviticus
1 Mac.	1 Maccabees
2 Mac.	2 Maccabees
Mic.	Micah
Neh.	Nehemiah
Num.	Numbers
Prov.	Proverbs
Ps.	Psalms
1 Sam.	1 Samuel
2 Sam.	2 Samuel
Si.	Sirach (or Ecclesiasticus)
Tob.	Tobit
Wis.	Wisdom
Zc.	Zechariah

New Testament

Ac.	Acts
Col.	Colossians
1 Cor.	1 Corinthians
2 Cor.	2 Corinthians
Eph.	Ephesians
Gal.	Galatians
Jas.	James
Jn.	John
1 Jn.	1 John
Lk.	Luke
Mk.	Mark
Mt.	Matthew
1 Pet.	1 Peter
Phil.	Philippians
Rev.	Revelation
Rom.	Romans
1 Tim.	1 Timothy
2 Tim.	2 Timothy
Tit.	Titus

GENERAL INTRODUCTION

i

The theoretical literature of politics in the later Middle Ages, if not directly concerned with religious problems, has usually been regarded as dull and lacking in originality. In editing four political tracts hitherto unknown, I should like to challenge this traditional view.

ii

The greatest difficulty for the student of the literature of political theory in the fourteenth and fifteenth centuries is the fact that this literature defies all attempts at definition, even at classification. The *Breviloquium de Potestate Papae* of William of Ockham,[1] the *De Ludo Scaccorum Libri Quatuor* of Jacques de Cessoles,[2] the *Songe du Vieil Pèlerin* of Philippe de Mézières,[3] whatever their differences, all deserve to a certain extent the title of political works. Political theory, in fact, is found in nearly all forms of literary work, not to speak of documents issued in the names of kings and governments. Nevertheless, it has usually been assumed that there was a particular type of political literature, concerned above all with the prince and his image, which could be regarded as the most typical product of the Middle Ages in this field; this is what German scholars have called the *Fürstenspiegel* genre,[4] from the titles (*Speculum Regis* in Latin, *Miroir au Prince* in French) of many works belonging to the genre. Unfortunately, since Berges's day, studies of the *Fürstenspiegel* have been both scarce and, on the whole, unrewarding.

There are several reasons for this unsatisfactory state of affairs. First, there is an urgent need for reliable editions of even the most

[1] *Guillaume d'Ockham. Breviloquium de potestate papae*, ed. L. Baudry (Paris, 1937).
[2] *Jacobus de Cessolis. Solatium Ludi Scaccorum*, ed. F. Vetter (2 vols., Frauenfeld, 1892). This was extremely popular, especially in France, where it was widely circulated thanks to the two translations of Jean Ferron and Jean de Vignay.
[3] *Philippe de Mézières, Chancellor of Cyprus. Le Songe du Vieil Pèlerin*, ed. G. W. Coopland (2 vols., Cambridge, 1969).
[4] See especially W. Berges, *Die Fürstenspiegel des hohen und späten Mittelalters* (Stuttgart, 1938), in many respects a very illuminating book. The author, however, does not deal in detail with problems of definition, and his own definition may only be inferred from the list of forty-six works which he gives at the end of his book (pp. 291-356). For England, see W. Kleineke, *Englische Fürstenspiegel vom Policraticus bis zum Basilikon Doron Königs Jacobs I* (Halle, 1937); and for France, J. Röder, *Das Fürstenbild in den mittelalterlichen Fürstenspiegeln auf französischen Boden* (Emsdetten, 1933). See also W. Ullmann, *Law and Politics in the Middle Ages* (London, 1975), pp. 227-306.

important texts in this category. Its masterpiece, the *De Regimine Principum* of Egidius Colonna,[5] despite (or perhaps because of) its hundreds of manuscripts and its twenty-seven recensions, translations and abridgements, remains unpublished. Many similar works are still in manuscript,[6] while others of this kind lie unrecognised.[7] The second reason lies in the fact that most historians have confidently assumed that the German classification was correct, or at least useful. While adding new titles to Berges's list, they have tended to discuss this literature as an isolated corpus. In spite of the esteem which they rightly command, the studies of Berges, L. K. Born,[8] Arpad Steiner[9] and Dora M. Bell seem to suffer from a definition of the *Fürstenspiegel* genre which is too restrictive and yet insufficiently precise to be really effective. My aim here is not to belittle the value of these pioneer works, which are valuable and scholarly and deserve credit for standing almost alone in largely unexplored territory, but to make clear that the emphasis placed on the *Fürstenspiegel* genre has been misleading.[10]

Does this literary genre as such really exist? If we glance through Berges's list, we realise that there is no homogeneity in this collection. For instance, it is quite difficult to link the highly polished, theoretical

[5] Berges, *op. cit.*, pp. 322–8. For the manuscripts, see G. Bruni, '"De Regimine Principum" di Egidio Romano. Studio Bibliografico', *Aevum*, vi (1932), pp. 339–72. The Latin text is usually cited from the Roman edition of 1612. There are modern, but unsatisfactory, editions of the French (see *infra*, p. xiv) and of the Italian translations. Even Berges's list of translations is not fully reliable; he omits the French translation begun in 1420 by brother Gilles Deschamps (B.L., Egerton MS. 811), and he considers Hoccleve's *Regement of Princes* to be a translation of Egidius Colonna, which it is not.

[6] To quote only some of the most important *Miroirs*: the *De Morali Principis Instructione*, which is one of the two tracts by Vincent of Beauvais (Berges, no. 15); the anonymous *Liber de Informatione Principum* with the very popular French translation of Jean Golein (Berges, no. 28); the *Compendium Morale Rei Publicae* of Raoul de Presles, one of the most important translators and thinkers drawn by Charles V to his court (Berges, no. 40); and the *Speculum Morale Regium* of Robert Gervais (Berges, no. 44). To this list should be added a very interesting work, unknown to Berges, entitled *L'Avis au Roy* (see Dora M. Bell, *L'Idéal éthique de la Royauté en France au Moyen Age* (Geneva–Paris, 1962), pp. 61–74). Miss Bell refers only to Pierpont Morgan Library MS. 456; if she appears to know of the existence of B.L., Cotton MS. Cleopatra B. x, a very good manuscript, she ignores Bibliothèque Municipale, Rouen, MS. 939 (I. 36). The full title should read thus: *Traité pour donner aucun advis aux Roys et aux Princes en leur gouvernement.*

[7] For instance, *L'Estat et le gouvernement que les Princes et seigneurs se doivent gouverner* (Rouen, MS. 1233 (Y. 26)); see *infra*, p. 177.

[8] L. K. Born, 'The Perfect Prince: A Study in Thirteenth- and Fourteenth-Century Ideals', *Speculum*, iii (1928), pp. 470–504.

[9] A. Steiner, 'Guillaume Perrault and Vincent of Beauvais', *Speculum*, viii (1933), pp. 51–8.

[10] For a more realistic view of what political literature really is, see B. Guenée, *L'Occident aux XIVe et XVe siècles. Les États* (Paris, 1971), especially pp. 137–42; P. S. Lewis, 'War Propaganda and Historiography in Fifteenth Century France and England', *T.R. Hist. S.*, Fifth Series, xv (1965), pp. 1–21; and 'Jean Juvénal des Ursins and the Common Literary Attitude towards Tyranny in Fifteenth Century France', *Medium Aevum*, xxxiv (1965), pp. 103–21.

and scholastic *Speculum Regis Edwardi III*[11] with the poem in form of a tale written by Watriquet de Couvin[12] under the title *Le Mireoir as Princes*. True, moral principles, political education and rules of action for princes are supposed to be the main subjects of these works; but this does not help us to understand the texts. No light is shed upon the *Speculum Regis Edwardi III* by comparing it with Watriquet's work with which it has nothing in common; much, however, may be gained from a precise knowledge of the political atmosphere in which a text was written[13] and from the study of the other literary currents (juridical, theological, etc.) which are closely akin to it. Does this mean, then, that there is no ground for assuming the existence of a category of texts known as *Fürstenspiegel*? Certainly not. But a search for a new definition must be made.

iii

After the fading out of the Carolingian renaissance, more than a century, which coincided with the heyday of feudalism, was to pass by without any advance being made in the sphere of political thinking. The quarrel between the Papacy and Empire, however, was to generate a revival of political speculation expressed in a literature which, since it was largely of Italian and German origins, does not seem to have been of great interest to the subjects of the feudal monarchs of the West.[14] In France and England, the real renaissance in political literature centred upon the Plantagenet court, when the controversial triumph of Henry II confronted men with new problems. It is hardly surprising that the first two items on Berges's list should be the *Policraticus* of John of Salisbury[15] and the *Dialogus cum Rege Henrico* of Peter of Blois.[16] These authors, however, for all their qualities, were quite unable (and probably unwilling) to suffuse their work with the kind of serene, didactic flavour which was to appeal so much to the later medieval

---

[11] *De Speculo Regis Edwardi III*, ed. A. Moisant (Paris, 1891).

[12] *Dits de Watriquet de Couvin*, ed. A. Scheler (Brussels, 1868), p. 200 seq.

[13] This often constitutes a real difficulty, since many of these texts, especially those which have not found their way into the studies of Berges and Bell, are anonymous and difficult to date precisely; hence the taste for a structural view of this literature (the problem is the same for the so-called 'literature of estates') which saves scholars much trouble. The *Speculum Regis Edwardi III* is one of those awkward texts: its traditional attribution to Simon Islip was long discussed (see J. Tait, 'On the date and authorship of the "Speculum Regis Edwardi"', *E.H.R.*, xvi (1901), pp. 110–15) before L. Boyle showed that its author was probably William of Pagula (Boyle, 'William of Pagula and the Speculum Regis', *Medieval Studies*, xxxii (1970), p. 329 seq.).

[14] For this outline, see R. W. and A. J. Carlyle, *History of Medieval Political Theory in the West* (5 vols., Edinburgh–London, 1903–28).

[15] *Ioannis Saresberiensis episcopi Carnotensis Policratici ... Libri VIII*, ed. C. C. J. Webb (2 vols., Oxford, 1909).

[16] *Petri Blesensis opera omnia*, ed. J. A. Giles, iii (Oxford, 1846), p. 289 seq.

public; if the *Policraticus* came to be widely known throughout the Middle Ages[17] it never achieved the popularity of some of its successors.

It was the Capetian court which gave birth, in the second half of the thirteenth century, to the true *Miroir au Prince*. Although it is a point which still needs to be adequately demonstrated, it is clear that there was a link between, on the one hand, the political views of Louis IX and the image which he tried to give of himself as a Christian ruler, and, on the other, the emergence of a new political literature sponsored by the Mendicants, whose close relations with the king have been generally emphasised. If we leave aside the premonitory works of Hélinand de Froidmont,[18] of Giles of Paris,[19] and of Guillaume le Breton,[20] written under the influence of the powerful figure of Philip-Augustus, we find, within the space of forty years, the *Eruditio Regum et Principum* of the Franciscan Gilbert de Tournai, written in 1259 for Louis IX;[21] the *De Eruditione Filiorum Regalium*[22] and the *De Moralis Principis Instructione*[23] written about the same date by the Dominican Vincent of Beauvais; the *De Eruditione Principum*[24] usually attributed to the Franciscan Guillaume Perrault, but possibly the work of a Dominican

[17] B.N., MS. fr. 24287 contains the French translation of the *Policraticus* made by the friar Denis Foulchat for Charles V (also in Paris, Bibliothèque de l'Arsenal, MS. 2692, and Bibliothèque Sainte-Geneviève, MSS. 1144 and 1145; see L. Delisle, *Recherches sur la Bibliothèque de Charles V* (Paris, 1907), p. 85). On the influence of John of Salisbury in the later Middle Ages, see W. Ullmann, 'The Influence of John of Salisbury on Medieval Italian Jurists', *E.H.R.*, lix (1944), pp. 384–92. There exist in France and England many late manuscripts of the *Policraticus* not listed by Webb, which fact proves that the work was still read and copied; see, for example, Bibliothèque de l'Arsenal, MS. 701 (copied for the Austin friars of Paris?) and Bibliothèque Municipale, Auch, MS. 9, a fifteenth-century manuscript with notes relating to Bassoues, where the archbishops of Auch had a summer palace; this manuscript was later the property of the Bernardines of Gimont.

[18] *De Regimine Principum*, a lost work known only through quotations made by Vincent of Beauvais, was written c. 1200 for Philip-Augustus (Berges, no. 5).

[19] *Karolinus*, written in 1200 for the thirteen-year-old prince Louis (later Louis IX) in B.N., MS. lat. 6191 (Berges, no. 6), recently edited by M. L. Colker, 'The "Carolinus" of Egidius Parisiensis', *Traditio*, xxix (1973), pp. 199–325.

[20] *Philippis* in *Œuvres de Rigord et de Guillaume le Breton*, ed. H. F. Delaborde (Paris, 1885). As Berges himself admits, this is in fact an historical compilation. A prose translation was included in the Chroniques de Saint-Denis (*Recueil des historiens des Gaules et de la France*, vol. xvii).

[21] *Le Traité Eruditio Regum et Principum de Guibert de Tournai*, O.F.M., ed. A. de Poorter (Louvain, 1914) (Berges, no. 13).

[22] *Vincent of Beauvais. De Eruditione Filiorum Nobilium*, ed. A. Steiner (Cambridge, Mass., 1938). There is a French translation of this work made for Charles V by Jean Daudin (Berges, no. 14).

[23] Berges, no. 15.

[24] This work has long been attributed to Aquinas, and has been edited in the *Sancti Thomae Aquinatis Doctoris Angelici O.P. Opera Omnia*, vol. xvi (Parma, 1865), pp. 390–476. One may be certain, however, that it is not by Aquinas; Steiner stands for Perault's authorship, while Berges favours Vincent of Beauvais (Berges, no. 16). The French translation of Jean de Vignay, made for Philip VI, was very popular.

friar of the Paris convent (perhaps of Vincent of Beauvais himself?);
the *Liber Tertius de Informatione Regiae Prolis* of the Dominican
Bartholomeus Vincentinus[25] written for Queen Margaret of France
about 1260; the *De Regimine Principum* of Egidius Colonna, an Austin
friar, written for his royal pupil, the future Philip the Fair; and the
Liber de Informatione Principum,[26] an anonymous work composed about
1300 and dedicated to the future Louis X. To this list of six works can
be added two closely related texts: *Les enseignemens* of Louis IX
himself,[27] and the famous *De regno ad Regem Cipri*, by Thomas
Aquinas,[28] probably composed for the French-speaking Lusignan
court, and certainly written by one well acquainted with the Dominican
political circle in Paris.

What are the chief characteristics of this group of texts? Without
entering into a detailed analysis, we may nevertheless pick out four
outstanding features. The first is that, if we except the teachings of
Louis IX, all these texts are probably the works of friars, and all play
a part in the general attempt of the Mendicants to teach the true
principles of the Christian religion to the laity, including princes and
nobles, thereby contributing to a general development of mentalities.[29]
The second feature is that all these men are directly concerned with
pedagogic problems: they willingly adopt a didactic tone which con-
trasts sharply with the general outlook of earlier political works. This
contrast is heightened by the third feature. In Salisbury's time, politics
appear to have been regarded as an implicit part of rhetoric[30] at the
universities: by the thirteenth century, however, they have migrated

---

[25] This is a lost work, and its existence has never successfully been proved
(Berges, no. 17).

[26] Berges, no. 28. There are many manuscripts of the second version of the
Latin text, but the translation made by the Carmelite, Jean Golein, for Charles V
proved very popular. A second translation was made for Charles VIII.

[27] See D. O'Connell, *The Teachings of Saint Louis* (Chapel Hill, 1972), and
Les Propos de Saint Louis (Paris, 1974) with an important preface by Jacques
Le Goff.

[28] In fact, the *De Regno* itself did not prove popular; but it gained popularity
as part of a composite literary unit entitled *De Regimine Principum*, which com-
prised, besides the *De Regno*, the *De Regimine Principum* of Tolomeo of Lucca,
also a Dominican and a friend and pupil of Aquinas. See A. O'Rahilly, 'Notes
on St Thomas. IV. "De Regimine Principum"', *Irish Ecclesiastical Record*, Fifth
Series, xxxi (1928), pp. 396–410, and 'V. Tolomeo of Lucca, the Continuator
of the "De Regimine Principum"', *ibid.*, pp. 606–14. See also G. B. Phelan and
I. T. Eschmann, *St. Thomas Aquinas. On Kingship to the King of Cyprus*
(Toronto, 1949).

[29] See the illuminating essay by Georges Duby, 'La Vulgarisation des modèles
culturels dans la société féodale', *Niveaux de culture et groupes sociaux: Actes du
Colloque . . . à l'Ecole Normale Supérieure* (Paris–The Hague, 1967), pp. 33–41;
reprinted in Duby, *Hommes et structures du Moyen Age* (Paris–The Hague, 1973),
pp. 299–308.

[30] On the importance of Cicero in the twelfth century, and especially to men
such as John of Salisbury and Peter of Blois, see G. Leff, *Paris and Oxford
Universities in the Thirteenth and Fourteenth Centuries* (New York, 1968), p. 123.

from rhetoric to practical theology.[31] Hence the fundamental concern with ethics and morals, and the disappearance of references to antiquity. Thus, while Salisbury is constantly inspired by Cicero and the Pseudo-Plutarch,[32] Aquinas, when dealing with tyranny in his *De Regno*, prefers the Bible, his very few references to classical antiquity being traceable to Vincent of Beauvais, or, in a few cases, to Flavius Josephus or Eusebius of Caesarea.[33] The fourth feature appears only gradually, and partly explains why the first *Miroirs* of this group tended to become less popular as time went on: with Aquinas and Egidius Colonna a solid Aristotelian basis is supplied,[34] blended more or less harmoniously with Augustinian tradition. It is upon these four pillars of vulgarisation, pedagogic bias, an overwhelming preoccupation with ethics, and Aristotelian theory, that this new literature of the *Miroirs* is to be built.

iv

A stricter definition thus enables us to recognise those later works which are really *Miroirs*. They are not numerous, and most of them are French. If we except the late poem of George Ashby for the Prince Edward, son of Henry VI, no English tract qualifies entirely for the appelation of *Miroir*, and there exist only two translations into English of original French *Miroirs*.[35] There are several reasons which explain this state of things. The *Miroir* being a Capetian speciality, the Valois kings nevertheless continued in their tradition by ordering new works of the same kind, or translations of the old ones,[36] this policy being

---

[31] M. Grabmann, 'Eine für Examinazionwecke abgefasste Questionensammlung der Pariser Artistenfacultät aus der ersten Häfte des 13 Jahrhunderts', *Revue Néoscolastique*, xxxvi (1934), pp. 211–29, and especially pp. 221–2.

[32] Webb, *op. cit.*, i, pp. 512–13; ii, pp. 345–6. See H. Liebeschütz, 'John of Salisbury and the Pseudo-Plutarch', *Journal of the Warburg and Courtauld Institutes*, vi (1943), pp. 33–9.

[33] Phelan and Eschmann, *op. cit.*, pp. 23–9.

[34] On the significance of this change, see G. de Lagarde, *La naissance de l'esprit laïque au Moyen Age*, vol. iii (Paris, 1942).

[35] *George Ashby's Poems*, ed. M. Bateson (*E.E.T.S.*, *Extra Series*, vol. 76, 1899), pp. 12–41. Of the two translations, one is that of Egidius Colonna usually attributed to John of Trevisa (see *Dialogus inter Militem et Clericum, Richard Fitzralph's Sermon 'Defensio Curatorum'*, [and] *Methodius, þe Bygynnyng of þe World and þe Ende of Worldes by John of Trevisa*, ed. A. J. Perry (*E.E.T.S.*, *Original Series*, vol. 167, 1925), pp. xcviii–c), and the other is the *III Considera-cions*, printed below.

[36] Philip IV already possessed Egidius Colonna translated by Henri de Gauchy (*Li livres du gouvernement des rois. A XIIIth century French version of Egidio Colonna's treatise De Regimine Principum*, ed. S. P. Molenaer (New York, 1899)). Philip VI seems to have ordered the translation of the *De Eruditione Principum* from Jean de Vignay (Berges, p. 309). *L'estat et le gouvernement que les princes et seigneurs se doivent gouverner* was dedicated to the future King John II (see *infra*, p. 177). Jean Golein translated the *Liber de Informatione Principum* for Charles V, and Raoul de Presles wrote his *Compendium Morale Rei Publicae* for

followed by the Burgundian dukes.[37] Furthermore, the Aristotelian tradition was much more alive in France than in England; if Walter Burley's *Exposicio super libros octo Politicorum Aristotelis* was well known in the universities of England and France, Nicolas Oresme was actually to translate the *Politiques*, *Ethiques* and *Yconomiques* of Aristotle for King Charles V,[38] while the *Livre dou Tresor* of Brunetto Latini[39] made a useful French epitome of the *Ethics* available in many libraries. We may also emphasise here the role played by Charles V in making the king of France the real centre of the Polity, a position which was never enjoyed by the king of England to anything like the same extent. The care with which the *religion royale* (as Marc Bloch called it)[40] was nursed and developed in France had no parallel in England.

If we admit this analysis, an enormous bulk of literature lies beyond the borders of the *Fürstenspiegel* genre. Each work, in fact, must be regarded as the product of an intricate network of influences, among which the traditions proper to the *Miroir* play only a part, even if, in

---

the same king. Charles VI commissioned Jean Daudin to translate Vincent of Beauvais' *De Eruditione filiorum regalium*, and Robert Gervais dedicated his *Speculum morale Regium* to the same king. Christine de Pisan wrote her *Livre du corps de policie* for the Dauphin, Louis, who died in 1415 (D. M. Bell, *op. cit.*, p. 106; *Le Livre du corps de policie*, ed. R. H. Lucas (Geneva, 1967)). Charles VIII ordered a new translation of the *Liber de Informatione Principum* (Berges, p. 338). Jean de Marre, bishop of Condom, wrote both French and Latin versions, apparently simultaneously, of his *Instruction au roi Louis XII* (B.N., MSS. frs. 1219 and 1220). Symphorien Champion compiled his *Regime et Doctrinal d'un jeune Prince* for Louise of Savoy, mother of Francis I. In addition, other works of this nature were written in France: the so-called *Avis au Roy* (see *supra*, p. x) and *Ce que un Prince doit faire et l'ordre qu'il fault qu'il mette en son pays* (B.N., MS. fr. 1246). The count of Laval also ordered a new translation of Egidius Colonna in 1444 (Berges, p. 322).

[37] There was already a pronounced taste for this literature in the courts of the Low Countries in the middle of the fourteenth century. Jean d'Anneux had written his *De Regimine Principum* for Count William of Hainault; Philip of Leyden his *De Cura Rei Publice* for Count William V of Holland (see R. Feenstra, *Philip of Leyden and his treatise De cura rei publice and Sorte principantis* (Glasgow, 1970)); and Levold von Northof, canon of Liège, his *Chronica* for Count Englebert III of Marke (Berges, nos. 31, 38 and 39). Ghillebert de Lannoy wrote his *Instruction d'un jeune Prince pour se bien gouverner envers Dieu et le Monde* for Duke Philip the Good, and Georges Chastellain his *Instructions au Duc Charles* for Charles the Bold.

[38] *Maistre Nicole Oresme. Le Livre de Politiques d'Aristote*, ed. A. D. Menut (Philadelphia, 1970), with an important introduction; *Maistre Nicole Oresme. Le Livre de Ethiques d'Aristote*, ed. A. D. Menut (New York, 1940); *Maistre Nicole Oresme. Le Livre de Yconomique d'Aristote*, ed. A. D. Menut (Philadelphia, 1957). About 1412, Laurent de Premierfait was to provide a new version of the *Yconomiques* for Jean de Berry; as early as 1305, Pierre de Paris had already produced a translation of the *Politiques*. For the English response to Aristotle, see R. H. Jones, *The Royal Policy of Richard II: Absolutism in the Later Middle Ages* (Oxford, 1968), pp. 159–60.

[39] *Li Livre dou Tresor of Brunetto Latini*, ed. F. J. Carmody (Los Angeles, 1948).

[40] M. Bloch, *Les Rois thaumaturges* (Paris, 1924). Among recent studies, see especially B. Guenée and F. Lehoux, *Les Entrées Royales Françaises de 1328 à 1515* (Paris, 1968).

certain cases, this was a predominant one. Close to the *Miroir* is the
bulky political literature of the court, specially designed to be more
easily understood by the laity, whereas most of the genuine *Miroirs*,
being too technical, required a learned intermediary. Of this kind, the
works of Geoffrey Chaucer, John Gower, John Lydgate and Thomas
Hoccleve in England, together with those of Christine de Pisan, Alain
Chartier, Jean Meschinot and Simon Greban in France and Brittany,
provide us with a large number of examples.[41]

Closely related both to this group of works and to the *Miroirs*, we
find those texts which bear the marks of the influence of the pseudo-
aristotelian *Secreta Secretorum*. If the *Secreta* was very popular in both
England and France, England seems to have taken a special fancy to it,
and many translations and adaptations were made here during the
fifteenth century:[42] the *De Quadripartita Regis Specie*[43] is a good
example of such a work, of which the list is endless.

There are also many politico-religious texts, ranging from the moral
recommendations made to a prince (as in the *Tractatus De Regimine
Principum ad Regem Henricum Sextum*)[44] to the highly technical works
of the scholastics who, however, did not hesitate to reshape their theories
in more attractive forms. Thus the *Tractatus de Regibus*[45] was an
adaptation of Wyclif's Latin tracts, while in his famous sermon *Vivat
Rex*, Gerson summarised very clearly the political ideas which he, or
his friend and tutor Pierre d'Ailly, had previously expressed.[46] Nor
should one ignore those politico-legal works ranging from the *Livre du
Conseil de la Reine Blanche* of Pierre de Fontaines[47] to the *De Natura
Legis Nature* of Sir John Fortescue.[48]

It must be added, too, that the new need for political propaganda
induced rulers and members of the ruling classes to rely on other
media for the reshaping of political mentalities: S. B. Chrimes is thus
right when he stresses the importance of the regular lecture on politics

[41] For a better appreciation of these works, special attention must be paid to
the sociological, political and cultural backgrounds of each text. See, for instance,
the results which may be achieved by a close scrutiny of the political conditions
in which some of Christine de Pisan's works were written, in C. Gauvard,
'Christine de Pisan, avait-elle une pensée politique?', *Revue Historique*, (1973),
pp. 417–30. For an interesting examination of the effect of training and career
upon a poet's work, see J. Mitchell, *Thomas Hoccleve: A Study in early Fifteenth
Century English Poetic* (Chicago, 1968), and A. C. Reeves, 'Thomas Hoccleve,
Bureaucrat', *Medievalia et Humanistica*, new series v (1974), pp. 201–4.

[42] M. A. Manzalaoui, 'The *Secreta Secretorum* in English Thought and Literature from the Fourteenth to the Seventeenth Century, with a Preliminary Survey
of the Origins of the *Secreta*', unpublished Oxford D.Phil. thesis, 1954.

[43] See *infra*, p. 22 seq.   [44] See *infra*, p. 40 seq.

[45] See *infra*, p. 5 seq.

[46] J. B. Morrall, *Gerson and the Great Schism* (Manchester, 1960).

[47] *Le conseil de Pierre de Fontaines, ou traité de l'ancienne jurisprudence française*,
ed. A. J. Marnier (Paris, 1846).

[48] Lord Clermont, *The Works of Sir John Fortescue, Chief Justice of England
and Lord Chancellor to King Henry the Sixth* (London, 1869), pp. 63–184.

delivered by the chancellors of England when opening Parliament;[49] Raymond Cazelles is equally right in insisting on the importance of the diffusion of the text of the Ordonnance de Réformation;[50] and others, too, are right in emphasising the political significance of preambles to diplomatic documents and to official chronicles. The study of all these texts is necessary for a knowledge of both political theory and of political mentalities, their very multiplicity and diversity accounting for the apparent absence of the most famous theoretical tracts from the libraries of those whose business was politics.[51] Such a study as this, however, can be achieved in our own day only by means of thorough and careful listing, and strict classification.

v

A further advantage of this classification is that it makes it easier to appreciate the differences which existed between England and France. True, both countries belong to the same cultural world, so that throughout the fourteenth century, at least, numerous French works are found in English libraries.[52] Distinguished Frenchmen spend long periods in England even if, as in the case of Charles, duke of Orléans, they do so involuntarily; some, however, such as Jean de Rinel and Bernard André, find employment and patronage here.[53] Many Englishmen, too, have experience of France, experience which is often rewarding not only in strictly cultural terms, so that Honoré Bonet,[54] Christine de Pisan,[55] and Alain Chartier[56] become almost as familiar to many English minds as are their English counterparts.

[49] S. B. Chrimes, *English Constitutional Ideas in the Fifteenth Century* (Cambridge, 1936).

[50] R. Cazelles, 'Une exigence de l'opinion depuis Saint Louis: la réformation du royaume', *Annuaire-Bulletin de la Société de l'Histoire de France* (1962–3), pp. 91–9.

[51] F. Autrand, 'Culture et mentalité: les librairies des gens du Parlement au temps de Charles VI', *Annales E.S.C.*, xxviii (1973), pp. 1219–44.

[52] See V. J. Scattergood, 'Two Medieval Book Lists', *The Library*, Fifth Series, xxiii (1968), pp. 236–9, for the libraries of Simon Burley and William of Walcote.

[53] A. Bossuat, 'La littérature de propagande au XVe siècle: le mémoire de Jean de Rinel, secrétaire du roi d'Angleterre, contre le duc de Bourgogne, 1435', *Cahiers d'Histoire*, i (1956), pp. 131–46. The best account of Bernard André of Toulouse is still that by J. Gairdner, *Dictionary of National Biography*, i, pp. 398–9, to be supplemented by *B.R.U.O.*, i (Oxford, 1957), p. 33.

[54] *The Tree of Battles of Honoré Bonet. An English Version with Introduction with an hitherto unpublished historical Interpolation*, ed. G. W. Coopland (Liverpool, 1949); and *The Book of Fayttes of Armes and of Chyualrye*, translated by William Caxton from the French original by Christine de Pisan, ed. A. T. P. Byles E.E.T.S., Original Series, vol. 189, 1932).

[55] See P. G. C. Campbell, 'Christine de Pisan en Angleterre', *Revue de Littérature Comparée*, v (1925), pp. 659–70.

[56] See, for instance, *Fifteenth Century Translations of Alain Chartier's Le Traité de l'Espérance and Le Quadrilogue Invectif*, ed. M. S. Blayney (*E.E.T.S.*, Original Series, vol. 270, 1974).

We have already underlined the fact that, while French *Miroirs* are to be found in English libraries,[57] the *Miroir* genre is generally under-represented in the political literature of England. On the other hand, there is nothing in France comparable with some other groups of English political texts. This is specially true of Fortescue's works; the influence of Common Law and the pragmatic influence of social conditions and political tradition on the constitution which we find in his works have no parallel in France,[58] although Mr Lewis's forthcoming edition of the discourses of Jean Juvénal des Ursins may perhaps one day cause the Englishman's superiority in this field to be challenged. The English achievement, however, is all the more remarkable since Fortescue's success is not an isolated one, but must be understood as part of a fruitful and general shift in English culture.[59] For even leaving aside Fortescue's works, there is no French equivalent to the English encyclopaedic literature which deals extensively with politics.[60] The polemical literature of England at this period is much to be admired: *Richard the Redeless*,[61] *Mum and the Sothsegger*,[62] and *Jack Upland's Rejoinder* and *Friar Daw's Reply*[63] are unrivalled in France, while the *Libelle of Englyshe Polycye*[64] provides unique testimony to an acute consciousness of the importance of economic issues.

This edition, besides showing the limitations of the *Miroir* genre in England as reflected in the translation of *L'estat et le gouvernement* and the *Secreta*-influenced *De Quadripartita Regis Specie*,[65] will shed new light on a hitherto neglected aspect of English political literature, the politico-religious tract. The value of the theoretical works of Ockham,[66] Fitzralph and Wyclif[67] is already well known. Their difficult works, however, were intended for a professional readership, and the *Tractatus de Regibus* reveals that Wyclif's political ideas could reach a much wider public through vernacular adaptations of his Latin works. One

---

[57] On Egidius Colonna in English libraries, see R. H. Jones, *op. cit.*, pp. 161–2.

[58] On the social ideas of Sir John Fortescue, see J.-P. Genet, 'Les Idées Sociales de Sir John Fortescue', in *Economies et Sociétés au Moyen Âge. Mélanges offerts à Edouard Perroy* (Paris, 1973), pp. 446–61.

[59] A. B. Ferguson, *The Articulate Citizen and the English Renaissance* (Durham, N.C., 1965).

[60] The *Livre du Trésor* was a medieval best-seller. But it was, after all, the work of an Italian; and John Waleys, Bartholomeus Anglicus, and Thomas Hibernicus all had an international success.

[61] *Richard the Redeless*, ed. W. W. Skeat (London, 1886).

[62] *Mum and the Sothsegger*, ed. M. Day and R. Steele (*E.E.T.S.*, *Original Series*, vol. 199, 1936).

[63] *Jack Upland, Friar Daw's Reply and Upland's Rejoinder*, ed. P. L. Heyworth (Oxford, 1968). The primary aim of these tracts is religious.

[64] *The Libelle of Englyshe Polycye*, ed. G. Warner (Oxford, 1926).

[65] See *infra*, p. 174 seq., and p. 22 seq.

[66] Most of Ockham's tracts are to be found in *Gullielmi de Occam opera politica*, ed. J. G. Sykes *et al.* (3 vols., Manchester, 1940–63). See R. Scholz, *Whilhelm von Ockham als politischer Denker* (Stuttgart, 1944).

[67] See L. J. Daly, *The Political Theory of John Wyclif* (Chicago, 1962).

may thus say with some confidence that the Lollards had a political programme which was directly linked to the master's thought, thanks to English tracts such as the *Tractatus*.[68] The *Tractatus de Regimine Principum ad Regem Henricum Sextum*[69] provides us with another type of text, to which a distinctly English flavour is imparted by its emphasis on individual religious experience, which reminds us both of the *Speculum Regis Edwardi III* and of certain of Gerson's works.

Thus, with the possible exception of some Latin tracts contained in Cambridge college libraries, and leaving aside the 'Trevisa' translation of Egidius Colonna (an edition of which would be extremely useful for our knowledge of English political vocabulary), the corpus of English political tracts is now fully edited. One must nevertheless admit that it will be difficult to give a balanced appreciation of the English achievement in this field for as long as it remains impossible to make a close comparison with the political literature of France, which still demands an enormous work of classification and editing.[70] The comparisons made here, therefore, can only serve as a sketch; it is to be hoped, however, that before too long it will be possible to make more fruitful comparisons between the political literatures of the two countries.

---

[68] M. Aston, 'Lollardy and Sedition, 1381–1431', *Past and Present*, xvii (1960), pp. 1–44.

[69] See *infra*, pp. 153–68.

[70] Several groups of scholars are at present at work. At the Centre Nationale de la Recherche Scientifique a group supervised by Gilbert Ouy has produced important works on Gerson, Jean de Montreuil and the French humanists of the fifteenth century. At the University of Paris I, a group is being supervised by Professor Guenée; two theses are in progress: C. Gauvard, 'Littérature et idées politiques sous le règne de Charles VI', and C. Beaune, 'Le sentiment national en France au XVe siècle'.

I

TRACTATUS DE REGIBUS

INTRODUCTION

The *Tractatus de Regibus*, in spite of its title, is very far from being a conventional *Miroir*; hence neither Berges nor Kleinecke had any reason to be interested in it. One may express surprise, however, that neither Arnold nor Matthew, both of whom knew of the existence of the manuscript, should have published it in their collections of the works of Wyclif.[1]

The manuscript and its contents

Bodleian Library, Oxford, Douce MS. 273 is only part of a former volume which included Douce 273 and 274. The original volume contained five items.

Douce 273: 1. *On the Twenty-Five Articles*, fos. 1r–37r. Probably written in 1388–9, it is the only known copy of this text, and was edited by Arnold.[2]

2. *Tractatus de Regibus*, fos. 37v–53r.

3. *Servaunt of Criste and his Chirche*, fos. 53v–96v. Known as the *Tractatus de septem peccatis mortalibus*, it is also found in Bodley MS. 647 and in Trinity College, Dublin, MS. C.5.6. It was edited by Arnold from the Bodley MS.[3]

Douce 274: 4. *Speculum vite christiane*, fos. 1r–17v. The attribution of this work to the pen of a Lollard has long been rejected. It is the English translation of a sermon by John Thoresby, archbishop of York, who died in 1373. The translator may have been John Gaytrigg.[4]

5. *Septem hereses contra septem petitiones*, fos. 18r–23v. This text is also found in B.L., Harley MS. 2385, and in Trinity College, Dublin, MS. C.5.6. It was

---

[1] *Select English Works of John Wyclif*, ed. T. Arnold (3 vols., Oxford, 1869–1871); *The English Works of Wyclif hitherto unprinted*, ed. F. D. Matthew (*E.E.T.S.*, Original Series, vol. 74, 1880). The Camden Society published in its original series *An Apology for Lollard Doctrines, attributed to Wicliffe*, ed. J. H. Todd (London, 1842).

[2] *Select English Works*, iii, pp. 454–96.

[3] *Ibid.*, iii, pp. 119–67, under the title *On the Seven Deadly Sins*.

[4] The copy in Douce 274 nevertheless shows noticeable differences with the text edited by G. G. Perry, *Religious Pieces in Prose and Verse edited from Robert Thornton's MS (circa 1400)* (rev. ed., London, 1889). Perhaps it would be fair to speak of a Lollard version of the text.

edited by Arnold, who attributed its authorship to
Wyclif himself.[5]

The text

The *Tractatus de Regibus* is one of many tracts issued by Wyclif or his
followers.[6] These tracts have been rather neglected, partly because they
do not offer as coherent a view of Wyclif's theories as that found in
the Latin tracts,[7] partly because it is almost impossible to attribute an
author or a date to them.[8] I have not attempted to discover the authorship of the *Tractatus*; in the present state of Wyclif studies, this would
be quite impossible.

The manuscript is written in a hand reminiscent of many Lollard
tracts. A recent study of the English sermon-cycle attributed to Wyclif
gives a vivid impression of what was certainly, at one time, a systematic
undertaking of copying and editing Lollard texts.[9] The text itself
contains only three allusions which give a clue as to its date. One is a
reference to the ill-effects of the presence of bishops at the head of the
government of England. This may be the usual complaint against the
clerical government of William of Wykeham before the 1371 Parliament
which preceded the entry of Wyclif onto the political scene: or, since

---

[5] *Select English Works*, iii, pp. 441–53. 'The style and the reference to previous
labours in the same field both point to Wyclif as the author' (p. 441).

[6] The best account of the conditions in which they were written is K. B.
McFarlane, *John Wycliffe and the Beginnings of English Non-Conformity* (3rd
imp., London, 1972).

[7] It is very striking that even the three most recent examinations of Wyclif's
politico-religious views refer to his Latin works alone. See L. J. Daly, *The
Political Theory of John Wyclif* (Chicago, 1962); H. Kaminsky, 'Wyclifism as
ideology of revolution', *Church History*, xxxii (1963), pp. 57–74; and E. C.
Tatnall, 'John Wyclif and *Ecclesia Anglicana*', *Journal of Ecclesiastical History*,
xx (1969), 19–43. A bibliography on the subject is given by Daly, 'Wyclif's
political theory: a century of study', *Medievalia et Humanistica*, new series, iv
(1973), pp. 177–87.

[8] They are listed in W. W. Shirley, *A catalogue of the original works of John
Wycliffe* (Oxford, 1865); there is a synopsis of this work in *Select English Works*,
iii, pp. xvii–xx. Discussions about authorship are found in E. D. Jones, 'The
authenticity of some English works ascribed to Wycliffe', *Anglia*, xxx (1907),
pp. 261–8; M. Deanesly, *The Lollard Bible and other Medieval Biblical Versions*
(Cambridge, 1920); and H. B. Workman, *John Wyclif* (2 vols., Oxford, 1926).
On the ascriptions, see McFarlane, *John Wycliffe*, p. iii: 'Their (the Lollards')
extensive vernacular writings are equally anonymous and most modern ascriptions as a rule baseless.' The methods for ascription used by Jones, Deanesly
and Workman were not unsound, but had to rely overmuch on texts corrupted
by scribal practices and the unsatisfactory editions of Arnold. See S. L. Fristedt,
The Wycliffite Bible, i (Stockholm, 1953), p. 40: 'It is a well-known fact that
medieval copyists in England even transcribed the dialects of their originals into
their own idiom.' A new edition of Lollard texts is under preparation; it will
provide the basis necessary for further research on this subject.

[9] See the articles of Anne Hudson: 'A Lollard sermon-cycle and its implica-
tions', *Medium Aevum*, xl (1971), p. 146, and 'Some aspects of Lollard book
production', *Schism, Heresy and Religious Protest* (Studies in Church History:
9, ed. D. Baker, Cambridge, 1972), pp. 147–57.

there is an insistence on the fact that the priests ruling Israel fought—and lost—its battles, this could be an allusion to bishop Despenser's crusade in the Low Countries, a favourite target of Lollard literature.[10] The second is an evocation of the violent propaganda of both Urbanists and Clementists which quickly began after the Schism of 1378, but in which the writer, through his choice of words, refuses to become involved. The third, an allusion to the persecution of Lollard preachers, strongly suggests that the text was written after the initiation, in 1382, of measures aimed at these preachers.[11]

The *Tractatus de Regibus* shows striking similarities, many of them stylistic, to other English Lollard tracts, such as *On the Seven Deadly Sins*,[12] *De pontificum Romanorum schismate*,[13] *On the Twenty-Five Articles*,[14] and the *Vita Sacerdotum*;[15] similarities, of content, to *Lincolniensis* (on the jailing of clerks),[16] and with *Church Temporalities*.[17] But the most obvious connection is with the Latin texts referred to in the opening chapter: 'Hit ys saide in laten what office papis schuld have, and what schuld be þo office of kyngus by þo lawe of God',[18] which refers, possibly, to the *De Ecclesia*[19] and, almost certainly, to the *De Officio Regis*.[20] A close scrutiny of the *Tractatus* would show similarities to other Latin texts as well: to the *De Potestate Papae*;[21] the *De Civili Dominio*;[22] the *De Dominio Divino*;[23] even to the *Conclusiones XXXIII, sive de paupertate Christi*,[24] not to speak of the *Trialogus*[25] which itself contains much which is to be found in the other Latin tracts. In short, it seems that the author may have intended to give a summary of the *De Officio Regis* but, being well acquainted with Wyclif's Latin works, he compiled an epitome of the master's theories on the relations between church and state. It is also remarkable that he carefully avoided being drawn into theological discussions. The *Tractatus* has all the 'dry, biting acidity' with which Wyclif has been credited,[26] and it may be regarded as a remarkably effective little tract.

---

[10] McFarlane, *John Wycliffe*, pp. 25–46. On Despenser's crusade and its effects, see E. Perroy, *L'Angleterre et le grand schisme d'Occident* (Paris, 1933), pp. 166–209, and M. Aston, 'The impeachment of bishop Despenser', *B.I.H.R.*, xxxviii (1965), pp. 127–48.

[11] H. G. Richardson, 'Heresy and the lay power under Richard II', *E.H.R.*, li (1936), pp. 1–28.

[12] *Select English Works*, iii, 119–67.

[13] *Ibid.*, iii, 242–66.

[14] *Ibid.*, iii, 454–96.

[15] *Ibid.*, iii, 233–41.

[16] *Ibid.*, iii, 230–2.

[17] *Ibid.*, iii, 213–18.

[18] See below, p. 5.

[19] *Tractatus de Ecclesia*, ed. J. Loserth, WS (London, 1886).

[20] *De Officio Regis*, ed. A. W. Pollard and C. Sayle, WS (London, 1887).

[21] *De Potestate Papae*, ed. J. Loserth, WS (London, 1907).

[22] *De Civili Dominio*, ed. R. L. Poole and J. Loserth, WS (4 vols., London, 1885–1904).

[23] *De Dominio Divino*, ed. R. L. Poole, WS (London, 1890).

[24] *Opera Minora*, ed. J. Loserth, WS (London, 1913), pp. 19–73.

[25] *Trialogus*, ed. G. Lechler (Oxford, 1869).

[26] Kaminsky, 'Wyclifism as ideology', p. 71, n. 26.

It has long been recognised that Wyclif was not only a gifted professional theologian, but also the father of an ideology, in the sense given by Kaminsky: 'the great value of Wyclifism lay partly in its ability to join in with other ideas of the most diverse sort, partly in its power to harmonize ideas and actions in a consistent, scholarly and convincing theoretical structure'.[27] To explain this, it is necessary to take into account the Lollard tracts in English, for it was through the Lollard 'tractarians'[28] that Englishmen had the opportunity of getting to know the thought of the Oxford master.

Editorial principles

I have tried to give a faithful transcription of the text. New principles for the editing of the Lollard English tracts are needed, but these can be formulated only in respect of the whole corpus. The only special difficulty has been the extension of certain abbreviations, for the scribe was not consistent. For instance, 'King', subject plural, is written in full some fifteen times, under the forms 'Kyngis' (3), 'Kynges' (7), and 'Kyngus' (5). I have normally chosen the most usual form, 'Kynges', for the extension.

[27] Kaminsky, 'Wyclifism as ideology', pp. 58–9.
[28] M. Aston, 'Lollardy and Sedition, 1381–1431', *Past and Present*, xvii (1960), pp. 1–44; M. Wilks, '*Reformatio regni*: Wyclif and Hus as leaders of religious protest movements' *Schism, Heresy and Religious Protest*, ed. Baker, pp. 109–30.

TRACTATUS DE REGIBUS

Cap[itulu]m p[rimu]m*a*

(fo. 37v) Sythen witte stondis not in langage but in groundynge of treuthe,[29] for þo same witte is in laten þat is in Grew or Ebrew, and trouthe schuld be openly knowen to alle maneres of folke, trowthe moveþ mony men to speke sentencis in yngelysche þat þai hav gedirid in latyne, and her fore bene men holden heretikis. Ffor wele I wote þat trouthe is an unspecte, and no man schulde schame of trouthe, as no man schulde schame of God. And herfore tells þo Gospel, þat nyȝt þat Crist was taken, þo byschop askid Crist of his disciplis and his lore, ande Criste onswerid scharply to hym on þis manere: 'I tauȝt openly to þo worlde and no þinge in hid place, for I tauȝt in temple and in synagog to wheche þo Iewes coomen comynly; and aske of hem what I have saide, and aske hit not nowe of me'.[30] Ande by þis skille as men sayne, Seynt Poule wrote in mony langagys, as to Romaynys he wrot in latyne, ande to Ebrewys in Ebrew, for þo sentence schulde be more knowen and lyȝter to þo peple.[31] And men hav writen to þo clerkis boþe hyȝer and lowȝere sentence of Gods lawe, but hit is dyspysid: summe seyne hit is heresie, summe (fo. 38r) seyne hit is foly, and somme dedeynen to loke whether hit be soche or false. And herfore in ynglysche tunge writen summe men her sentence if God wolde move summe yngelysche men to holde with treuthe. Hit ys saide in laten what office papis schuld have, and what schuld be þo office of kyngis by þo lawe of God,[32] and for to make þis þinge more knowen is sum what tolde on ynglysche. Þre þingis moven men to speke of kyngis office: ffurst for kynges may herby se þat þai schulden nout be ydel but rewle by gods lawe to wynne þo blys of heven. Þo secunde is for kyngus schulden not be tirauntes of her pepul, but rewle hem by reson þat falles to þer state. Þo þrid cause is most of alle, for þus schuld goddis law be better knowen and defendid, for þerinne is mannys helpe, boþe of body and soule, þat evermore schal laste.

a In the margin.

---

[29] This is a commonplace of English Wycliffite tracts. See, for instance, the fifteenth chapter of the *De Officio Pastorali* (*English Works of Wyclif*, ed. Matthew, pp. 429–30).

[30] Jn. 18: 19–21.

[31] See 1 Cor. 14 which is entirely devoted to this problem.

[32] This is a clear reference to the *De Ecclesia* and the *De Officio Regis*.

Ca[pitulu]m 2m*a*

God seis þat holy chirche is a gode howswife and made cloþis*b* of
ray to clothe with hir meynye.[33] Cloþis of coloure schuld be prestis þat
ever more schulde be stable and grounde of oþer parties of holy chirche
by techynge of goddis lawe, þo secunde part, rude and grete, schulde be
þo comyns, but þo thrid part, as þo chaumpe sotile of sylk (fo. 38v) or
oþer mater, schulde be noble men þat schuld be bytwixe þese two. Þo
churche is a nobul man as mannes spirit, but hit cloþid with body and
þre cloþis of office. Þo secunde part of þo chirche is muche praysid in
Goddis lawe, as kyngis and dukis and nobul men and knyʒttis, but for
hit is no nede to schewe þis by þo olde lawe, se we how Crist dide þat
is lorde of alle.*c* Crist chese to be borne when þo Empire florischid
moste, Criste chese to be worschipid and susteyned by thre kyngis,
Crist payed taliage to þo Emperoure, Crist tauʒt to pay to þo Emperoure
þat was his, Crist ches to be biried solemply of knyʒttis and he com-
myttid his*d* chirche to governaile of knyghttes.[34] And herfore techis
Petur[35] þat cristen men schulden be suget in mekenes to alle maner of
men, as to kyngus as passynge bifore oþer men, and to dukus as next
under kyngis; and þese bene in statis to perfoureme þese offices, to
take vengeaunce on yvelle men, and to prayse gode men. And herfore
biddes Petur to worschipe alle men, but he biddes to do worschipe to
kyngus, and Poule þat lerned his witte in heven byfore oþer, biddis
every meke man in soule be sogett to knyʒttus.[36] But siþen þer is none
powere but ordeyned of God,[37] he þat aʒeyne stondus powere aʒeyne
stondus (fo. 39–40v)*e* God, for he aʒeyne stondus þo ordinaunce of

a Written in the margin.
b In the margin: prov' ult'
c In the margin: Luc 2⁰. Mt. 2⁰/Mt. IV⁰. Mt. IV⁰.
d The next two words have been added in the margin.
e This folio has been given a double number.

---

[33] Prov. 31. This comparison is very remarkable and seems quite rare in
English Wycliffite tracts.
[34] See *De Officio Regis*, p. 1: 'nam caput ecclesie in persona propria solvit
didragma Cesari (Mt. 17) et precepit que sua sunt sibi reddi (Mt. 22). Unde a
tribus regibus voluit in suis primordiis adorari (Mt. 2) et a militari ordine
sepelliri (Mt. 27)'. The other proofs of Christ's attitude towards the temporal
power, the first (based on Lk. 2: 1), the third (based on Mt. 17: 24) and the
fourth, are to be found in the *Trialogus*, IV, 18, p. 309.
[35] See *De Officio Regis*, p. 1; 'Princeps eciam apostolorum (1 Pet. 2: 13–14)
docet suos conversos quomodo servarent obedienciam et pacienciam inter gentes.
Subiecti, inquit, estote omni humane creature propter deum: non dicit propter
mundum vel comodum temporale. Et post pertinenter explicans ordinem
subieccionis in tota universitate humanis generis, sic subinfert: sive regi, quasi
precellenti, sive ducibus tanquam ab eo missis ad vindictam malefactorum,
laudem vero banorum.'
[36] This is an allusion to Rom. 13: 1–4 and especially 5: 'ideoque subditi
estote nonsolum propter iram, sed propter conscienciam'.
[37] Rom. 13: 1.

God, noþoles God ordeyned ther power for his chirche; for if þou be
a gode man, þou schuldest be praysed of hem, and if þou be a schrewe,
drede þou of God and hem. And þerfore he þat aȝeyne stondus iuste
powere of knyȝttus, aȝeyne stondis God to his owne dampnacion.^a
Mony syche wordis spekis Goddus lawe of kyngus, but hit spekis not
of popis, nouþer gode ne yvel. But when venym of dowynge was entrid
in to þo chirche was þo nome of pope founden, þat sowneþ wonderfulle,
for hit were a grete wonder þat Criste schulde make his vicare þo man
þat moste contraries hym^b in manere of lyvyng. Wele I wote þat þo
pope is no þinge sibbe to Petur, but if he lif a porer lyfe ande a meke
as Petur dide, and passe in fedynge of Cristus schepe with techynge
of þo gospel.[38] And ryȝt as Petur was loved and made hede of apostilis
for kepynge of þis office next Criste his mayster, so if þo pope^c by false
name seis he is Cristis vicar and reservyt hym, in þese þre he is anticrist.

Cap[itulu]m 3m^d

Hyt were for to witten efte how kyngus schulden be worschipid byfore
oþer men, for ellis^e God by his apostils wolde not put kyngus bifore,
ne wold (fo. 39–40v) not bid in Peturis boke do worschip to kyngus,^f [39]
and generally to oþer men to worschipe þer breþerin. For sythen no
þinge in Goddus lawe is seide but for certeyne cause, 'worschipe and
do worschipe' is sayde for some dyversite. But here grucchis anticriste
and sais þat Petur was uncraffty when he bade worschippe iche man
and iche be sogett un to oþer,^g ffor by þis skille eche broþel schulde be
worschipid, and with outen distinctioun men schulden take here
worschip. But here we schal witten þat Gods wille is þat a man lyf in
mekenes and charite, and no man worschipe oþer but by resoun of
God. And þus, sithen man is made to lickenys of þo trinite, he is more
worþily spirit þen ymage or paynture, and so ȝif men worschipe þes
for worschipe of God, more schulden men worschipe men for his soule,
boþe for God made man to lickenys of hym selfe, and one man is oþeris
broþer þat God bouȝt to heven. Ande þus if a broþel be loved and
worschipid in God by resoun þat his maker þus haþ made his soule,
hit is nout aȝeynes resoun ne Cristis religioun,^h ande þus a man may
love anoþer and hate hym to gedir: love hym by resoun for þo lorde
þat made hym suche, and (fo. 41r) hate hym by resoun þat he doþ

---

^a *In the margin* Nota bene.   ^b Hym *is added in the margin.*
^c Be *cancelled.*   ^d *In the margin.*
^e Ellis *interlined.*   ^f *In the margin* Nota bene.
^g *In the margin* Nota bene.   ^h *In the margin* Nota bene.

---

[38] See *De Potestate Pape*, pp. 78 and 97, where Wyclif points out that Peter
was chosen as Christ's successor because of his humility and meekness.
[39] 1 Pet. 2: 17.

fendes dedes. And so men bene worschipid by the manere[a] causis, by resoun þat þai ben men þat þus bene made of God, by resoun þat þai bene vertuous in lyfe, and by resoun þat þai hav hyȝe state in erþe. Ande þus techis Austyne þat David worschipid Saule al if he were a wikkud man,[40] ande lymme of þo fende. And þus men worschippen lordis and ben soget un to tirauntis by reson of her state, as Seint Petur tellis.[41] Ande þus by mony resouns schulden men worschip kyngus and do open worschip to hem by reson of þer state, and specially if þai do þer office þat God haþ lymytid hem. For as Austeyn techis[b] by wittenes of Gods lawe, kynge is vicar of God, and preste vicar of Criste,[42] for God wil þat kynges by pouste and by vengeaunce defende Goddis riȝt and so doþe þo god hede, but popis and byschopis by mekenes and pacience. And as Criste was to gedur boþe God and man, so he was to gedur boþe kynge and preste.

Cap[itulu]m 4tum[c]

Hit were forþer for to se what office hav kyngis, ande hit is certeyne by þo lawe of God in þat þat þai bene men, þai schulden lif (fo. 41v) in vertues and also in charite boþe to God and man, but in þat þat þai bene kynges, þai schulden rewle rewmes by ryȝt of God, boþe by drede and love. And þus ben þai nedid to mayntene þo regale, for by defoulynge her off, her state goþ away. And for þis cause kynges schulden be riche in men and godes, for ellis myȝt þai not holde þis state þat God haþ ȝyven to hem. Ande so men bene traytouris to kynges þat spoylen hem of men or of her worldely riches, for by þese two þinges is her kyngehode mayntened. And þus, if þo fende move prestis to þus assaile rewmes, þer ben mony enmyes more[d] perilous to hem, for certis in þat prelatis passen her state in Goddes lawe, þai offenden aȝeynes God, and men þat assenten with hem, as kyngus þat mayntenen not hor riȝt but suffren here prestis to have hit, for kynges schulden trowe as bileve þat þai mot nede holde of God and serven hym to defende his lawe and specialy state of prestis. Þus þo wyse man Salamon ordeynd for prestis and put somme out of her office ande summe in to þer office,[43] ȝe of þo hyȝest state þat þen fel to prestis. Ande as God

---

[a] *In the margin* Nota bene.   [b] *In the margin* Nota bene.
[c] *In the margin.*   [d] More *written above* moo, *cancelled.*

---

[40] There are several references to this story in Augustine: *Enarratio in Psalmum CXXXI* (*PL*, 37, 1716); *Contra Adimantum Manichaei discipulum*, XVII, 3 (*PL*, 42, 161–2); *De Mirabilibus Sacrae Scripture*, II, 10 (*PL*, 35, 2178–9).

[41] I Pet. 2: 18.

[42] See Augustine, *Quaestiones ex novo testamento*, XCI (*PL*, 35, 2284): 'rex enim adoratus in terris quasi vicarius Dei'.

[43] An allusion to the replacement of the High Priest Abiathar by Zadok (1 Kg. 2: 26–35). See *De Civili Dominio*, I, 39, p. 291, for another reference to the same story.

loveþ a man whom he reproveþ and chastises, so þo kyng wor(fo. 42r)-
schippes a preste whom he makeþ hym kepe*a* his state: not þo state of
þo worlde which he takis hym by erroure, but þo state of presthode þat
God hym selfe haþ putte hym inne, as he worschipid not a preste þat
ȝafe hym garmentys of knyȝtte and made hym to do knyȝttys dedis and
leef dedis of a preste.*b* Ffor as hit were a foule þinge bestys worche
aȝeyn her kynde, so hit is a fouler þinge men to do aȝeyn her state, and
as þo pepul wolde wondir þat a knyȝt dide*c* synge a masse, so schulde
þai more wonder þat a preste dide a knyȝttes office. For as her statis
ben distincte, so schulde her office be as certeyn*d* lymmes in a monnes
body hav office þat kynde ȝyveþ hem, as stomake is a comyne coke and
ordeynes mete to oþer lymmes, ande þen techen men þo wayes þat þai
schulde lede her bodies inne; and þus sais Ion Crisostome þat*e* þat
prestis schulden do in þo chirche, þai schulde ordeyne gostly mete to
alle þo membris of þo chirche, ande teche men how þai schulden go þo
streyte way to heven warde.[44] Lorde, siþen prestus in þo old law haden
wyves ande children and Goddes parte, and ȝit were rewlid by wyse
kynges and constrayned to holde her state, miche more in tyme of
grace, when prestis schild(fo. 42v)den be more por ande meke; and her
fore Criste, kynge of pes, bad Petur put his swerde in his schethe,[45]
ande drowe fro hym boþe swerde ande golde and nedyd hym to holde
his state.

Cap[itulu]m 5tum*f*

Hit were for to witt how þo kynges iurisdictione schulde be spred in
his rewme and aboute what þinge. But hit is no drede þat ne by þo law
of God, where ever þis kynge haþ lordschipe schulde be þo powere of
his lawe, sithen þo kyng schulde mayntene his lordschipe by powere of
his lawe. And hit were alone to lete þis iurisdiction of kyngus and to
let þo regaly to passe in his fredome, for by þis rewlynge of lawe is
mayntend kynges lordschipe, and ȝif þou aske by what lawe schulden
kynges lede her rewmes, certis by Gods lawe þat schulde be iche mannes
lawe. Ffor he is no cristen man þat is not rewlid by Gods law, and by
propur lawe of þo kynge schuld be rewlid his rewme, so þat hit be
purgid by þo lawe of God. And hit fallis to kynges to*g* do in her rewmes
what dede þat is to done by vertue of þo*h* kynge, ffor þus doþ God in

---

a In the margin Nota bene. *b In the margin* notabile.
c dide *interlined.* *d* lyves *cancelled.*
e þat *interlined.* *f In the margin.*
g to *interlined.* *h* þo *interlined.*

---

[44] I have not traced this quotation. Nevertheless, a similar idea, borrowed
from Cyprian is incorporated in *On the Wrongfulness of the Clergy holding Secular
Office* (*English Works of Wyclif*, ed. Matthew, p. 393). If Chrysostom is to be
credited with it, it would come from the *Homiliae in Mattheum.*
[45] Jn. 18: 11. This is also quoted in the *De Civili Dominio*, IV, 19, p. 397.

his rewme alle þo dedis of kynde, and he is overlewde þat trowes of þis
sentence þat þo (fo. 43r) kynge doþ alle þo foule dedis þat ben done in
his rewme; certis God makis men to travaile in his werkys, and God
doþ þese werkis more þen men done; and ȝit God ne etith ne drynkyth,
al ȝif he make þese dedis. And if þou say þat mony men by privelege
bene exempt and ȝit þai dwellen in kynges rewmes and taken of her
godis, certys by þis way is broken þo regaly of kynges, and hor rewmes
bene feblid by anticristis cautel, for he is no lege man ne soget to his
kynge þat is fulle sugett to hym by his kynges lawe. And lordis of
kyngedomys boþe more and les serven to þer kynges eche in his degre,
byschopis and clerkys serven to rewmys servys þat þai be inne in
servyce þat fallis to her office, or ellys þai bene no lege men. And þus
clerkis in rewmys ben ful necessary if þai done þer office wele—ȝe
if þai ben freris; ande hit were al one to say þat þes men bene exempt
ande not sugett to þeire kynge in dedis of þer office, ande to say þat
kyngus bene not fulle lordes of her kyngedome. And on þis wyse myȝt
anticriste distroye mony rewmes. Kynges schulden mayntene in þer
rewmes suche maner of folk þat hav office for to wyrche dedis nedeful
to rewmes, as summe men ben ful nedful (fo. 43v) to preche and teche
as clerkis, ande summe ben ful nedeful to governe as worldely lordys,
and make hem þat have not office profitable to þo rewme ne bene sogett
to þo kynge, and þai bene not his lege men ande by suche traytouris
may rewmys sone be loste, þus kynges maken to syng masse and to do
goddis servyce.

Cap[itulu]m 6tum[a]

But here men douten wher kynges schulden punysche here mennys
synnes, ande hit semes þat nay by resone of iurisdictiouns, for worldely
and gostely ben algatys departid.

Þo furste fallys to kyngys, and þat oþer to prelatis. But here we schal
understond þat as kyngus hav byschopis under hem her lege men, so
done þai by hem werkis of goddis servyce to susteyne here rewmes.
Ande so on two maners may synnes of rewmes be punyschid ouþer in
þat þat þai ben contrarie to Gods lawe, and so contrarie to Gods
rewme þat ys holy chirche. On þo furste maner schulden kynges
punysche al manere of synne þat is done in her rewmes for to mayntene
hem. On þo secunde maner schulde verrey apostilis punysche synne in
rewmes by auttorite of Criste, but þese apostilys schulden not have in
þese rewmes ne propur howse ne dwellynge, (fo. 44r) but lyve clenly
of almes as Crist lyved with his apostilis to pes of mony rewmes. And
þes þat lyven apostilys lyfe schulden be sugett to lordis and obedient to
iche man, as techis Criste lawe, ne þai schuld not be chargyouse to
folke þat þai dwellen omonge, nouþer in noumbre ne in place, but

---

[a] *In the margin.*

travaile if nede were. Amonge oþer þinges þat distroyen rewmys, þis is a special þat anticriste haþ brouȝt, inne þat sectes bene in rewmes by auctorite of þo pope and bene nouȝt kyngis lege men, alȝif þai take here lordschipe more largely þen oþer men, and by lesse servyce, for þus myȝt rewmys be distroyed by cautels of anticrist. As if alle þo freris of Yngelonde hadden howses and godes in þo rewme of Yngelonde and maden þo pope lord of hem, þo popis lordschipe were to myche, ande regale were lessid. And þus, by processe of tyme, myȝt þo londe be conquerid al into þo popis honde as oþer rewmys bene.[a] Lord, siþen Criste had no þinge propur as a house to rest in, what schulde move his hyȝest vicare þus to gete hym lordeschipe. And if frerus for þer state may not have þis lordeschipe, how schuld þo pope nor Criste reioyse hit on worldely manere, if þou say þat þo pope haþ myche of (fo. 44v) þo empyre of Rome, certis sithen haþ þo empire unthrynen and oþer worldely lordschipe. And herfore bad Criste in his lawe þat his prestys schulde have no parte amonge hor breþerin of þo heritage, for he wolde be her heritage: and þus was lordschip holden hole and clene by þo law of God. Summe men sayne þat if þo pope were lorde of al þinge in þis londe þat is in þo dede honde of prestys, he were more lorde þan oure kynge. Þus forsakynge of Gods lawe and floryschyd wordys of anticriste dystroyed rewmes in cristendame and pes and gode religioun.

Cap[itulu]m 7m[b]

Hit were to bring forthe wittenes þat kynges schulden in rewmes punysche synnes þat ben in hem generaly, as hit is saide, but we schal witten by oure byleve þat synne in rewmes distroyes hem and makys hem passe fro folke to folke, for synnes þat bene done in hem.[c] Lorde, how schulden men governe rewmes but if þai destroye synnes. Also, hit falles to kyngus to punysche synne þat dystroyes þo pes, as man sleynge ande theft ande ravyschyng of wymmen. Lorde,[d] whi schulde not kynges punysche synnes þat als myche distourbbyn rewmes. Also, iche lege man (fo. 45r) of þo kynge þat doþ a werke in hys vertue is servaunt to þo kynge, ande þo kynge in þat manere doþ þat werke; but prestis ben hired to purge þo rewme of suche synnes þat fallen þerinne, and so þo kynge by his prestys purgiþ þo rewme of suche synnes. God forbede þat we schuld graunte þat þo kyngis discomfyten rewmes and done not here at home better werkys and of more nede. And þo furste mot we graunt by comyne speche ande Gods lawe. And so schulden we graunt þat oþer siþen hit sewes of þo furste. And þus speken holy men by wittenes of þo popis lawe.

Ffurst Cipriane, þo holy martire, seis þus by wittenes of þis lawe:[e]

---

[a] *In the margin* Nota bene.
[b] *In the margin.*
[c] *In the margin* Nota bene.
[d] Lorde *is written in large letters.*
[e] *Written in red in the margin* 2ª.3ª. .... Cº regum.

þo kynges schal forbede theftys and punysche avowtry, distroye wickid
men of his londe, ande mansleers with false men suffer nout to lyve,
ne his children to do amys.[46] Ande Austyne spekys þus of kyngys,[a]
þat þis is her office to susteyne Cristis chirche in gode religione, for
by synnefulle men and lecherows ben rewmys distroyed.[47] Also
Gregore spekis þus to þo quene of Ffraunce: 'siþen in ȝoure rewme ben
wickid prestus, helpe we boþe to amende hem leste þai destroye ȝowre
londe, (fo. 45v) for he þat may amende a synne and levys to amende
hit, consentis in maner to þo same synne, for þo cause of fallynge of
þo popul bene wickid prestus'.[48] Suchee bene mony wittenessis of þo
holy doctoris, and bene gederid in þo popis lawe, ande I trow þat he
approved hom. And sochly hit were alone to reve kyngis þis powere
and to reve hor regali ande powere for to serve God, ande so[b] power to
ben saved but siþen þat þai ben fendis children. For by kyngys schulden
synnes best be nowe dystroyed, ȝif anticriste aske wynnynge more þen
mennes amendement. Lorde, who wold say þat trewe men schulden
suffere her owne dampnacioun and be more tendur of bodily hele þen
of hele of soule. Wele I wot þat lordis schulden and wolden debate
upon a man þat dide hem unskillefully harme in her body: howe
schulden thai not by oure byleve more debate for soule harme. He is a
traytoure and an heretike þat reversis[c] þis sentence: but worschip and
wynnynge of prelatis schulde ces in þis case. Lorde, who schuld let a
kynge to do gode to his soule and to worschippe his God ande to profyt
to his chirche. Certus, þo fendus iurisdictione schuld not lette þis dede.

(fo. 46r)
Cap[itulu]m 8m[d][49]

Here may men lightly see wheþer kyngis or prestus schulden be more
worschippid by þo lawe of God, for we schal understonde furst þat þer
bene two maneres of worschippis, one to þo worlde, and oþer worschipe
to God. As to þo furste worschipe schulden kyngus passe prestis, ande
to þo secunde worschipe schuld prestis passe kynges. And þus þai

---

[a] *Written in blue in the margin* epª.32ª. ad Bonefac.
[b] so *interlined.*
[c] Reversis *is written above* reserveþ, *which is not cancelled.*
[d] *In the margin.*

---

[46] See *Decretum*, pars II, causa XXIII, qu. V, c. 40: 'Item Ciprianus in nono
genere abusionis. Rex debet furta cohibere, adulteria punire, inpios de terra
perdere, patricidas et periuros non sinere vivere, filios suos non sinere inpie
agere.'
[47] This is the subject-matter of the *Epistula CLXXXV ad comitem Bonifa-
cium, seu De Correctione Donatistarum Liber* (Augustine, *Epistulae, CSEL*, 57,
pp. 1–44).
[48] Gregory, *Registrum Epistolarum*, II, XI, 46.
[49] Most of the matter of this chapter is in *De Officio Regis*, pp. 141–3.

schulden have dyverse manerys of lyvyng. Lordis schulden have*a* riches and worschipe of þo world; but for þese bene perylouse, prestis schulden fle þese ande profite to þo chirche ande seche Goddus worschippe als prively as þai can, with outen noyse to þo worlde. Ande resouns of þes worschippis bene so contrarius þat hit is not lefful to knytte þese two to gedur,*b* for worschipe of God is mesurid by hevenly blys, ande worschip of þo worlde by hyȝenes of worldis state; and þis secunde worschipe is not with outen þo furste, but þo furste worschipe is gode with outen þo secunde. And al ȝif Crist byd men do prively þer almes, noþoles summe gode dedis mot be done apertly, as prechynge ande masse syngynge and worschippinge of lordus: but in alle þese schuld stonde mekenes of hert. But for hyȝenes of hert comeþ lyȝtly of suche (fo. 46v) worschipe, þer fore þis state is perylous and fer fro clerkys.*c* Noþoles lordes schulden þus figure þo godhede þat may not synne coveytynge his hyenes, and þis is þo cause whi Crist lyved þus lowly, and sum tymelie schewed hyenes of his godhed. Also, þis is þo cause whi seculer lordschippe was forfendid prestis, as Seint Petur tellus.[50] Ande for þes two kyndys of worschippis bene so dyverse, þerfore*d* one persone schulde not take hem boþe, but he were boþe God and man, as Ihesu Crist was, for none oþer man couthe take þese boþe with outen synne. A preste schuld not bysye hym aboute his owne worschipe, siþen he schulde not have worschippe of þo worlde, but al his bisynes schuld be aboute Gods worschipe, and how he schulde make þis worschipe his medeful werkis, as pylgryme þat passis forthe bysied hym aboute hym selfe, how he schal passe sikerly and not aboute his schadowe, and for ashe, wot wele hit wolde sewe at þo passynge of his body. So worschipe of God wole sewe his gode vertues. And þus, as Austyne sais,[51] þo fyngrys of holy chirche drowen byhynde hem þo spyndel ande wrouȝt not to þo rok, for we schulden drawe byhynde us alle oure medefulle werkys, and not (fo. 47r) caste byfore us what worschipe we schal have. And also, lordes of þis worlde have nede of þis lesson.

Cap[itulu]m 9m*e*

Here may we se dyversite of þese worschipis, and how worschipe of prestis is groundid in vertues, but worschipe of lordus is groundid in statys. Ande as hit were a foule þinge a preste to were ray clothes, so hit is more foule þinge a preste be cled with þese two, for Goddus lawe biddes us be not cled to gedur with wollen and with lynnen for dyversite

---

a *Followed by* worschip, *cancelled.*
c *In the margin* Nota bene.
e *In the margin.*

b *In the margin* Nota bene.
d *In the margin* Nota bene.

---

[50] I Pet. 5: 3.
[51] This image comes from Augustine, *Sermo XXXVII*, IX (*PL*, 38, 227).

of maners. And of þis wole sewe þat a viciouse priest fallys no worschipe by reson of his prestehode, for his vertue is away þat schulde grounde his worschipe, but hit ȝit he schulde be worschipid, for he is Goddus creature and haþ godys of kynd þat lyȝtly may do gode to men. Hit wil sewe over þis, þat preste þat wolde have to gedur þese two maneris of worschipis is worþi to lese bothe for his blasphemy, for boþe worschip of vertues ande worschipe of[a] lordschip schuld he none have. And of þis may we se over þat worschipe of statys þat þo chirche is inne, coome of dowyng of prestus, ande not of Cristus ordynaunce, for he hade not þis worschipe, but he[b] (fo. 47v) ordeynde hym self prestis and dekenys, and þat preste to be more þat was more meke. Lorde, wher mekenes ande poverte and gretnes of servyce schulde bringe in gretenes of þo worldis worschipe. And by þis may we se how folye of þo Emperoure and oþer lordis of þo worlde hav reversid Gods lawe, and herfore ryȝtwysenes of þo iuggement of God askis hem to be punyschid, in þat þat þai have synned. And he is untrew to his God, ouþer preste oþer lorde, þat stondis not styffly here in Gods cause, to mayntene þo lawe and þo ordynaunce of God. And biside þis synne, þai hav worldus harme, as distroyynge of comyns and rewmes and lordschipis, for, as Crist sais, every rewme dyvided in hym selfe schal be desolate.[52] And þus, hit is nedeful þat Goddus lawe be mayntened, or ellys þo thre parties of þo chirche schal gretly be feblid, for feblenes of one makeþ feblenes of alle þre, sithe þat þai bene made by God in mesure, noumbre and weyȝt. Ande hit falleþ to kyngis to amende þis defaute, boþe for charite of clerkys ande to mayntene hor owne ryght. Ande ȝif anticryst curse men for þai helpen þus hom self, he schal witte þat þis cursynge turnys to his owne hede.

(fo. 48r)
Cap[itulu]m 10m[c]

Of þese may we gedire summe of þoo harmes þat comen of þo medelynge of office of þo chirche. Prestis schuld hold þeire bondes and not passe to lordis, and[d] lordes schulden hold[d] her bondes ande not take prestis office, and laboreris schulden holde hor state. And þus schuld þes be in rewmes and twey maneres of welefare in þis world and in þo toþer. And as kynges schulden defende her rewmes, so þai schulden purge alle þese statis, and amonge oþer offices þat fallen to kynges, þis is one princepal, to worschipe of God and profite to þo rewmes ȝif þai schal stonde stable. Thre sensible harmys may falle of þis medelynge:[e] furste, riȝt as clerkys may take oute of lordis hondis

---

[a] of interlined.
[b] A line has been erased at the bottom of fo. 47r.
[c] In the margin. MS has 01.
[d] And and hold interlined.
[e] In the margin Nota bene.

[52] Mt. 12: 25; Lk. 11: 17.

worschipe of festys, so may þai destroye*a* hem and gete in to dedys
hondes lordschips of rewmys. Þo secunde perelle þat may falle off
suche manere of medelynge, as clerkis may take lordschipe to hor
honde, so may þai take feyȝttynge and governayle. And of þis may sewe
lyȝtly distroyyng of þo peple, for þo folke of Israel þat God governed
specially, for he þouȝt for to take monhed of þat folke, rewlid on thre
maneris bifore þat Criste come: furst and best by iuges fro Moyses to
(fo. 48v) Samuele;*b* after, wel but not so wel, by kynges of þo londe fro
Saul to Iethonye when þai askid hem kyngus;*c* þo prid, worst of alle,
fro þen un to Criste when þai were rewlud by prestys þat fauȝten and
maden here batailys. Ande þese prestis slowen Crist and distroyeden
þo peple. And þus myȝt perelle*d* falle to Yngelonde by governayle of
byschopis.[53] Þo thrid harm, most of alle, myȝt falle here of þat by
defaute of techynge of þo lawe of God: oure peple schuld be hethen,
ande oure lond be loste, for amonge all*e* offices, þo kynges schulden
take hede to, þai schulden be wel ware of prestis and of curatus, for
þese maken gode pepul of lordus and of comyns, and may moste prively
be traytouris to rewmys, and by hor ypocrisie and lore of hor mayster
feyne holy lawes þat bene pure venym and distroyen rewmes to þis
worlde and to þo toþer. Hit falleþ to kynges be ware wiþ suche traytouris, and so on two maners ben lege men to kynges: summe ben hys
lege men þat serven hym and his rewme by profitable mannes lawe þat
mayntenyd his rewme, and summe bene his lege men by pure lawe of
God, as Criste and his apostilis weren lege men (fo. 49r) to mony
rewmes, as Poule was doctor to grekys and latyns and to barbaryse.
Also as he hym selfe sais, but þese men þat bene lege men to kynges
have none oþer rentis ne places proprid un to hem and bene not
chargiouse to rewmys, but algate profitable, nowe prechynge and nowe
worchynge ande never more ydel.[54] Of þis schulde kynges be ware,
ande norische none ypocrites þat faynen hem to be lege men and in
dede ben none, for suche ypocritis clowtid of mony statis may sone
distroye rewmes by lore of anticriste.

Cap[itulu]m 11m*f*

Sythen prestis bygylen þo pepul by cautelys of anticriste, boþe by
cursynge ande soylynge, by feynid drede and love, lordis and comyns

a Destroy *cancelled.* *b* *In the margin* Nota bene.
c *Red mark before* þo. *d* *Followed by* may, *cancelled.*
e All *interlined;* alle *in the margin.* *f* *In the margin.*

---

[53] See Daly, *Political Theory of John Wyclif*, pp. 54–5, on the Parliament of
1371 and the petition against the role of churchmen in the government of
England.
[54] This is the subject-matter of 1 Cor. 9.

schulden knowe þis mater leste^a þai ben taken þer inne^b as briddus in
lyme; and for cursynge is comune nowe in þeire chirche, furst of
cursynge is to speke. Cursynge is signifyde by nome of reddure as
þonder and liȝttynge ande smytynge withe þonder blaste. And þus þai
sayne þai kan blowe mony hundrid myle. Cursynge may be taken on
mony maners: cursynge of God is prively done when a man for his
synne is partid fro Gods helpe, as þai ben cursid of God (fo. 49v) þat
leven his maundmentis. And þus bene men cursud ouþer more or lesse,
but þese men þat God wote schal be dampned in helle bene ever more
cursid and partid fro Goddis children, ne none assoylynge of man
recounselis hym to God. And al ȝife iche man schal hope þat [þai] schal
be saved, noþoles men schuld drede to dwelle þus in synne, for þai
witten nout wheþer hit schal last to tyme of her dampnacion.^c Þo
secund cursynge of men þat apostilis usiden was to take men to Sathanas
for synne þat þai haden done, for as þo apostilus hadden powere to de-
lyver men fro þo fende, so þai had powere to take men to þo fende;
and þis curse is medicyne for to chastise men, and þus Powle ȝafe
summe men to Sathanas: but suche cursynge and assoylynge fayleþ
nowe to prestis.^d Þo thrid manere of cursynge þat men usen nowe is
forbedyng to comyne with hem þat þai cursen, and þus tellys þo gospel
þat mys acursyd men þat helden openly with Crist and put hem out
of synagog and, as summe seintis^e sayne, þai cursiden Criste more
hidousely, for þai held hym worse and more cursid of God, and
herfore þai cursid Crist thryse on a day. (fo. 50r) And on þis manere of
cursynge, prelatis cursen nowe: but Criste and his apostilis cursud
never þus, for Petur bad þo folke blesse and not curse, for Criste fled
suche cursynge of men þat diden hem wronge for, as Crist sais, he come
to þis worlde to save soulys and not lese hem. Here may we se þat
prelatis schulden not curse men for to wynne her godis ne to take of
hem veniaunce, for þis passis charite, and Seint Poule biddis þat oure
dedis be done in charite. More over, hit semeþ þat no prelate schuld
curse but if he had revelacioun þat God cursud þo same man, for ellis
he were contrarie to God in his dedis. And he cursid and God blessid,
as þo psalme sais,⁵⁵ and so he were blaspheme and puttid on God
cursynge of Cristes trewe servaunt þat God dede not. More over, hit
semeþ þat men schulden not let for to serve God for alle suche cur-
syngis, for hit may liȝtly falle þat anticristis children cursen trew men
for þai holden Goddes lawe. But who schuld let to serve God for a

---

^a *The scribe had written* beste, *which he corrected.*
^b *The original* þerinne *has been separated.*
^c *In the margin* Nota bene. *Red mark before* þo.
^d *Blue mark before* þo.
^e Seintis *has been added above* men, *cancelled.*

⁵⁵ Ps. 109: 28.

fende cursus þus? And þus schulden trewe men boþe preche ande
teche not lettyng þis cursynge, for þus dide Crist. Ande byleving of
Gods werke for ferynge of a fend, myȝt a man be cursud of God; for
þus (fo. 50v) seis þo prophete: cursid be he þat dos þus oure lordis
werke necglygently.[a56] Also, fendis myȝt ellis fere cristen men fro oure
feithe ande trowe more þat þai do wele þen þai trowen byleve of Cristis
as þo oone pope may curse þo toþer with alle his fautouris, and þo
toþer may curse hym and alle men þat favoren hym: and so Cristis
werke schulde be leste by styrynge of þo fende. He is cursid of God þat
trowes more suche cursyng þen he trowes Goddus lawe by whiche he
schuld serve hym: for þen he trowes more þat anticriste may not synne,
þen he trowes in Gods worde, þat is God hym selfe, for iche man wote
þat falsehed schulde no man trowe ne do.

Cap[itulu]m 12m[b]

Here schuld kyngis be ware þat þai diden[c] none omage to þo fende
or anticriste to mayntene his falsehede, for þese lordes þat aproven to
put þese men in prison þat susteynen Gods lawe and forsaken þo fendis
lawe, þese ben þoo þat mayntenen þo fende aȝeynes God, sithen hit
is al one to love Criste ande to love his lawe, for Crist sais in þo gospelle,
who ever loves hym, he schal kepe his worde, whiche worde is his
owne lawe.[57] And Seint John sais, who ever has Cristis commaund-
mentes (fo. 51r) and kepis hem in his lyfe, he þat loves Criste,[58] ande
so on. Thre maners may a man kepe Cristis worde: furste, in his owne
persone, ande schape his lyve aftur hem. Þo secunde is þat by his
powere he schappe hym to mayntene hem. Ande þo thrid, þat he preche
Cristis lawe to his dethe. And who ever þat doþ þus more fervently for
Goddes sake, he loves more his God and more hatis his adversarie.
Mony men wolden witte how þai schulden more love God and how þai
schulden deserve heven, for iche man kyndely coveytes þis. And by
faithe of Gods lawe, in kepynge of Goddis worde, schulde a man love
God; and he hatis hym as a cursid man þat reversis Goddus lawe and
kepis hit not on þis manere. Þus lordis schulden beware to aproven
prisonynge of trewe servauntis of Criste, for þai stonden by Gods lawe.
As Yngelonde specially defendis þis as her lawe, þat who ever dwellis
in cursynge of anticriste by fourty dayes,[d] he schal be taken to prisoun
and to lese þat he haþ, ande sithen hit falles ofte tymes þat anticriste
cursis uniustly, hit is al one to make þis (fo. 51v) lawe and to defende
hym aȝeyn Crist. For mony men dreden here for to speke or defende

[a] In the margin Jer', v[to].   [b] In the margin.
[c] not cancelled.   [d] A hand in the margin points to this text.

[56] Jer. 48: 10.   [57] Jn. 14: 23.
[58] Jn. 14: 21.

Cristis lawe, for if þai do, þai schal to prisone ande comynly lese her lyif. Þus, by cautelis of þo fende ande by lawes of anticriste, is he loved more þen Criste and cristen men bene put on bakk. Lord, wheþer þo fende þinkeþ not ynowȝ þat lordis serven hym in her persone but if þai approven as lawe þat Cristis servauntis schal be dede. And here mony by ignoraunce and feblenes of hem self fallen fro Criste to anticriste, and bycomen þo fendis servauntis: but autoris of þer erroures ben lordis þat defenden þis lawe. And þus for drede of prisonynge and for losse of worldly godis, mony dur not say þo treuthe ne iustily mayntene Gods lawe. And þus ben rewmys distroyed by soteltees of Sathanas, for þai stonden more with a fende þat he erris in cursynge, þen þai stonde with Gods lawe þat þei ben holden for to trowe.

Cap[itulu]m 13m^a

Ȝyt þo fende moveþ rewmes to take his part stronge to emprisoun in religioun iche þat mayntenyd Cristis part: and þus gode religious þat loven Criste more þen þo fende dreden hem to say þo lawe of Criste or to denye þo fendus lawe. (fo. 52r) For ofte in suche religiouse bene moo children of þo fende þen ben Cristys children þat loven his lawe to here dethe, and þese wickid wole^b put in prison trewe man þat sayne þo sothe, for, as þai sayne, þai harme her order and sklaundre hem to þo worlde. And sithen leve of enprisonynge^c comes to hem by^d graunt of kynges, þo kynges þat ȝyven hem leve, approven synne þat comes þer of. Lord, ȝif kynges and rewmes wolden comaunde to þes ordres and to alle her lege men þat hav powere to, upon payne of hor legeaunse and lesyng of privylegies, þat þai schulden punysche no man for techynge of Gods lawe ne for þinge þat schulde turne to profite of þo rewme and of ony wold oblische hym, ouþer seculere or frere, under payne of talyouns, þat þus spekes Gods lawe, men schulden suppose þis un to þo tyme þat by þis payne summe men haden reserved þis þat þes men schulden suppose that þis lore were sothe. But if summe tauȝt openly þat þis lore were fals, and þen schuld he be punyschid þat publyschid þis lore and þen nedid not þo kynge to be anticristis tourmentoure, þen myȝt he knowe who were his trewe clerkis, (fo. 52v) and þen schuld þo rewme profite and Goddus lawe schyne. Suche privyleges grauntid for to prisone men for þai sayne Goddis lawe harmeþ þo rewme and men þat consenten þer to in ony suche^e manere. And gode doþ hit none to þo kynge ne his rewme, but hit is more costely and wynneþ þo kynge no money, ne hit profites not but to his soule, þat suffers if he suffer in charite and þonkis God her fore. Ande as aneyntes absolucion þat nowe is used, þat sum clepen of payne of synne, and

---

^{a} In the margin.
^{c} en has been interlined.
^{e} suche interlined.

^{b} Followed by wo, cancelled.
^{d} Followed by cause, cancelled.

sum clepen playn absolucione, hit is feyned and fals but if God make hit. For no man but God assoyles of synnes, but if we clepe assoylynge schewyng of prestis þat God hym selfe assoyled. And þis is ful unpropur, and ofte tyme þo prest gabbes in þis mater, for hym wantid wate wham^a God hym selfe assoyles, but prestes hav poweres and witte þat ben two keyes to tell men wham God assoyles and schewe þis to þo pepul, and hereby þer ypocrisie ben þai ofte blasphemes. And þus absoluciouns with touchynge of mennys hedes is ofte tyme disseytous and not purgynge of synne, but men may clepe hem better absolucions of money or cautels of ypocritis to gete (fo. 53r) hem worldly worschipe. Þus schulde lordes ande comyns lif by Gods law and truste to his lorde þat he wole save hym in blis if þai kepen þis lawe to þer lyves ende. Al if suche ypocritis disseyven not þus þo peple, and þus schuld men not leve to lyve by Gods lawe for suche manaces or grauntyngs of anticriste, but consense with Gods lawe were he seys soche. And þus schulden trewe kynges done her trewe office, and lordis under hem schulden helpe to þis worschynge, comyns schuld bere here bodily charge, and prestis schulden teche þis sentence of Gods lawe: and þen were Cristis rewme wel sette in his state. Þus schuld prestis schewe anticristis armys and herten þese lordis to feyȝt aȝeyne hym, for by consense þai bycomen anticristis children.

Explicit.

^{a} When *cancelled*: wham *in the margin*.

APPENDIX TO THE 'TRACTATUS DE REGIBUS'

I. Various Wycliffite readings of St John's Gospel

TRACTATUS DE REGIBUS	BIBLE, EARLY VERSION (MS. Douce 369) Forshall and Madden, IV	BIBLE, LATER VERSION (B.L., Royal I C viii) Forshall and Madden, IV, 279, 287	WYCLIF (Sermons CLXXX, CXCIX) Arnold, II, 160, 120, 121
a/14/21 (p. 17) Ande Seint John sais: who ever has Cristis commaund-mentes and kepis hem in his lyfe, he þat loves Criste ...	He that hath my com-aundementis, and kepith hem, he it is that loueth me.	He that hath my com-audementis and kepith hem, he is that loueth me.	He þat haþ my com-and ementisand kepiþ hem, he is þat ilke þat loveþ me.
b/14/23 (p. 17) For Crist sais in þo Gos-pelle: who ever loves hym, he schal kepe his worde ...	If ony man loueth me, he schal kepe my word.	If ony man loueth me, he schal kepe my word.	—
c/18/11 (p. 9) And her fore Criste ... bad Petur put his swerde in his schethe ...	Therfore Jhesu seide to Petre, sende thou the swerde in to the schethe.	Therfor Jhesus seide to Petre, putte thou thi swerde in to thi schethe.	Herfore Jesus seide to Peter, Putte þi swerd in þe scabard.
d/18/19-21 (p. 5) Þo byschop askid Crist of his disciplis and his lore, ande Criste onswerid scharp-ly to hym on þis manere: I tauȝt openly to þo worlde and no þinge in hid place, for I tauȝt in temple and in synagog to wheche þo iewes coomen comynly; and aske of hem what I have saide: and aske hit not nowe of me.	Therfore the bischop axide Jhesu of his disciplis, and of his teching. Jhesu answer-ide to him, I haue spokun opynly to the world; I tauȝte euere in the synagoge and in the temple, whidir alle the Iewis camen to gidere and in priuy I spak no thing. What axist thou me? Axe hem that herden, what I haue spokun to hem.	And the bischop axide Jhesu of hise disciplis and of his techyng. Jhesu ans-weride to hym, Y haue spokun opynli to the world; Y tauȝte euermore in þe synagoge, and in the temple, whidir alle the Iewis camen togidere, and in hiddlis Y spak no thing. What axist thou me? Axe hem that herden, what Y haue spokun to hem.	And þanne þe bishop axide Jesus of his disciplis, and of his lore. Jesus ans-weride to him, Y have spoken opynli to þe world, and tauȝt evere in þe synagoge and temple, whidir alle Jewis camen togidir, and in hid Y spak nouȝt. What axist þou me? Axe hem þat herden, what Y have spoken to me.

II. Various Wycliffite translations of the first epistle of St Peter

TRACTATUS DE REGIBUS	BIBLE, FIRST VERSION (B.L. Royal I B vi) Forshall and Madden, IV, 608, 613	BIBLE, LATER VERSION (B.L. Royal I C viii) Forshall and Madden, IV, 608, 613	WYCLIF (Epistle-Sermon XXV) Arnold, II, 296
a/2: 13–14 (p. 6) And herfore techis Petur þat cristen men schulden be suget in mekenes to alle maner of men, as to kyngus as passynge bifore oþer men and to dukus as next under kyngis; and þese ben in statis to perfoureme þese offices, to take vengeaunce on yvelle men, and to prayse gode men.	Be ȝe suget to eche creature of man, for God; other to the kyng, as precellent, or more worthi in staat, other to dukis, as sent of him to the veniaunce of mysdoeris, or mysdoeris, forsothe to the preysinge of goode dedis, or goode men.	Be ȝe suget to ech creature, for God; ethir to the kyng, as to hym that is hiȝer in state, ethir to duykis, as to thilke that ben sent of hym to the veniaunce of mysdoers, and to the preisyng of good men.	As men shulden be suget to kyng, as passyng bifore oþer men . . . (and) men shulden be suget to dukes, as to men sent fro þe kyng, to veniaunce of yvel doeris and to preisyng of good men.
b/2: 17 (p. 7) . . . do worschip to kyngus . . .	Make ȝe the kyng honourable.	Onoure ȝe the king.	And do ȝe worshipe to þe kyng.
c/2: 18 (p. 8) And þus men worschippen lordis and ben soget un to tirauntis by reson of her state.	Seruauntes, be ȝe suget in al drede to lordis, not onely to goode and mylde, but also to tirauntes.	Seruauntis, be ȝe sugetis in al drede, to lordis not oneli to good and to mylde, but also to tyrauntis.	Servauntis, be þe sugette in al drede, not oonly to good lordis and resonable, but also unto tirauntis . . .
d/5: 3 (p. 13) . . . seculer lordschippe was forfendid prestis . . .	. . . nether as hauynge lordshipe in the clergie.	. . . nether as hauynge lordschip in the clergie.	—

II

DE QUADRIPARTITA REGIS SPECIE

INTRODUCTION

The *De Quadripartita Regis Specie* is to be found in Bodleian Library, Oxford, Bodley MS. 581, a manuscript well known for its beautiful illuminations.[1]

The manuscript and its contents

The manuscript is inadequately described in the Bodleian Library catalogue. It contains eight items, nos. 5, 6 and 7 being closely related.

1. *De Quadripartita Regis Specie Libellum*, fos. 1r–3r.
2. *Phisionomia Ar[i]sto[te]l[is]*, fos. 3r–5v.
3. An introduction to the *Sompniale Danielis*, fos. 6r–7r. Incipit: 'Philosophantes antiquos sive Judeos . . .'
4. *Sompniale Danielis*, fos. 7r–8v.
5. *Liber Judiciorum*, fos. 9v–89v, a geomantic tract which may be divided into five parts:[2]
   (i) An introductory *Libellum*, the beginning of which is worth quoting from the present manuscript (fos. 9v–11r): Prime omnium bonorum cause, soli deo, benediccio, laus, honor et gloria, a cuius incomparabili sapiencia rerum naturalium cognicio humano generi, nobilioribus anime potenciis, aliis animalibus in dicto proporcionata, divini thesauri distribucione piissime largitur. De facili igitur cognicione pronosticabilis sciencie, que per motus, constellaciones et influencias celestium maxime perficitur, divina sapiencia prius ut regente evidenciore, qua potero auctorum sentencia, tractare desiderans.

   Ad consolacionem mocionemque specialem excellentissimi domini nostri Ricardi, regnorum Anglie et Francie regis

---

[1] For a description of the manuscript, see G. Mathew, *The Court of Richard II* (London, 1968), pp. 40–1. According to E. Rickert (*The Reconstructed Carmelite Missal* (London, 1952), pp. 76 and 92), the manuscript was produced by the same school of illumination as Bodleian Library, Ashmole MS. 1831. Some of the miniatures are reproduced in *English Illumination of the Thirteenth and Fourteenth Centuries* (Oxford, 1954), plate 22.

[2] Another copy, made for Richard II in the second year of his reign, and apparently by the same scribe, is B.L., Royal MS. 12 C v. See G. Warner and J. P. Gilson, *Catalogue of Western Manuscripts in the Old Royal and King's Collection*, ii (London, 1921), p. 23; and F. Saxl and H. Meier, *Verzeichnis Astrologischer und Mythologischer Illustrierter Handschriften des Lateinischen Mittelalters, III: Handschriften in Englischen Bibliotheken*, i (London, 1953), pp. 311–12.

nobilissimi, qui non tantum validissimos armorum et utriusque legis viros sublimando gubernat, immo scienciarum subtilium fructus dulcedinem ad ipsius et sue gentis providam gubernacionem gustare non desistit propter astronomice sciencie longissimam ac difficilem cognicionem, ad quam presens vita vix sufficere valet, presentem geomancie libellum, non mei, sed auctorum huius artis regulis et sentenciis approbatum, citra annum dominice incarnacionis 1391mo, mense marcii,[3] anno que regni ipsius regis Ricardi secundi post conquestum quartodecimo, breviori qua potui forma comp[i]lavi.

On the same folio (9r) there is an illumination which appears to be a portrait of Richard II.

(ii) An alphabetical table of the matters dealt with in the *Judicia* (fos. 11r–12r).

(iii) 'Secundum alphabetum de significacionibus ac proprietatibus planetarum et eorum figuris in rebus et eorum et rerum qualitatibus' (fos. 12r–15r).

(iv) 'Tabula ymaginum figurarum cum naturis et proprietatibus suis' (fos. 15v–23v).

(v) *Judicia* (fos. 24r–74v).

6. *Flores questionum et iudiciorum veritatis artis geomancie* (fos. 75r–87r), with a 'tabula'.

7. *Rosarium Regis Ricardi* (fos. 87v–89v). This is a collection of diagrams which determine whether thirty-five actions are permitted or not, according to the position of the planets.

8. *Tabula regni planetarum singulis horis diei et noctis* (fo. 89v).

The text and its author

Dr Manzalaoui has already stressed the importance of Ireland in the diffusion of the *Secreta Secretorum*,[4] a pseudo-aristotelian work of oriental origin which enjoyed a very great success in the later Middle Ages.[5] It was in Ireland that the Dominican Geoffrey of Waterford wrote his French version of the *Secreta*, and it was in the Pale that James

---

[3] i.e., March 1391. In the B.L. manuscript this date has been suppressed, the word 'geomancie' has been erased and 'philosophie' has been inserted between 'armorum' and 'et utriusque legis'. The tract is also preceded by several elaborate tables.

[4] M. A. Manzalaoui, 'The *Secreta Secretorum* in English Thought and Literature from the Fourteenth to the Seventeenth Century, with a Preliminary Survey of the Origins of the *Secreta*', unpublished Oxford D.Phil. thesis, 1954. to which I am much indebted for much of what follows.

[5] H. Förster ('Handschriften und Ausgaben des pseudo-aristotelischen Secretum Secretorum', *Centralblatt für Bibliothekswesen*, i (1889)) lists 207 manuscripts of the version by Philippe de Tripoli, and 62 of that by Johannes Hispalensis.

Yonge presented his own English translation to his patron James Butler, earl of Ormonde, in 1422.[6]

Items 1 and 2 of Bodley MS. 581 derive part of their contents from the *Secreta*. The *De Quadripartita Regis Specie* is in fact a composite work: chapters 2–4 consist of an abridged version of the *Secreta Secretorum*, shorter than the usual version by a quarter;[7] they correspond to chapters 4–14/15 of the English translations.[8] Chapter 1, which is just a preface, and chapters 6–11 are original material, although they sometimes bear a resemblance to other parts of the *Secreta*.[9] Much of the tract consists of commonplaces, but some parts (for instance the long chapter 9) are much more original than the rest. But however commonplace such literature might be, there was a public for it, a public which is, however, still unknown to us. If great attention has been paid to the English versions of the *Secreta*, the Latin versions have been utterly neglected. In the text which follows we have a very free adaptation of it, half being completely new material.

If the links between this work and the *Secreta* are clear, its link with Ireland is rather less so. Much depends on the transcription and meaning of the opening paragraphs of the *De Quadripartita*. In our view, the author describes himself as the most humble servant (*erulus*, a poetic form of *servulus*)[10] of the Treasurers (*massarum*, from *massa*, bullion)[11] in Ireland, which seems to point to a Treasurer of Ireland during the reign of Richard II. From the accounts rendered at the Exchequer by these officers, it is possible to compile a list of the Treasurers of Ireland:[12]

---

[6] *Three Prose Versions of the Secreta Secretorum*, ed. R. Steele and T. Henderson (*E.E.T.S.*, *Extra Series*, vol. 74, 1898).

[7] I have used for comparison the Latin text in Bodleian Library, Hatton MS. 62, which is contemporary with Bodley MS. 581.

[8] Chs. 4–14 of the English translation in B.L., Royal MS. 18 A vii, and chs. 4–15 of that in Lambeth Palace Library, MS. 501. See *Three Prose Versions*, ed. Steele and Henderson, pp. 48–56.

[9] See especially chs. 96–101 of Lambeth MS. 501, and *Three Prose Versions*, ed. Steele and Henderson, pp. 98–103.

[10] Dr Manzalaoui transcribes *eiulus*, with *sic*.

[11] For Dr Manzalaoui, this would mean 'mace-bearer'.

[12] The following list has been compiled from P.R.O., E 364/18 (7 R.II F) and E 364/19 (8 R.II E) (accounts of Alexander Petit of Balscot); E 364/31 (20 R.II B) and E 364/32 (21 R.II F) (accounts of Robert Crull); and E 364/34 (1 H.IV I) (account of Robert Faringdon). There is a gap in the accounts between September 1393 and September 1398, corresponding to the Treasurerships of John Thorpe and Richard Metford. The existing lists are inaccurate. R. Lascelles (*Liber Munerum Hiberniae ab anno 1152 usque ad annum 1827*, iii, pp. 5–6) gives only Chaumbre, Crull, Thorpe, Metford and Faringdon, whereas the *Book of Dignities* (London, 1891, p. 561) gives Petit and Coulton, archbishop of Armagh (Coulton was indeed Treasurer, but under Edward III, being Chancellor and Justiciar in the reign of Richard II), Chaumbre, Metford and Bray, abbot of St Mary's, Dublin. The situation is further confused by the existence of a commission sent to the archbishop of Dublin, in March 1403, to audit the accounts of the 'late Treasurers of Ireland'; the names of Balscot, Metford and

1. Thomas Scurlagg, abbot of St Thomas, Dublin, who died on 21 June 1378.
2. Alexander Petit of Balscot, bishop of Ossory and, later, of Meath; June 1378–April 1385.
3. William de Chaumbre, archdeacon of Dublin; April 1385–April 1386.
4. Robert Crull; April 1386–May 1388.
5. Richard White, prior of St John of Jerusalem in Ireland; June 1388–May 1391.
6. Robert Crull again; May 1391–September 1393.
7. John Thorpe, archdeacon of Suffolk in Norwich cathedral; September 1393–mid-1394.[13]
8. Richard Metford, bishop of Chichester and, later, of Salisbury; from mid-1394–end of 1398.[14]
9. Robert Faringdon.

Of these eight men, three may be ruled out immediately: Scurlagg (who does not really belong to the reign of Richard II), and the two bishops, Petit of Balscot and Metford, who would certainly have mentioned their rank of bishop prior to their office of Treasurer of Ireland; both held other honorific offices at various times.

We may now formulate a second hypothesis. The author states that the rehabilitation (*renovacio*) of an innocent exile (*exulis*) would be his solace. While the reign of Richard II is full of exiles, these fall into two distinct groups: the enemies of the king whom he personally wished to exile (such as the earl of Warwick, Thomas Arundel and Henry of Derby), and his own friends whom he was forced to exile (Robert de Vere, Alexander Neville, Michael de la Pole, and Thomas Mowbray). It seems obvious that the author is referring here to a member of the second group: this would explain the use of *innocentis*.

Faringdon are omitted from the list, while two new names appear, that of Thomas Bache who, according to P.R.O. accounts, was only a clerk 'ad vadia hominibus ad arma' and later a member of the Exchequer of Ireland, and that of William Boltham (*Cal. Pat. Rolls, 1401–5*, pp. 212–13).

[13] John Thorpe was appointed Treasurer on 13 July 1393; he received his letters of protection by bill of privy seal four days later, and he nominated his attorneys in August (*Cal. Pat. Rolls, 1391–6*, pp. 310–13). According to Crull's account, Thorpe was in Ireland by September 1393. He was still there in July 1394, when he was chosen to act as attorney in Ireland by a canon of Fern's cathedral who was leaving for England (*ibid.*, p. 470); in September 1394, however, Simon Felbrigg, leaving for Ireland, nominated Thorpe and John Felbrigg as his attorneys in England (*ibid.*, p. 476). Was Thorpe already in England, or was he expected soon?

[14] Metford appointed a lieutenant in Ireland, John de Melton, who was involved in serious trouble and was imprisoned by the Chancellor of Ireland. His petition to the king, dated 20 May 1392, is published in *Proceedings and Ordinances of the Privy Council of England*, ed. N. H. Nicolas, i (London, 1834), pp. 69–72.

Of the five remaining candidates, Chaumbre seems to have confined his activities to Ireland; Crull was Treasurer during de Vere's government in Ireland, but he first came there[15] with Petit of Balscot, who was no friend of de Vere's;[16] Faringdon spent most of his career as a devoted Lancastrian in the reign of Richard II. Richard White, on the other hand, who was Treasurer from 1388 to 1391, years during which de Vere was in exile, was the only important Irish official who owed his nomination to de Vere,[17] and it is possible that he was the author of the tract. Thorpe, too, had links with another exile. Archdeacon of Suffolk, he appears to have acted frequently in different sorts of transactions[18] with a group of influential Norfolk landowners and lawyers, including Sir Edmund Thorpe (who was probably a relative),[19] Sir George Felbrigg,[20] Sir Simon Felbrigg,[21] Master John Felbrigg,[22] Lord Morley,[23] Sir Miles Stapleton,[24] Sir Thomas Erpingham,[25] William Rees,[26] Sir Robert Berney,[27] and the lawyers Geoffrey of Somerton and James Billingford.[28] Most of these men had close links with the duke of Gloucester and took the side of the Lords Appellant; but although they certainly resented the duke's death, they followed the fortune of the greatest of the East Anglian magnates, the Earl Marshal, Thomas Mowbray, later duke of Norfolk, who was exiled with the duke of Hereford in September 1398. It is true that Thorpe was no longer Treasurer by that date, but since he had no other official appointment after his treasureship, he may very well have used the title until the end of Richard's reign. He certainly maintained interests in Ireland, where he nominated his attorneys as late as June 1399.[29]

[15] *Cal. Pat. Rolls, 1386–9*, p. 91.

[16] J. A. Tuck, 'Anglo-Irish Relations, 1382–93', *Proceedings of the Royal Irish Academy*, lxix (1970), pp. 20–3.

[17] J. A. Tuck, *Richard II and the English Nobility* (London, 1973), p. 82.

[18] Mostly nominations of feoffees and land transactions. See *Cal. Pat. Rolls, 1391–6*, pp. 471 and 641; *Cal. Pat. Rolls, 1396–9*, p. 554; *Cal. Pat. Rolls, 1399–1401*, pp. 446 and 526; *Cal. Close Rolls, 1389–92*, pp. 184 and 489; *Cal. Close Rolls, 1396–9*, p. 399; *Cal. Close Rolls, 1402–5*, p. 152 (the will of Thomas, lord Morley).

[19] On the family of Thorpe, of Thorpe Nelaton, see F. Blomefield, *An Essay towards a Topographical History of the County of Norfolk* (11 vols., London, 1805–62), v, pp. 115–16.

[20] A. Goodman, *The Loyal Conspiracy. The Lords Appellant under Richard II* (London, 1971), especially p. 102; R. Virgoe, 'The Crown and Local Government: East Anglia under Richard II', *The Reign of Richard II, Essays in Honour of May McKisack*, ed. F. R. H. du Boulay and C. M. Barron (London, 1971), pp. 218–41, and especially p. 236.

[21] Goodman, *The Loyal Conspiracy*, p. 36.   [22] See *supra*, p. 25.

[23] Virgoe, 'Crown and Local Government', pp. 233–5.

[24] *Ibid.*, pp. 235–6.

[25] E. T. John, 'Sir Thomas Erpingham', *Norfolk Archaeology*, xxxv, pt 1 (1970), pp. 96–108.

[26] Virgoe, 'Crown and Local Government', pp. 230–1.

[27] *Ibid.*, p. 236, where he is described as a 'Lancastrian retainer'.

[28] *Ibid.*, pp. 233–5.   [29] *Cal. Pat. Rolls, 1396–9*, p. 582.

A third hypothesis may now be advanced. The author of the *De Quadripartita* would have been responsible for the entire volume, and he would also have been the compiler of the geomantic items;[30] the style of the introduction to the *Liber Judiciorum* does not make this ascription impossible, although it certainly does not prove it. This compilation was written in March 1391, the earliest date for the completion of the manuscript, which would strengthen the claims of Richard White, who was then Treasurer. There is, however, a striking sentence which must be taken into account: 'qui non tantum validissimos armorum et utriusque legis sublimando gubernat'.[31] Why this insistence upon arms, and upon both laws? The only man to whom this sentence could be applied is John Thorpe, who was a Cambridge *magister* by 1388 and a licentiate in Civil Law by 1396[32] and, if we except the two bishops, the only one among the Treasurers to have been a graduate;[33] he was, besides, employed as a royal commissioner-in-appeal from the Court of Chivalry from at least November 1391 onwards,[34] and he is styled 'Doctor of Laws' like the other civilians who served with him.

Thorpe's career is difficult to reconstruct because several John Thorpes were living at about this time.[35] It seems probable, however, that his career was divided into two periods. During the first, he was chiefly a clerk of the king's works, who appeared for the first time as comptroller of the customs in the port of Southampton.[36] During the following years he was busy in Southampton, repairing the castle and the new tower,[37] organising bishop Despenser's fleet and victualling

[30] Mathew (*op. cit.*, p. 41) seems to imply that the manuscript had but one author or compiler.

[31] *Supra*, p. 23.

[32] *B.R.U.C.*, pp. 586 and 684.

[33] William de Chaumbre was perhaps a student at Oxford; he deposited with Thomas Hanneye their *Lectura Hostiensis* in Rothbury Chest as caution for a loan in February 1372 (*B.R.U.O.*, i, p. 396).

[34] *Cal. Pat. Rolls, 1388–92*, p. 508 (William Merton v. William de Hoo). The four other civilians were John Barnet, Richard Ronhale, John Burbage and John Shillyngforde.

[35] There are at least two Sir John Thorpes in the fourteenth century. Another Cambridge man, Master John Thorpe, born c. 1362, was a fellow of Corpus Christi, and died after 1430 (*B.R.U.C.*, p. 586), while a Carmelite of that name became prior of the Cambridge convent in 1410–11, and died in 1440 (*ibid.*, p. 586). The Patent Rolls of Edward III record the activities of a king's clerk who rose to be Keeper of the King Money in the Tower, being prebendary of York and Tamworth, and parson of Cottingham and Nailstone. At the end of the century, another clerk of the same name was employed by the king at Kingston-upon-Hull, another John Thorpe was a burgess of Bristol and yet another a citizen of Kingston-upon-Thames.

[36] *Cal. Pat. Rolls, 1381–5*, p. 61. He retained this position until 1388 (*Cal. Pat. Rolls, 1385–9*, p. 426).

[37] *Cal. Pat. Rolls, 1381–5*, p. 280, and *Cal. Pat. Rolls, 1385–9*, p. 198.

Cherbourg,[38] and carrying out works in Lyndhust, the New Forest,[39] and Carisbrook.[40] Ecclesiastical preferments followed, and he became rector of Arreton in the diocese of Winchester[41] and of the chapel of Apelderford in the same diocese.[42] But in 1388 he was involved in serious difficulties: he had not rendered his accounts for the previous years and, since he had benefices in the diocese, the bishop of Winchester received orders to find him and have him sent to London.[43] In the very same year we discover a John Thorpe, already a *magister*, in Cambridge. The subsequent career of this graduate is well established. Was he the clerk of the king's works?

We cannot be sure, but three reasons make this likely. The first is that it is highly unlikely that a man could become Treasurer of Ireland without some sort of training in the royal administration. The Cambridge graduate, too, held benefices in the same diocese as the clerk of the king's works, for he was rector of Fawley, in Hampshire, as early as 1387.[44] The final reason is that the clerk of the king's works practically disappeared from the Patent Rolls after 1389.[45] If we accept that the clerk and the scholar were the same man, the pattern of Thorpe's career becomes clear. After studying at Cambridge, he started his career as a clerk of the king's works in Hampshire, where he met important men from Norfolk, such as the bishop of Norwich and Lord Morley, with whom he was to be closely associated in later years. Later he returned to Cambridge, where he remained probably from the end of 1387 until the beginning of 1389, engaging himself in further studies in Civil Law, thus neglecting his duties as clerk of the king's works. But the time thus spent seems to have brought him some advantage: in May 1389, he was granted the prebend of Corringham in the cathedral church of Lincoln,[46] and in October 1389 he was given a prebend in the King's free chapel of St Stephen, Westminster,[47] a useful benefice for a

[38] *Cal. Close Rolls, 1381–5*, p. 261.
[39] *Cal. Pat. Rolls, 1385–9*, pp. 337–8, 415 and 516; *Cal. Pat. Rolls, 1388–92*, pp. 14 and 168.
[40] *Cal. Pat. Rolls, 1381–5*, p. 280.   [41] *Ibid.*, p. 106.
[42] *Ibid.*, p. 280.
[43] *The Register of William of Wykeham*, ed. T. F. Kirby, ii (London–Winchester, 1899), pp. 594–5.
[44] *Cal. Pat. Rolls, 1385–9*, pp. 370 and 382. Walter Donnell, who had received the provision to Fawley, was evicted because Thorpe had secured a writ of *quare impedit* against him. Thorpe still held the benefice in 1389, when he became prebendary at St Stephen's, Westminster (*Cal. Pat. Rolls, 1388–92*, p. 278).
[45] His last office seems to have been that of collector of the customs from Ipswich to Tilbury, a post he still held in February 1392 (*Cal. Fine Rolls, 1391–9*, pp. 3, 12 and 23).
[46] He is included in the University roll for papal graces as petitioner for a canonry at Lincoln, with reservation of a prebend, in 1390 (*B.R.U.C.*, p. 586). The prebend of Corringham was in the gift of the crown (J. Le Neve, *Fasti Ecclesiae Anglicanae, 1300–1541*, i (London, 1962), p. 54; *Cal. Pat. Rolls, 1388–1392*, pp. 35 and 262).
[47] *Cal. Pat. Rolls, 1388–92*, p. 122.

royal clerk. In 1390, he was also presented to the living of Hornsee, in the diocese of York.[48] In July 1390 he exchanged his prebend at Westminster for the archdeaconry of Suffolk in Norwich cathedral.[49] In the following year he was employed in the Court of Chivalry and, in July 1393, he became Treasurer of Ireland.[50]

No sooner returned from Ireland, Thorpe seems to have withdrawn from the public scene. He is found entirely occupied with private business; in addition to his relationships with wealthy Norfolk land-owners,[51] he also appears to have been associated with Londoners holding land in Norfolk.[52] He acquired many benefices in the county: he was admitted rector of Brisley in July 1391,[53] rector of Erpingham in December 1396,[54] and, having resigned the living of Fornham All Saints,[55] he became rector of Winterton in October 1396.[56] In January 1402 he exchanged Newton, in the diocese of Lincoln, for Bradwell in Norfolk.[57] Although a wealthy canon, he was unable to repay, 'for cause of poverty', money owed to Guy Mone, bishop of St Davids, in 1408.[58] At the same time, he was employed in judicial and financial affairs by his bishop[59] and, if only occasionally, he dealt with public affairs.[60]

At Cambridge, he may very well have known Walter Hilton,[61] one of the most eminent English mystics, and there is some ground for the assertion that he could have been the recipient of the letter *De Habenda*

---

[48] *Ibid.*, p. 323. [49] *Ibid.*, p. 278; *Fasti*, iv (London, 1963), p. 33.
[50] See *supra*, p. 25. [51] See *supra*, p. 26.
[52] e.g., *Cal. Close Rolls, 1389-92*, pp. 184 and 489.
[53] Reg. Despenser, fo. 157v (J. M. Russell-Smith, 'Walter Hilton and a Tract in Defence of the Veneration of Images', *Dominican Studies*, vii (1954), pp. 180-214; all references to this register are taken from this article). Thorpe was presented to Brisley by Thomas Morley, Marshal of Ireland (Blomefield, *op. cit.*, ix, p. 47).
[54] Reg. Despenser, fo. 184. He was presented by the abbot of Bury St Edmunds, perhaps the greatest ecclesiastical landowner in Norfolk (Blomefield, *op. cit.*, vi, p. 410).
[55] Reg. Despenser, fo. 211v.
[56] *Ibid.*, fo. 184. He was presented by Dionysia, widow of William Clere, a connection of the lawyer Geoffrey of Somerton (Blomefield, *op. cit.*, x, p. 198). His close associate, Master John Felbrigg, was to succeed him in 1406.
[57] *Cal. Pat. Rolls, 1401-5*, p. 35.
[58] *Cal. Pat. Rolls, 1408-13*, p. 10.
[59] In 1406 he was a collector of the clerical subsidy (*Cal. Close Rolls, 1405-9*, p. 57) and in 1412, as keeper of the bishop's prison, he had to be pardoned for allowing the escape of three convicted priests (*Cal. Pat. Rolls, 1408-13*, p. 10).
[60] He was collector of the tenth and fifteenth granted to the king in 1401 (*Cal. Close Rolls, 1399-1402*, p. 347), and acted in that capacity again in later years (*Cal. Pat. Rolls, 1408-13*, p. 432; *Cal. Pat. Rolls, 1416-22*, p. 175). He also appears to have been an important witness at the trial of Robert Westbroom of Bury in July 1402; Westbroom was accused of having said that Richard II was still alive, but was acquitted (*Cal. Close Rolls, 1399-1402*, p. 548). It is also possible that Thorpe returned to Ireland in 1404 in the following of Thomas of Lancaster (*Cal. Pat. Rolls, 1401-5*, p. 378).
[61] Hilton was in Cambridge from at least 1371 until c. 1384 (*B.R.U.C.*, p. 306).

Consolatione in Tentatione Spirituali, as is asserted by bishop Bale.[62] Hilton described the recipient of his epistle as a student of laws ('opportet te ergo relinquere studium Justiniani et forum consistorii . . .'), as one who had been ill and had even known the rigours of prison;[63] this man was apparently considering the idea of becoming a regular, and Hilton was trying to discourage him, in so doing revealing a rather low opinion of his friend's spiritual state by evoking his 'pusillanimitatem' and the 'molliciem carnis tue fragilis' which would make spiritual life difficult for him.

It is on this sort of evidence, which suggests that Thorpe had a greater aptitude for the worldly life than for that of a recluse, that we must decide whether he was the author of the *De Quadripartita*. Clearly, no firm answer can be given.

Editorial principles

I have not attempted to give a perfectly correct Latin version of the text. The author had a strange fondness for a curiously intricate Latin which is often barely understandable; in the opening paragraphs, for instance, he displays an open contempt for Latin grammar and classical vocabulary. Even by low medieval standards, this is a poor piece of scholarship, and no attempt has been made to improve it.

The manuscript, though unsatisfactorily written, is beautifully decorated, a careful hierarchy of capital letters being used to delimit chapters (illuminated letters), paragraphs (painted letters, both red and blue), and sentences (golden letters).

[62] All of what follows is based upon Russell-Smith, *op. cit.*
[63] Would this be a reference to Thorpe's difficulties in 1388? A John Thorpe (it is not specified whether he was a clerk) took part in an assault against the countess of Norfolk and was indicted in July 1376 (*Cal. Pat. Rolls, 1374-7*, p. 326).

DE QUADRIPARTITA REGIS SPECIE

I

(fo. 1r, col. 1) Audiens sapiens sapiencior erit et intelligens gubernacula possidebit,[64] licet validissimus principancium, dominus Ricardus, dei gracia rex Anglie et Francie, mirabili quodam intellectus et ingenii splendore, non inficto sed reali, multos sui regni subditos et coetaneos excellere videtur.

Ego tamen minimus regis massarum erulus Hibernie, benevolus innocentis exulis cuius renovacio sit mea consolacio, intime desiderans predicti domini mei regiam excellenciam, quedam sapientum consilia, sentencias et precepta, regi atque regno valde necessaria, ut ejus sapiencia magis elucescat, omnes que sui subditi de eius intellectu gloriantes et regimine, ipsum benedicant, ipsi que ut convenit in omnibus obediant, hic intitulavi de quadripartita*a* regis specie librum incipiens.

II

Reges sunt quatuor: rex largus sibi et largus subditis, et rex avarus sibi et avarus subditis, et rex avarus sibi et largus subditis, et rex largus sibi et avarus subditis.

Italici utique sic dixerunt: non est vicium in rege si avarus sit sibi et largus subditis. Iudi vero sic dixerunt: rex qui est avarus sibi et largus subditis suis est bonus.

Parses dixerunt quod nichil valet rex qui non est largus sibi et subditis, sed inter omnes reges peior est et merito reprobandus, qui est largus sibi et avarus subditis, quia regnum eius cito destruetur. Oportet igitur quid istorum virtuosum et viciosum sit inquirere, quid avaricia, quid largitas, ac error largitatis determinare.

Palam siquidem est, quod qualitates reprobande sunt quando multum discrepant a medio, et scimus quod observancia largitatis*b* difficilis est et eius transgressio facilis, et cuilibet facile est avariciam et prodegalitatem exercere, et difficilis est tenere largitatem. Si vis ergo acquirere largitatem, considera posse tuum, tempora necessitatis et merita hominum: debes ergo largire dona iuxta posse cum mensura, hominibus indigentibus atque dignis.

Qui ergo dat aliter, peccat et transgreditur istam largitatem, quia qui bona sua dat non indigentibus, nullam acquirit laudem, et quicquid datur indignis perditur; et qui fundit ultra modum divicias, veniet cito

---

a MS. quadrupertita.   *b* MS. largitatus.

[64] Prov. 1: 5.

ad amara litora paupertatis, et assimilabitur illi qui dat inimicis (fo. 1r, col. 2) suis super se victoriam. Talis ergo rex qui dat de bonis suis hominibus indigentibus in tempore necessitatis, talis est rex largus sibi et subditis: eius regnum prosperatur, et eius mandata conservantur. Talem regem laudaverunt antiqui, talis dicitur virtuosus, largus et moderatus.

Cum vero fundit bona regni inordinate et indignis et non indigentibus, talis dep[opulator] rei pupplice, destructor regni, incompotens ad regnandum, unde prodigus[a] appellatur, quia procul a regno est sua providencia.

III

Nomen avari multum dedecet regem et disconvenit regie maiestati. Si aliquis ergo rex alteram habuit vel prodigalitatem vel avariciam, si vult sibi consu[l]eri, debet, et cum summa diligencia, providere virum fidelem, discretum et ellectum unum de multis, cui debet demitte[re] res pupplicas dispendendas et regni divicias gubernandas.

Aciens firmiter quod rex qui superflue continuat donaciones ultra quas regnum suum valet sustinere titulis, rex sine dubio destruitur et regnum suum destruit. Declinacio igitur prodigalitatis et avaricie et acquisicio largitatis est gloria regum, perpetuitas regnorum et sic quando rex abstinet se et manum retrahit a bonis et possessionibus subditorum: unde in preceptis magni doctoris Hermoginis reperitur quod summa et vera bonitas et claritas intellectus et plenitudo legis ac signum perfectionis in rege, est abstinencia a pecunis et possessionibus subditorum, cuius contrarium fuit causa destructionis regni Caldeorum; unde propter superfluitatem expensarum ultra valorem annui redditus et proventus civitatum et ceterarum dicte terre caldaice commoditatum, rex extendit manus suas ad percepcionem rerum et reddituum subditorum suorum, qui propter iniuriam hab . . . . . ., clamaverunt ad dominum excelsum et gloriosum, qui afflixit regem vehementer et permisit populum insurgere contra eum et nomen eius penitus de terra delere. Divicie enim sunt causa durationis anime et sunt pars ipsius vite, et non potest durare anima, si talis vita destruatur: cavendum est itaque nimis a superfluitate et superhabundancia expensarum.

Ut igitur temperancia et largitas acquirantur, stulta et superflua donacio est vitanda et de sub[stancia] largitatis et virtutis est, ad memoriam non revocare rem donatam, sicut de genere beatitudinum et substancia virtutum est, renumerare merentes et remittere iniuriam, honorare honorandos, venerari venerandos, subvenire simplicibus, supplere (fo. 1v, col. 1) defectus innocencium, salutantibus respondere, linguam reprimere, iniuriam ad tempus dissimilare, et stulti stulticiam fingere et ignorare.

[a] *MS.* protegus.

Sciens utique quod intellectus est caput regiminis, salus anime, servator virtutum, spretor viciorum; in ipso speculamur fugiendum, per ipsum eligimus eligendum, ipse est origo virtutum, radix omnium bonorum honorabilium et laudabilium. Et primum instrumentum est desiderium bone fame, quia qui vere desiderat bonam famam, famosus erit ac gloriosus, et qui ficte disiderat, infam[i]a confundetur.

Fama ergo est que principaliter et per se appetitur in regimine, quia regimen non appetitur propter se, sed propter bonam famam. Inicium igitur sapiencie et intellectus est desiderium bone fame que per regimen et dominium acquiritur. Si ergo alia de causa dominium vel regimen acquiritur vel desideratur, non erit fame acquisicio, sed invidie: invidia igitur generat mendacium, quia est radix reprobabilium et materia viciorum, invidia generat detractionem, detractio autem homini generat iniuriam, iniuria generat pertinaciam, pertinacia iracundiam, iracundia repugnaciam, repugnacia inimiciciam, inimicicia bellum quod dissolvit legem et destruit civitates, et hoc est contrarium[a] naturale: et quod repugnat nature, destruit totum opus. Stude ergo et dilige desiderium bone fame, quoniam ratio per desiderium bone fame elicit veritatem. Veritas est radix laudabilium et materia omnium bonorum, contrarium mendacio, et desiderium iusticie generat confidenciam, confidencia largitatem, largitas facit familiaritatem, familiaritas facit amiciciam, amicicia generat consilium et adiuvamen: per hec siquidem fuit orbis constructus, leges hominibus constitute, et hac racione conveniunt nature.

Patet ergo quod desiderium regiminis propter bonam famam est durabile, bonum et laudabile. O bone rex, declina conatus bestialium voluptatem, quia corruptibiles sunt carnales eius appetitus et inclinant animam ad corporales voluptates anime bestiales nulla discrecione prehabita, et inde corpus corruptile letatur et incorruptibilis intellectus contristatur.

Sciendum igitur quod conatus voluptatis generat carnalem amorem, carnalis amor generat avariciam, avaricia desider[i]um[b] diviciarum, desiderium diviciarum generat inverecundiam, inverecundia presumpcionem, presumpcio (fo. IV, col. 2) infelicitatem, infelicitas latrocinium, latrocinium vituperamen, ex quo nascitur captivitas que ducit ad detrimentum legis et destruccionem familiaritatis et ruinam tocius operis, et hoc est contrarium nature.

IV

Primo et principaliter convenit regi, quantum ad seipsum, quod fama nominis sui divulgetur in laudabili sapiencia et cum suis hominibus racionetur sapienter, quia inde laudatur et veneratur: inde timetur ab

---

[a] MS. contrarius. [b] MS. de desiderum.

hominibus, quando vident eum in sua eloquencia sapientem et in operibus prudenter agentem. Porro de levi potest sciri et per signa apprehendi, que in rege sapiencia vel sciencia dominetur.

Quia quicumque rex supponit regnum suum divine legi, dignus est regnare et honorifice dominari. Qui vero in servitutem redigit divinam legem, subiciens eam suo regno et imperio, transgressor est veritatis et divine legis contemptor; qui vero contempnit divinam legem ab omnibus contempnetur.

Quia ergo contemptus est in lege, dicitur verbum illud, quod sapientes philosophi et divinitus loquentes dixerunt, quod videlicet in primis deceat regiam maiestatem obtemperare se in legalibus constitutis, non inficta apparencia sed in facti evidencia, ut cognoscant omnes ipsum timere deum excelsum et esse subiectum divine potencie; tunc enim solent homines revereri et timere regem, quando vident ipsum timere deum et revereri. Si tantum in apparencia religiosum se ostendat, in operibus sit malefactor, cum difficile sit nephanda opera celare et apud populum non revereri et ignominari, a deo reprobatur et ab omnibus contempnetur, infamabitur eius factum, diminuetur eius imperium et diadema glorie sue in sua carebit.

Quid ergo plus dicetur, non est precium, non est thesaurus qui poterit redimere bonam famam. Insuper condecet regem venerari religiosos et sapientes sublimare et conferre, cum eis movere dubias questiones, honeste interrogare et discrete respondere, sapienciores et nobiliores magis honorare, et tales penes regiam maiestatem suam iuxta statum et cuiusque facultatem commoraturos retinere, viles et indignos quo usque servitores minime tenendo.

Oportet insuper regem futura cogitare, ut ea sapientium consilio levius et securius, si adversa fuerint, possit tolerare. Decet eciam regem pietatem habere, iram et motum anime reprimere, ne improvisa commocio progrediatur in actum sine deliberacione, errorem suum racionabiliter cognoscere et sapienter renotare, quia (fo. 2r, col. 1) summa sapiencia est regi seipsum regere.

Cum ergo rex viderit aliquod bonum vel utile faciendum, faciat cum discrecione nec nimis tarde nec nimis cito, ne videatur impetuosus vel remissus. Multum ecia[m] convenit regie maiestati honorifice indui et semper cum pulcro apparatu apparere et excellere alios in decore: uti ergo debet caris, pulcris et extraneis indumentis. Decens siquidem et iustum est, est regem in quadam prerogativa alios preexcellere et superare, ut per hanc dignitas ornetur, potencia non ledatur, set summa atque debita reverencia regi tribuatur.

O quam pariter speciosum et honorificum est regi abstinere a multi-loquis, nisi id necessitas requirat! Melius enim est quod aures hominum sitibunde sint ad regis eloqu[ent]ia quam a suis superfluis affatibus nimis saturentur.

V

O quam preciosa sapiencia regis virtutibus prudencie vestiti, sedentis inter proceres et regni consiliarios ardua regiminis negocia disputantes, opiniones consonas seu contrarias tenentes, qui controversiarum huiusmodi ambiguitates sciverit evadere et certis argumentis quod eligendum fuerit aperte declarare, talem regem merito debent honorare et voluntati sue in omnibus obedire!

De tali rege refert Salomon in proverbiis: 'dominus dat sapienciam et ex ore eius prudencia et sciencia.'[65] Idem alibi: 'si intraverit sapiencia cor tuum, et sciencia anime tue placuerit, tunc intelliges iusticiam, et iudicium, et equitatem, et omnem semitam bonam: consilium custodiet te et prudencia servabit[te] ut eruaris a via mala'.[66]

'In omni' igitur 'possessione acquire prudenciam, accipe illam et exaltabit te, gloriabis ab ea, cum eam fueris amplexatus, dabit capiti tuo augmentum graciarum et corona inclita proteget te'.[67] Psallite igitur cum Salomone: 'dic, sapiencie soror mea es, et prudenciam voca amicam tuam',[68] quia 'melior est sapiencia cunctis operibus preciosissimis, et omne desiderabile ei non potest comparari',[69] per ipsam 'reges regnant et legum conditores justa decernunt'.[70]

Nam ipse 'deus sapiencia fundavit terram et celos prudencia stabilivit',[71] et 'principium huius venerabilis sapiencie est timor domini et sciencia, sanctorum prudencia'.[72] Et qui deum timere novit, amare non desinit, et qui diligit dominum deum servat mandata eius, quorum observacio est corporis et anime regni et regiminis tuta gubernacio: est ergo 'timor domini fons vite ut declinet a ruina mortis'.[73]

Merito igitur (fo. 2r, col. 2) sunt sapiencia et prudencia regentibus appetende, quarum adepcione unicuique petenti quod suum est, largiri potest quod iusticie maxime videtur convenire, et initium bone vite et facere iusticiam.

Et sic patere potest quod sapiencia, prudencia, iusticia et alie virtutes cardinales radictius procedunt a timore dei et observacione mandatoris eius, et vicia contemptibilia ab earum contrariis sepius generantur, inter que inobediencia, stulticia et imprudencia deteriora reputantur.

VI

O bone rex, quid terrenorum corda principancium gravius affligit quam subditorum inobediencia, seu rebellioni debitis licitis et honestis,

---

[65] Prov. 2: 6.
[66] Prov. 2: 9–12, in the following order: 10, part of 9, and 11–12.
[67] Prov. 4: 7–9.
[68] Prov. 7: 4.
[69] Prov. 8: 11.
[70] Prov. 8: 15.
[71] Prov. 3: 19.
[72] Prov. 1: 7.
[73] Prov. 14: 27.

aut quid reges ad penam et vindictam ligeis inferendum magis exitare videtur? Certe nichil, et non immerito, quia propter in obedi[en]ciam multi perierunt.

O quam timorosius et deterius est mandata domini dominancium, ipsius dei, contempnere, quem diligere et diligendo super omnia timere tenemur! Canit namque Salomon in proverbiis:[a] 'time dominum, fili mi, et regem',[74] quia 'indignacio principis mors est'[75] et 'sicut rugitus leonis, ita terror regis; et qui provocat eum, peccat in animam suam'.[76] Incomparabilius igitur et gravius peccat qui mandata dei salutifera contempnit, nam morte dignus est, non tantum corporali, immo corporis et anime infernali supplicio perpetue duratura, nisi vera contricio aut creatoris misericordia pie interveniat.

Rex ideo, qui universos regni sui subditos sibi, pro ut iuris est, obedire desiderat, regem suum suppremum, dominum deum, timeat, et toto corde diligat, non ficta apparencia sed vera concistencia; tunc enim perficit quod antiquitus dictum est: 'hoc facias alii quod tibi vis fieri'.[77]

VII

Stulticia contrarium sapiencie reputatur, et stultus a stulticia recte nominatur: nomen vero stulti regibus et magnatibus odibile nimis foret certa racione, quia cum in populo aliquis stultus reputatus fuerit, non solum honore, immo paterna, propria et hereditaria possessione privatur et sapiens eius generis licet remote eidem collocatur.

Vox enim populi talis est: nolimus hunc regnare super nos, regnum eius accipiat alter; quomodo nos regeret, qui propter inopiam sapiencie, se ipsum regere non potest? Evidens autem signum stulti ab autoritate Salomonis prudentes assumunt, ubi inquitum:

(fo. 2v, col. 1) 'Sapienciam et doctrinam stulti despiciunt', et 'amicus stultorum similis efficietur';[78] ad hoc concordat Aristotiles, ubi dixit: 'amicus est alter ego'.[79] Hoc est dictu, si quis consuetudinarie amici[ti]am traxerit cum stultis, scilicet cum trupliatoribus (sic) actus et in cur[i]alitates exercentibus stulticias, et vanitates senilares super omnia diligenti-

---

[a] MS. proverbii.

[74] Prov. 24: 21.
[75] Prov. 16: 14. The Vulgate has 'indignatio regis, nuntii mortis'.
[76] Prov. 20: 2.
[77] H. Walter, *Lateinische Sprichtwörter und Sentenzen des Mittelalters*, ii (Göttingen, 1964), no. 11002.
[78] Prov. 1: 7; 13: 20.
[79] This derives from a medieval collection of *auctoritates*, but is wrongly attributed to Aristotle; see J. Hamesse, *Auctoritates Aristotelis, i, Concordance* (Louvain, 1972). It is, in fact, a commonplace from Cicero, *De Amicitia*, xxi, 80 (Walter, no. 960a).

bus, vicia et turpiloquia magis quam honesta loquentibus, titulis sine dubio stulto similatur.

Et si cum hoc colloquium doctrinam et consilium sapientium neglexerit, vel saltem rarius quam oportuerit audire distulit, merito fatuus nunciatur. Et de talibus autem dictum est: 'parata sunt derisoribus iudicia, et mallei percucientes stultorum corporibus'.[80] 'Per agrum hominis pigri transivi et per vineam viri stulti, et ecce totum repleverant urtice et operuerant superficiem eius spine'.[81]

Et sic interpretari potest proverbium antecedens: per curias et cameras obstinati et incipientis principis transivi; et ecce totum repleverant urtice, ecce plene sunt vanitatibus et detractionibus inord[in]atibus naturam urtice consequentibus et superficiem eius operuerant spine. De proprietate autem terre sterilis et inculte est spinas producere, que gressus atque transiencium pannos dilacerare solent: superficies vero corporum nostrorum circa mores et condiciones exteriores versatur, que mimam comitatorum, stultorum et mendacium et adulatorum nimium viciantur. Vitentur ergo tempestive talium consortia, ne verba Salomonis sibi imputentur, sic dicentis: 'propter frigus piger arare voluit, mendicabit ergo et non dabitur ei'.[82] Hoc est nisi quis in iuventute et adholescencia doctrine sapientum et virtutibus adheserit; sepius cum servierit eas adoptabit, nec eas propter iuveniles viciatas et stultas consuetudines acquirere valebit. Nam consuetudo est altera natura, et quod nova testa capit, inveterata sapit. Evidencior stulti cognicio post bonorum suorum prodigam dilapidacionem habetur, per Salomonem sic dicentem: 'non recipit stultus verba prudencie, nisi ea dixeris que versantur in corde suo'.[83]

Merito igitur stulticia et stultorum continua consorcia a regibus, principibus, magnatibus et omnibus aliis personis honestis sunt vituperanda. Nam sic ait Ecclesiastes: quod 'melior est puer pauper et sapiens rege sene et stulto qui nescit previdere impostorem, quod et de carcere cathenis que interdum quis egrediatur ad regnum, et alius natus in regno inopia consumatur'.[84]

VIII

(fo. 2v, col. 2) Nichil ergo regi preciosius sapiencia, prudencia, providencia et aliis virtutibus, nam in hiis ornatur magis quam vestimentis aureis, margaritis vel lapidibus preciosis. Hec sunt diadema et gloria regni sui, per quas acquiret auxilium divinum, honorem, sublimitatem et laudem in populo, et omne regnum eius prosperabit. Et de signis sapiencie habundantis in quibuscumque principantibus tangit scriptura

[80] Prov. 19: 29.
[82] Prov. 20: 4.
[84] Ec. 4: 13–14.

[81] Prov. 24: 30–1.
[83] Prov. 18: 2.

hoc modo: 'qui omnia agunt cum cons[il]io, reguntur sapiencia'[85]: talis ergo rex merito gubernator nuncupari potest. Sed 'ubi non est gubernator, populus corruet: salus autem, ubi multa sunt consilia';[86] dissipantur eciam cogitaciones, ubi non est consilium, ubi vero sunt plures consilarii, confirmantur.

IX

Prudens igitur gubernator sapienter investigare debet qui regni sui proceres, discreciores et nobiliores exstiterint, sublimitatem, honorem et prosperitatem persone et dicti regni sui post deum super omnia diligentes, non fictis et blandis adulacionibus et verbis, 'mel in ore gerentes, fel in ore tenentes',[87] sed planis, efficacibus, veris atque immunibus intentionibus, ipsum preferentes, qui citius honorum amissionem et penam corporalem sustinerent quam ipsius honorem seu prerogativum in aliquo derogarent, tales enim in consiliarios suos eligere debet et sibi perfectionem arduorum negociorum regni sui committere et eorum consiliis firmiter adherere voluntate sua, singulari in hiis que regni sui ardua gubernacula concernunt renunciare, quia, ut dicit Salomon: 'qui confidit in cogitacionibus suis impie facit'.[88] Optimum autem ingenium cognoscendi tales consiliarios, iusticiarios et alios magnos regni officiales est, ut tres vel duo ad minus de ministris principis, qui non sint in curia continue commorantes, quorum dictis et factis, experiencia certa, princeps confidere possit et separatim, nullo istorum sciente de alterius negocio, mittantur ad curiam talis quem princeps intendet eligere in consiliarium vel officialem, et ibi ad duos vel tres dies perhendinantes, fingant se aliquid agendum habere cum secrecioribus scutiferis camerariis et aliis officiariis talis domini, et interim in confabulacionibus aliquid et successive tangant de esse et principis eius regimine et aliis hospicii et familie circumstanciis.

Et bene asculent (fo. 3r, col. 1) et memorie commendent responsiones et replicaciones familiarium talis domini, eas principi in reditu veraciter nunciantes. Nam si responciones et proposiciones secretorum familiarium alicuius domini concordaverint et consonaverint ad laudem et honorem persone principis antedicti, vel saltem condoluerint de ipsius malo regimine, si quod fuerit sano deficiente consilio, honore dicti principis in omnibus salvo, presumendum est quod familiarium dominus ipsum principem diligit et honorat. Et hoc confirmatur per scripturam sic dicentem: 'qualis rector civitatis, tales habitantes in ea'.[89] Et vulgus dicit: 'galli cantant et pulli audire non desistunt'.[90]

85 Prov. 13: 10.   86 Prov. 11: 14.
87 Walter, no. 14574, under the form 'mel in ore, fel in corde'.
88 Prov. 12: 2.
89 Si. 10: 2.
90 Probably an English or, perhaps, a French proverb translated into Latin.

Talem ergo dominum, si sapiens, prudens et sane consciencie exstiterit que sciri potest per famam regiminis sui proprii et tenencium suorum, eligat princeps in consiliarium aut ad aliud officium grande, talem per bonorum collacionem, si necesse fuerit, sublimando, et ultra alios virtutibus huiusmodi carentes, care diligendo. Quorum vero responsiones seu condiciones supradictis contrarie fuerint, eorumdem a consilio et officio principis breviter excludantur.

X

Necessarium eciam regi valde reputatur, ut in ospicio suo, penes honorabilem personam suam retineat de nobilioribus, generosioribus, formosioribus, audacioribus et discrecioribus regni sui militibus, armigeris et valectis, excellenciam ipsius regis super omnia diligentibus, consilium eius nulli revelantibus, periculum corporale pro eo si necesse fuerit sustinere volentibus, minimum de familia regis in recto contra quemcumque iniuriam sibi inferentem, in quantum poterint, supportantibus et faventibus.

Tales enim nobiles et familiares excellenciam et potestatem regiam illesam conservant, et ipsos et consimiles, iuxta gradus et eorum demerita, ante alios remociores promovere et sublimare tenetur. De tali rege dictum est: 'multi colunt personam potentis, et amici sunt dona tribuentis'.[91]

XI

Finaliter enim convenit regie maiestati populum regimini eius commissum, divites et egerios, sub iniuncione legum ita defendere quod nullus subditorum temerarie alium contra leges et statuta invadere presumat; et si quis hoc attemptare presumat, statim puniatur ne aliis audacia deliquendi tribuatur. Sed quia fama, nomen ac prosperitas cuiusque principis et alterius dominantis, in fidelitate et honestate servientium eius plurimum concistit, Phis[i]onomiam Ar[i]stotelis, quam composuit ad opus Alexandri conquestoris, presenti adiunxi libello, per quam quisquis potest quadam coniectura, proxima veritati, licet non precise mores et condiciones hominum cognoscere, que sub hac incipit forma.

(Explicit)

[91] Prov. 19: 6.

III

TRACTATUS DE REGIMINE PRINCIPUM AD REGEM HENRICUM SEXTUM

INTRODUCTION

The manuscript and its contents

The *De Regimine Principum ad Regem Henricum Sextum* is found in only one manuscript, B.L., Cotton MS. Cleopatra A. xiii, of which it is the first and chief item. The contents of the manuscript, inadequately described in the Cotton catalogue,[1] are as follows:

1. *De Regimine Principum ad Regem Henricum Sextum*, fos. 4r–135v.
2. *Matutine de Trinitate, diebus dominicis dicende*, fos. 136r–141v.
3. *Matutine de nomine Jhesu, die lune dicende*, fos. 141v–146r.
4. *Matutine de Sancto Spiritu, die martis dicende*, fos. 146r–150r.
5. *Matutine de passione Domini, die martis et die mercuriis devote dicende*, fos. 150r–157v.
6. *Matutine de sapiencia dicende die jovis ad omnes horas*, fos. 157v–163r.
7. *Matutine de compassione beate Marie in sabbatis dicende*, fos. 163r–171v.
8. *Oracio devota ad beatissimam virginem Mariam in quacumque necessitate firma fide dicenda*, fos. 172r–174v.
9. *Oracio divinitus revelata beate Brigitte sponse Christi, in qua devotissime laudantur omnia membra gloriose corporis virginis Marie et virtuose actus eius corporales*, fos. 174v–177v.
10. *Devota oracio ad eandem virginem gloriosam pro bono fine optinendo*, fos. 177v–179r.
11. *Oracio ad beatum Johannem, priorem Bridlyngton'*, fos. 179r–180v.

The manuscript once contained a portrait of King Henry VI.[2] It is beautifully and carefully written and decorated,[3] and may well have been the copy intended for the king himself.

The text and its author

Although there exists but one manuscript of this *De Regimine Principum*, it should be remembered that the fifteenth century was already familiar

---

[1] *A Catalogue of the Manuscripts in the Cottonian Library* (London, 1802), p. 577.

[2] On fo. 3 is a note in an eighteenth-century hand: 'A picture of King Henry VI described in Dr. James's catalogue p. 136.6 appears to have been cut out from this place. Cha. Morton, A. Gifford, April 21, 1757'.

[3] Some illuminations are reproduced in *Schools of Illumination. Reproductions from manuscripts in the British Museum*, iv (London, 1922), pl. 15.

with didactic works of a similar nature, the English being very well acquainted with the work of Egidius Colonna and with most of the French *miroirs* which, to a greater or lesser degree, derived from it. There were, too, in England other works of this kind, such as those of John Lydgate, the monk of Bury, and, most notably, the popular *Regement of Princes* of Thomas Hoccleve, which had been compiled in 1411–12 and dedicated to the then Prince of Wales, the future Henry V.[4] The *Regement*, which was not a translation of Colonna's *De Regimine Principum*, none the less depended a great deal upon it (as Hoccleve himself stated) as well as upon the Bible, the *Secreta Secretorum* and the *Game of Chess Moralized* of Jacques de Cessoles. Written with the intention of guiding the prince and his people towards spiritual and temporal peace, wealth and happiness, its contents bear a certain, perhaps predictable, resemblance to the *De Regimine Principum* published here: the emphasis on the dignity of the prince and on his great responsibilities; the need for law, and for both prince and subjects to observe it so that peace may ensue; the imperative necessity of achieving justice in the land; and the importance attached to the king being advised by councillors both wise and experienced in the affairs of the world. Here, however, the similarities end, and one must emphasise that if Colonna and Aquinas are two of the most important sources of this *De Regimine Principum*, the author also uses christian sources to an unparalleled degree to draw the portrait of a religious, saintly and rather unworldly king.

With regard to the work written for Henry VI, if a date of composition in the late fourteen-thirties is accepted,[5] the dominant political factors of those years were the taking-up of full regal powers by the young king, and the gradual adjustment of England to a new and not altogether favourable situation in the war against France. The tract makes it clear that the powers of monarchy which Henry has come to assume are considerable; the prestige of the king's victorious father has been passed on to the son, and the setback experienced by the English negotiators at Arras in the summer of 1435 has been offset by more recent successes, notably the raising of the siege of Calais by the duke of Gloucester in July 1436, an event mentioned at the very beginning of the work. Thus the mood is one in which the king is urged to make peace—a recurring theme—but peace which will cost the English neither their honour nor the conquests which they hold by justice.

At home, the matter of whom the king should turn to for advice was another which would have been in many men's minds at the time when the young king was beginning to exercise his newly-assumed rights and

---

[4] *Hoccleve's Works. III. The Regement of Princes*, ed. F. J. Furnivall (*E.E.T.S.*, *Extra Series*, vol. 72, 1897). Hoccleve's main sources are cited pp. xv–xvi.
[5] See pp. 44–5, where the dating is discussed.

when, as we know, a change of personnel was slowly taking place in the royal council.[6] It is thus scarcely surprising that, in keeping with other didactic works of this nature, the writer of the tract should warn his pupil of the dangers facing a young king who, like Richard II,[7] might seek the advice of men not fully experienced in the affairs of the kingdom.

The emphasis upon formal education is something which is particular to this tract. The praise which the writer lavishes upon the English universities and those who study there may have been influential in bringing about the creation of the great educational foundations for which Henry VI is, above much else, remembered to this day. Some of those educated in these foundations entered the service of the king, their skills, knowledge and orthodoxy coming to be a reflection abroad, notably at the Roman curia, of what was best in the English kingdom. Indeed, few kings can have had around them so many men of outstanding intellectual ability: William Alnwick; William Ayscough; Thomas Bekynton; William Lyndwood; Adam Moleyns and John Somerset[8] who came to be involved in the pious foundations of their patron.[9] With such men about the king, it is not surprising to find a strong religious flavour in the programme here expounded. Thus, while it would be inappropriate to attempt here any reassessment of the traditional view of Henry's reign, it is possible that one day a new interpretation will emerge,[10] not that of a weak and unstable prince but rather of a king who, whatever his physical handicaps and the fundamental political mistakes which he made, none the less had certain political aims upon which this tract may throw some light.

The religious character of this tract is certainly due to the personality of its author. In the introduction, he describes himself as the king's

---

[6] R. Virgoe, 'The composition of the king's council, 1437–61', *B.I.H.R.*, xliii (1970), pp. 134–60.

[7] See G. Stillwell, 'The political meaning of Chaucer's Tale of Melibee', *Speculum*, xix (1944), pp. 433–44, which discusses this theme at some length. See also A. H. Gilbert, 'The sources of Hoccleve's *Regement of Princes*', *Speculum*, iii (1925), p. 96.

[8] Somerset had access to the library of Bury St Edmunds, where he was Master of the Grammar School from 1418 (*B.R.U.O.*, iii, pp. 1727–8). Bury's library possessed a copy of Aelred's homily quoted in the *De Regimine Principum* (see p. 55).

[9] J. Saltmarsh, *King Henry VI and the Royal Foundations* (Eton: Cambridge, 1972), pp. 5–6.

[10] Traditional views of the king's character are expressed in K. B. McFarlane, 'England: The Lancastrian Kings, 1399–1461', *Cambridge Medieval History*, viii (Cambridge, 1936), p. 399; M. E. Christie, *Henry VI* (London, 1922); and in Cardinal Gasquet's *The religious life of king Henry VI* (London, 1923), whose attempt to redeem the king on the grounds of personal sanctity did not improve his status as a king. Recent views have been expressed by J. Saltmarsh (see n. 9) and B. P. Wolffe, 'The personal rule of Henry VI', *Fifteenth-Century England, 1399–1509. Studies in politics and society*, ed. S. B. Chrimes, C. D. Ross and R. A. Griffiths (Manchester, 1972), pp. 29–48.

orator, and states that he enjoyed the help of a colleague who was a bachelor in theology. In the later Middle Ages, the word *orator* had a general use, all petitioners to the king styling themselves in this way. But the word also had two technical meanings which cannot be ignored. One, frequently used in the fifteenth century, was ambassador:[11] Nicholas Bildeston, for instance, described himself as the king's *orator* at the Roman curia.[12] The second meaning was that which designated the king's chaplains: in the time of Richard II, at least, the chaplains were entered in the accounts as *oratores*,[13] although by Henry VI's time they were simply styled *capellani*.[14] But if there is a choice to be made, the text does not help, since the author seems concerned with diplomacy as well as with the royal chapel.

In addition to the lyrical account of the colleges and universities of England, which may suggest a graduate who was involved in Henry's educational foundations, the work also contains a remarkable section which is entirely devoted to the prayers which the king ought to say.[15] All this seems to point to an ecclesiastic close to the king, himself probably not a chaplain,[16] a graduate and a theologian who, while primarily concerned with ethics and religion, was not unaware of the diplomatic and political problems of the reign.

In another place, however, the author describes himself as a *religiosus*:[17] he was perhaps a regular. The allusions to St John of Bridlington and the presence in the manuscript of prayers addressed to that saint[18] would mark him out as an Augustinian canon. But the text also contains a prayer which is sometimes associated with the Carthusians,[19] while the author seems unusually fond of Cistercian authorities, frequently quoting St Bernard and Aelred of Rievaulx and, once, Johannes Lemovicensis. While undoubtedly a learned man, his taste is very conservative; those whom he likes to quote are Aristotle, Augustine, Gregory and Aquinas. Most of the Aristotelian quotations are, in fact, to be traced to either Aquinas or Egidius Colonna, whereas quotations from classical authors derive chiefly from Augustine and John Waleys; entire chapters of Colonna's *De Regimine Principum* are inserted, usually without any acknowledgement. Apart from the Bible, about two-thirds of the quotations come from these authors, to whom must be added that *egregius postillator*, Nicholaus de Lyra. The only modern

---

[11] See J. Ferguson, *English Diplomacy, 1422–1461* (Oxford, 1972), esp. p. 151.
[12] *B.R.U.O.*, i, pp. 187–8.   [13] P.R.O., E 101/402/5, fo. 27r.
[14] P.R.O., E 101/9/109, fo. 35r.   [15] See pp. 113–15.
[16] Among the twenty-eight chaplains of 22 Henry VI (P.R.O., E 101/409/11, fo. 38r) none seems to have been a student, although some were possibly later to become members of the university; e.g., John Hore, perhaps the same John Hoare who became a King's Scholar at Eton in 1443 and proceeded to King's College, Cambridge (*B.R.U.C.*, p. 307).
[17] See p. 168.   [18] See pp. 40 and 114.
[19] See p. 113 and n. 326.

quotation comes from Bridget of Sweden. There is often an extensive and, once again, unacknowledged, use of the great commentators of the Bible, notably Hugh of Saint-Cher and Nicholaus de Gorran. This largely religious inspiration places this *De Regimine Principum* in a category to its own, although in form it is closely allied to the *Miroir* literature. If should be added that perhaps more than half the tract is made up of quotations. Hence the importance of the choice of authors cited, a choice which acquaints us with the cultural background of a mid-fifteenth-century English cleric interested in politics.[20]

The dating of the work

At first sight, this seems a relatively easy problem to resolve. The author mentions only two events: the attack on Calais by the Burgundians and the siege of Berwick by the Scots, both of which took place in 1436,[21] events which present good reason for dating the tract to 1436-7. In addition to this, the text contains allusions to the negotiations which took place between England and France, while chapter III is, in its entirety, a commendation of peace[22] which would allow the organization of a Christian crusade against the infidel. But the following chapter also contains a justification for war: if the king's French subjects and followers were to rebel, he would have to show his strength and go to the battlefield with a well-trained army.[23] These martial emphases are quite in keeping with the unsatisfactory situation created by the failure of English diplomacy at the congress of Arras in 1435.[24]

Other passages, however, cast doubts on this conclusion. It must be admitted that the allusions to the diplomatic situation are vague enough to be applied to other episodes in the Anglo-French negotiations, notably the period which followed the abortive meetings in the summer of 1439,[25] or that which saw the negotiations for the young king's marriage, first to the daughter of the count of Armagnac and, later, to Margaret of Anjou in the early fourteen-forties. In the fifth chapter, the author stresses that peace must be sought by negotiation at any price; although he is certainly convinced of the validity of the English case,[26] the author seems to be a determined member of the peace party, and Suffolk's arguments could almost have been his. But the chief cause for doubt regarding the date of composition stems from the

---

[20] See the Appendix, pp. 169-73. [21] See p. 53, and nn. 38 and 39.
[22] See pp. 67-71. [23] See p. 79 seq.
[24] See Ferguson, *English Diplomacy*, p. 21 seq.; J. G. Dickinson, *The Congress of Arras* (Oxford, 1955).
[25] C. T. Allmand, 'The Anglo-French Negotiations, 1439', *B.I.H.R.*, xl (1967), pp. 1-33; 'Documents relating to the Anglo-French Negotiations of 1439', *Camden Miscellany XXIV* (London, 1972), pp. 79-149.
[26] A digest of the English position on the hereditary claim to the crown of France is on p. 81. See V. Lizzen, *A War of Roses and Lilies. The theme of succession in Sir John Fortescue's works* (Helsinki, 1971).

two references to a queen. The first causes no difficulty, for it is likely that the 'dulcissime regine' alluded to is Catherine of Valois who, by her marriage to Henry V, had fulfilled at least part of the prospect opened up by St Bridget.[27] It is clear, however, that the queen mentioned in the first chapter of the second part is Henry VI's queen.[28] This would give a date for composition not earlier than 1444 if, indeed, this reference is understood to be about Queen Margaret. Yet the fact remains that she is not mentioned by name and that the discussion, at that point, is very general, the subject being the king's chastity and his marital relations with his wife, which does not necessarily imply that the king was already married.

There are, furthermore, allusions to the royal foundation of colleges; those of Eton and King's College, Cambridge, took place in 1440, but since they must certainly have long been discussed, such references are not too formidable an obstacle to 1436–7 as the date of composition.[29] The only thing of which we can be reasonably certain is that the text was written before 1450, since the author congratulates the king on the fact that his realm has never been affected by rebellion.[30]

St John of Bridlington

One last feature of the tract must be emphasised, the reference in the text itself to St John of Bridlington,[31] and the presence, in the manuscript, of prayers dedicated to that saint.[32] The connection between St John and Henry VI has never been closely studied.[33] The saint gained wide popularity in the fifteenth century, though Canon Purvis stated that this popularity was primarily due to the fact that he was the last English religious to be canonized before the Reformation. His life, seemingly uneventful, was devoted entirely to the Augustinian priory of St Mary, Bridlington, of which he became prior in 1361–2. He died in 1379, and soon afterwards miracles were worked at his tomb (he was also said to have performed miracles during his lifetime). Part of his fame was linked with the prophecies which, almost certainly erroneously, were attributed to him by his contemporaries at the priory. Not only did St John become the patron of sailors, but he also had some outstanding devotees, among them Henry V, who visited Bridlington as a pilgrim in 1421, while John Beaufort, earl of Somerset, owned a manuscript decorated with a portrait of the saint.[34] He also appears on the stained glass of the church of Morley (which perhaps owes its

---

[27] See p. 82, and n. 170.   [28] See p. 106 seq.

[29] See p. 156, and Saltmarsh, *King Henry VI*, passim.

[30] See p. 165.   [31] See p. 114.

[32] See p. 41.

[33] For much of what follows see J. S. Purvis, 'St. John of Bridlington', *Journal of the Bridlington Augustinian Society* (1924).

[34] This is B.L., Royal MS. 2 A xviii. It contains, fos. 8r–8v, a prayer to the saint which, however, differs from those in Cleopatra A. xiii.

existence to archbishop Laurence Booth, a devotee of Margaret of Anjou), on that of the Beauchamp chapel at Warwick (founded by Richard Beauchamp, earl of Warwick, tutor to the young Henry VI) and in the church of St Laurence at Ludlow. His figure is also seen on a chancel screen at Hempstead, a small village on the coast of Norfolk.

Although the Lancastrian kings appear to have had a particular devotion to the saint, neither John Blacman[35] nor John Capgrave[36] stressed Henry VI's devotion to him. The only special help which the priory received from the king was a reassertion of its rights over the long-disputed church of Scarborough. Purvis made a much more interesting point when he noted the remarkable similarity between the miracles of St John and those attributed to Henry VI: no less than fifty-one of the king's miracles are identical with those of St John.[37] Is this largely coincidence, resulting from the existence of stereotyped miracles in fifteenth-century saints' lives or, rather, the proof of a close link between Bridlington and the promoters of Henry's sanctity? It is a problem which would repay further investigation, and to which the contents of Cleopatra A. xiii is, in itself, a contributory factor of some importance.

Editorial principles

As may quickly be seen, the Latin of the *De Regimine Principum* is of high standard. The range of the vocabulary, the syntactic agility and the knowledge of precise grammatical rules are impressive. Nevertheless, it is neither classical nor truly humanistic Latin. For instance, one will notice the frequent use of the infinitive (in place of the indicative) in the main clause, the rather indiscriminate use of the subjunctive after the causal *cum*, and of the accusative or ablative case after *in*, without any regard for any indication of movement. Typical, too, is the habit of juxtaposing two different constructions (where classical syntax would require only one) probably in order to show off the author's intimate knowledge of Latin grammar. Many words, moreover, are classical only at first appearance, since they are used in a medieval rather than classical meaning, an example of this being the use of the word *reclusus*. The literary quality of the text is none the less high, although some parts of it are rather bombastic. I have followed closely the spelling in the manuscript, including such peculiarities as *alcius* for

[35] *Henry the Sixth: a reprint of John Blacman's Memoir*, ed. M. R. James (Cambridge, 1919). Blacman states that, when hidden in a secret place after his defeat, the king received information about his fate from the Virgin Mary, St Dunstan and St Anselm (p. 43).
[36] *Johannis Capgrave Liber de Illustribus Henricis*, ed. F. C. Hingeston, RS, London, 1858.
[37] Purvis, 'St. John of Bridlington', p. 29. See *Henrici VI Angliae regis miracula postuma*, ed. P. Grosjean (Brussels, 1935), where the point seems to have been missed.

altius, except where the original might have caused confusion (*cedare* has been replaced by *sedare* where necessary). But other strange spellings, such as *cincopacio,* when not misleading, have been preserved. The manuscript has no arrangement in paragraphs: I have found it necessary to introduce one, in order to bring some clarity and relief to what would otherwise be a very long text.

This volume was already in proof when Dr Robin Jeffs, of the University of Sheffield, kindly drew my attention to the sermon preached by John Stafford, bishop of Bath and Wells, at the opening of Parliament on 25 January 1442. The sermon was chiefly composed around the image of Solomon's throne, and of the six steps leading to it. Although a comparison of the authorities quoted by Stafford (*Rotuli Parliamentorum,* vol. V, pp. 35–6) and by the author of the *Tractatus* shows that these were different, and that there was no strict co-relation between Stafford's steps and those in the *Tractatus* (except, perhaps, in the first part of the *Tractatus*) it may be thought that Stafford knew the *Tractatus*—or that its author knew of Stafford's sermon.

SUMMARY OF THE 'DE REGIMINE PRINCIPUM'

Prologue

Christ and God lead men in the right path, but the devil lays many traps for them. That is why kingdoms do not live in peace. Despite his youth, King Henry has already had to show his ability in avoiding the invasion of his lands, attacked at Calais by the Flemish soldiers of the duke of Burgundy, while Roxburgh has been besieged by the king of Scotland and the lands conquered by the king's father in France threatened. In times of misfortune, it is important to resort to the help of prayer. Therefore the young king must not moderate his godly fervour; he must on the contrary practise all virtues, and stir up his subjects' courage by his example. That is why this book was written.

FIRST PART

Chapter I

People must imitate the virtues of their princes. For instance, Solomon, when he had a throne built for himself, desired that six steps should lead to it. The first of these steps was humility (*humilitas*). Kings must subdue pride (*superbia*), the root of all vices. The king must withstand anger. Should he have to punish, he should never do so from anger, but from love. And therefore mercy (*misericordia*) is even more necessary to princes than to ordinary human beings. Unction is given to princes and prelates precisely as a symbol of mercy. However, the proud, the obdurate, the presumptuous must be subdued by terror. A powerful justice must be exercised against homicides.

Chapter II

The second step to King Solomon's throne is charity (*caritas*). As the flower named in English *trewlufe* has four petals, so divine charity has four characteristic features: duration (the continuance of love), breadth (the number of the beloved), height (love of the celestial), depth (devotion to the beloved). Christ himself practised this virtue, and it is a necessary element in all human communities. The prince must be loved by his subjects, and concord is a consequence of charity. God himself showed love and charity to man.

Chapter III

The third step is peace, that is, peace between God and man, peace among men, and peace with oneself. Peace brings tranquillity and abundance: so the king's subjects must obey him. This is obvious since, in the divine order of things, inferiors must be obedient to superiors. Moreover, five facts show that peace is pleasing to God: angels announced peace at Christ's birth; Christ styled the peaceful 'sons of God'; he desired the apostles to go and exhort men to peace; he wanted to redeem peace for men, and he died in order to reconcile men with God. The fifth fact is that continuous war costs more than the gains which it brings: after all, Alexander the Great did not win more than the two yards of ground under which he was buried. That is why good and wise men (such as Solomon) hate war. And what rapture of joy would be ours if peace could be established between the kingdoms of France and England! How happy the King who would make peace between the two kingdoms for ever! He would then be able to go to the Holy Land, to drive out the Infidel.

Chapter IV

The fourth step may be called the good disposition of the king to a virtuous reign. There are five necessary conditions: first, the people must both love and fear their prince. Secondly people must obey the Prince's laws and statutes. From this compliance spring the virtues of the people, the salvation of the kingdom, and peace among the king's subjects. Thirdly, there is the necessity of exposing trespasses. Fourthly, the subjects must obey the Prince, and the Prince must correct and subdue offenders. Fifthly, the king must be indomitable in war.

Now it is clear that although the king's first quest must be peace, he must be ready for war, should rebels go on challenging his right. First of all, war may be considered as lawful if it is declared by the authority of the Prince, if it is waged for a just cause, and if the purpose of war is right. Now the king has a good title to the Kingdom of France, since he is his father's heir; that is why he must not hesitate to go to war, considering carefully six points: the number of soldiers; their training; the attention which must be paid to material necessities; the importance of the soldiers' physical qualities, and the soldiers' military qualities as well as their boldness.

Chapter V

The fifth step leading to King Solomon's throne is the virtue of perseverance. The Holy Bible frequently advocates perseverance, and the king must show great steadfastness in his designs and show himself ready to live in accordance with truth, and to match his acts to his words and purposes.

Chapter VI

The sixth and last step may be called the reconciliation of body and soul. Everybody will die, and each day brings us nearer to death;

therefore, everybody must meditate about death, the king more than others. We must all be conscious of the reality of our resurrection. Our Saviour died and resurrected to give us this awareness. Consequently, we must all live in the fear of God.

SECOND PART
Chapter I

Among the six material elements used in the building of the throne, ivory can be considered as the proof of a pure conscience and of fervent prayer. Kings must live a virtuous life, since they are an example to their subjects. Therefore kings must try to live like Christ. First, to keep a pure conscience, they must disclose all their sins to their confessors, and show great favour to the ecclesiastics who take care of their souls. Once this purity of conscience has been achieved, the king may marry according to his condition, since it is a shame for a prince to be the prey to carnal passions. True love must exist between the king and queen, but in order to live well, they need the light of Christian faith. Secondly, a good leader is necessary to avoid leaving the right path, and Christ is our main leader. Thirdly, we need keepers to protect us from the dangers of life, and the angels are our keepers. Fourthly, prayer is necessary (there follow in the text the prayers necessary to the king and his chaplains).

Chapter II

The second material element of Solomon's throne is gold, which covered the inside. This stands for the virtue of prudence (*prudentia*) which protects the king's majesty from invasion and keeps the kingdom in peace. First, the aim of government must be carefully considered. Then prudence is necessary to the common good. That is why the king must first of all keep good records of the past (which means remembering the goods received, and forgetting evil deeds). Secondly, the king must beware of flatterers. Thirdly, flatterers lead kings to sin. So, he must consider the future in the clear light of his intelligence, and take upon himself this virtue of prudence.

Chapter III

The third material element of Solomon's throne is the seat, which may symbolise the carrying-out of judgements. Judgements must proceed from justice, which means that justice must be neither unfair, nor unauthorised, nor ungrounded. A judge who makes a mistake is guilty, and we have many examples of guilty judges: from these examples, we may deduce the characteristics of the good judges whom the king must select; first and foremost, they must be humble and learned.

Chapter IV

The fourth and the fifth material elements of Solomon's throne are the two arms, which stands for the virtues of mercy and justice. Of these, mercy is first of all compassion felt in our hearts for other people's miseries. God's mercy is unbounded. Princes and kings must also show mercy for several reasons. First, because human nature is weak. Secondly, attention must be paid to the circumstances of the offence. Thirdly, the word of the law is always more severe than its practical applications, in order to deter the offender. Fourthly, one must judge not only the offence, but also the intention of the offender. Fifthly, the previous good actions of the offender must be taken into account. Sixthly, a man must be judged in the light of his whole life. Seventhly, good always triumphs over evil. Eighthly, there is the fortitude of the culprit. Ninethly, there is the possibility of improving the sinner. Tenthly, there is the self-humiliation of the offender.

Chapter V

Now to the virtue of justice. One sort of justice is in the hands of God, and must be reached through confession, penitence and grace. The second sort of justice is that shown towards other men, and three things may affect it: greed, fear, and carnal passions. Even when these influences have been avoided, there still remains the problem of how mercy and severity may be combined with justice.

Chapter VI

The sixth material part of Solomon's throne is its round summit, which may be interpreted as the counsel of the lords of this kingdom, by which the king is helped. The king must summon this council for matters touching the common business of the kingdom, since common business is better dealt with by common counsel. The councillors must be good, prudent and well disposed. The king must be well informed by his councillors of the extent of his revenues. Six other points are of importance: only difficult points, which require much discussion, are to be discussed in the council; councillors must be men of standing; the king must pay attention to the advice of his councillors; matters discussed in the council must be kept secret; the king must personally attend the council; and, if the debates last long, the execution of the advice of the council must be carried out quickly.

Four things must now be added concerning the private and secret council of the king. Its members must be carefully selected; they must have given proof of their capacity; they must then be fully trusted; and, finally, they must be cared for.

THIRD PART

Chapter I

We must now consider the four gems inserted in the king's crown, which symbolise the four estates of the kingdom.

The first gem is jasper, which represents the fidelity and obedience due to the king's majesty by the princes and lords of this kingdom. They are ready to fight the king's enemies, and to carry out the king's orders efficiently. The king must reward his good servants, but he must watch out to prevent the judges from being influenced or frightened by the lords. Princes and lords must be clear-sighted, they must stay in their places, subdue rebellions, and display much reverence and love for Holy Church.

Chapter II

The second gem is carbuncle, which represents bishops, prelates and doctors who defend the kingdom against internal enemies, such as heresy and errors.

Their main office is to teach, by word as well as by example. These pure-hearted prelates, who are bridges between God and men, must be elected to pontifical seats, the four feet of which are the four cardinal virtues (*prudentia, fortitudo, justitia, temperantia*). Nothing contributes more to the glory of the king of England's throne than the orthodoxy of its clergy. And this is due to the remarkable excellence of the two English universities.

Chapter III

The third gem is sapphire, which represents monks, priests and other clergy who defend the kingdom not only against its invisible enemies, but also against its visible ones. Priests and clergy are to be compared to angels. Like angels, they are not a prey to carnal passions. Like angels, they must be sensible and intelligent. As the angels move the planets, monks and priests move the powerful and the noble; as the angels are the guides of men, priests lead their parishioners to goodness.

Chapter IV

The fourth stone is onyx, which represents the commons of the kingdom. The best government is that in which unity is achieved by one king, and all good communities are firmly grounded on concord and unity.

In the end, the sceptre of royal majesty must be interpreted as representing the supreme greatness of royal majesty.

TRACTATUS DE REGIMINE PRINCIPUM
AD REGEM HENRICUM SEXTUM

[PARS PRIMA]

(fo. 4r) [*Prologus*]

Preillustrissimo, metuendissimo ac invictissimo regnorum Anglie et Francie Regi, ac domino Hibernie, domino suo graciosissimo, cuius summa potencia mundum intonat universum, suus humilimus orator cum famulatu perpetuo seipsum ad quodcumque mandatum perficiendum humilime submittere ac pro tam magnifice regalia, tranquilla prosperitate, oracionum suffragia continuis pulsacionibus domino cumulare. Plasmator universi, rex invictissimus, unici regis filius, cum patre coeternus deus et homo, hominem a lege subtractum, arbitrio proprio legifer factus, ad formam proprii gregis recta semita revocavit, sed veneficus auctor invidie, contempnens hominem illuc ascendere ubi ille minime potuit perdurare, indies multiplicatis laqueis sue malicie venenose, hominem in recia facit incidere que naturalis simplicitas non advertit.

Hinc est quod questiones insurgunt per regnorum spacia, inimico inmortali (fo. 4v) mediante, accrescunt contumelie, lites ex litibus originantur et frequencius laqueus incurritur dum nexus creditur relaxari. Sed non obstante qualicumque adversancia inimicorum, strenuissime rex et princeps, vestram preclarissimam magnificenciam merito congruit gratulari, tum quia summi principis inexplicabilis sollercia, vestri anglicani gregis preservatrix sollicita, vestre tenere etatis primenis temporibus hunc gregem cum nobili regno ac provinciis adiacentibus illesum preservavit a faucibus irruencium inimicorum. Tum eciam quia irruentibus uno tempore duce Burgundie imunerabili Flandrensium comitiva adversus Calesiam,[38] ac rege scottorum in obsidionem castri vestri de Roxburgh[39] in Borie situati, necnon invadente eodem tempore Francorum[40] gente terras et castra que

---

[38] The Burgundian attack on Calais was a consequence of the breaking of the Anglo-Burgundian alliance after the Congress of Arras in 1435. It was launched in July 1436, under the personal supervision of duke Philip, with mostly Flemish troops. The town was relieved by the duke of Gloucester and the earl of Huntingdon. See M.-R. Thielemans, *Bourgogne et Angleterre. Relations politiques et économiques entre les Pays-Bas bourguignons et l'Angleterre* (Brussels, 1966), pp. 90–107.

[39] On the Scottish attack, see T. Henderson, *The Royal Stewarts* (Edinburgh, 1914), p. 41. The coincidence between the Flemish and Scottish attacks certainly struck contemporaries: the Anlaby Cartulary which, in its brief chronology, has only six entries relating to the reign of Henry VI, states, under 1436, 'Calais and Roxburgh besieged' (M. R. James, 'The Anlaby Cartulary', *The Yorkshire Archaeological Journal*, xxxi (1934), p. 342).

[40] This refers to the French offensive in Normandy, which was accompanied

sempiterne memorie Rex noster, vester progenitor Henricus Quintus,
cuius anima perhenni prosperitate perfruatur, vestre corone victoriosius
cumulavit. Quorum laboriosi conatus consonant per orbem hos inimi-
cantes invacuum laborasse ad vestre regie maiestatis plenarium decorem
(fo. 5r) et victoriam eternalem.

Quis hoc factum a domino humane audacie presumeret imputare?
Quis unquam triumphancium regum et principum tantas potestates,
nisi brachii bellicosi diutina contumacione describitur, tranquillare?
Quis tantorum presomptuosam elacionem in sui ignominiam et dedecus
potuit transmutare, nisi suppremus omnium princeps et protector, qui
patriarcham Abraham roboravit quatuor reges debellare et Loth
liberare?[41] Quis terram istam adversus tot hostes et tam forcia regna
integram preservavit, nisi nobilissima vite vestre conversacio vestrarum
que precacionum assidua ac fervens devocio, cordialiter immolata in
celestibus triumphanti? Qua immolacione imitamini vestigia Moysi
famuli domini qui, cum Josue emisit ad expugnandum Amalechitas,
plus profecit in oracione perseverando quam Josue expugnando?[42]
Hec, inquam, oracio Jonam de ventre cete liberavit,[43] Danielem de lacu
leonum eduxit,[44] Susannam a falsis accusatoribus liberavit,[45] ignem
pueris in camino existentibus extinxit! Oravit Petrus in carcere et
ceciderunt cathene de manibus eius![46] Oravit dominus in cruce et
exauditus est pro sua reverencia! Sicque pertinet, (fo. 5v) quacumque
adversitate ingruente, oracionis fugere ad asilum.

Igitur, graciosissime Rex et domine, vestre interne devocionis fervor
non tepescat, sed omnimode indevocionis excussa caligine, laudis
solacium divine pro hiis rependite magnitudini stabili cum fiducia,
quando omnium protector mirificus qui vestram regaliam tam laudabiliter magnificavit, vestri cordis rivum salutaris sapiencie fonte
fluentissimo fecundabit et qualemcumque invalescentem inquietudinem
per varios successus temporum prospere quietabit. Hinc est, honoratissime Rex et princeps, quod varietas virtutum, qua vester intellec-
tualis animus interius decoratur, omnium anglicorum ac subditorum
vestrorum corda exemplariter inflammat et adurit, omnimoda vicia
severe penitencie gladio resecare atque sacrosancte matri ecclesie
devocionem impendere singularem. Sed quia condecet principem per
gradus cathedram ascendere regalie, igitur vestrorum oratorum minimus, vestre regalissime dominacioni obtemperans, presentem offero

---

by violent popular unrest. These events were reported by Thomas Basin,
Histoire de Charles VII, ed. C. Samaran, i (Paris, 1933), pp. 197–233. The relations between the agrarian crisis and the military situation are described by
G. Bois, *Crise du féodalisme: Recherches sur l'économie rurale et la démographie,
du début du XIVe au milieu du XVIe siècle en Normandie orientale* (Paris, 1976).

[41] Gen. 14: 15, 16.   [42] Exod. 17: 11, 12.
[43] Jon. 2: 11.   [44] Dan. 6: 17, 25.
[45] Dan. 13: 45.   [46] Ac. 12: 7.

tractatum. In quo, primo sex gradus induccionis ad regalem thronum primordialiter explicabo. Secundo, partes throni materiales, prout dominus donaverit, virtuoso regimini principis spiritualiter applicabo. (fo. 6r) Et tercio, coronam auream cum quatuor lapidibus preciosis insertam regio capiti circumponam.

Placeat igitur vestre strenuissime dominacioni presentem librum cordis secretario commendare, et a plurimorum aspectibus refrenare, ne fortassis invidiosa amaritudo detraccionis presens opus dilaniet aut corrodat. Tante igitur regie magnificencie anchora stabili confisus, ne inter fluida pericula presentis intencionis navigium submergatur, applicato operacionis remigio, substrata omnimode presumpcionis audacia, hoc presens opusculum aggredior, adiutus industria et labore cuiusdam confratris mei in Theologia, Bacallarii vestri eciam perpetui oratoris, in quo, si quid inseratur quod pias aures videatur offendere, terre provolutus veniam expostulo pia prece. Si quid autem relacione dignum, omni refrenata curiositate, toto cordis spiramine ascribo vestre graciosissime regalie quam iuxta vestri cordis complacenciam preservet, regulet et virtualiter disponat patrie celestis perpetuus gubernator. Amen. Explicit prologus.

[I.] *Incipit capitulum primum in cuius principio tractatur de humilitate, in medio de mansuetudine et in fine de correccione. Primus gradus.*

(fo. 6v) O serenissime ac victoriosissime Rex, in culmine regiminis insignissime constitute, ac mearum precum vigilancia perpetualiter memorate, attestante venerabili Aelredo in omelia festivitatis sancti Edwardi Regis et martiris que incipit 'Nemo lucernam accendit': 'proprium est plebi principum suorum moribus conformari et eorum vel imitari vicia vel emulari virtutes'.[47] Vivente namque Jhesu Nave nec non senioribus qui post eum longo vixerunt tempore, ambulavit Israel cum domino nec sordibus ydolatrie eo tempore legitur fuisse pollutus.[48] Sed principes qui fuerunt post eum a divinis cerimoniis recedentes, facile subditos in sui consensum sceleris illexerunt. Regnantibus David et Salamone, populus a divinis obsequiis et legalibus observanciis non recessit, quem paulo post vitulorum fabricator et

---

[47] This reference is of outstanding interest, since this work by Aelred is now lost. The *Omelia Festivitatis Sancti Edwardi Regis*, an exposition in honour of St Edward on the theme 'Nemo accendit lucernam' (Lk. 8: 16), was probably preached by Aelred on the solemn translation of the Confessor's body to Westminster in October 1163 (*The Life of Aelred of Rievaulx by Walter Daniel*, ed. F. M. Powicke (London, 1950), p. xlviii). According to A. Hoste (*Bibliotheca Aelrediana*, in *Instrumenta Patristica*, ii (Steenbruge, 1962), p. 102) this work is still untraced today, although its existence is further attested by the *Chronicon Angliae Petriburgense* (ed. J. A. Giles, Caxton Soc., 1845, p. 98). Manuscripts of the text were reported to exist at Buckfast (Cistercian); Bury St Edmunds (Benedictine) (see T. Tanner, *Bibliotheca Britannica-Hibernica* (London, 1748), p. xxvi); and at Aggsbach (Carthusian) in Germany.
[48] Si. 46.

adorator Jeroboam[49] (fo. 7r) suis criminibus irretivit. Rex impius Achaz[50] relicto altari sancto quod Salamon construxerat, aliud altare non sanctum plebem compulit venerari. Quo per Ezechiam[51] cum abhominacionibus potenti virtute destructo, idem Ezechias ad dei cultum populum non facile revocavit exemplo. Cuius filius Manasses[52] patri per cuncta dissimilis, antiqua regum facinora populo consenciente suis facinoribus cumulavit. At Josias[53] sanctus ad ydolorum spurcicias debellandas prius electus quam natus, cum terram populum que purgasse in celebracione Phase cunctos qui precesserant superavit. Annas vero et Cayphas, quos stola sacerdotalis ornaverat, reliquum vulgus in domini necem acclamare et a Pilato dampnacionis extorquere sentenciam suaserunt.[54] Igitur quando principes et sacerdotes quasi oculi synagoge virtuosi erant cordiali devocione dominum collaudantes, totum synagoge corpus lucidum erat.[55] Quando vero nequam, totam synagogam ignorancie et impietatis cecitas obducebat.

Quia igitur, illustrissime princeps, vos constituit dominus modernis temporibus regem super Israel, idest super gentem anglicanam que Israel dicitur, tum quia continuis (fo. 7v) oracionibus deum contemplantur, tum eciam in omni tempore necessitatis vestra exemplificacione meritoria ipsum invocare non desistunt pro remedio oportuno, hinc est quod pro singulari virtutum redolencia qua dominus vestram regaliam perornavit, totum vestre ecclesie corpus radioso fulgore virtutum illuminatur et multipliciter perornatur. Et quia presentis intencionis materia, Rex et princeps precellentissime, velud in prologo declaratur, ex tribus perficitur et fundatur, illorum duo presencialiter figurabo, ac postmodum tercium huius opusculi articulum ordinabiliter terminabo.

Scribitur etenim tercio Regum decimo quod rex Salamon fecit[56] thronum de ebore grandem et vestivit eum auro fulvo, cuius summitas throni in parte posteriori rotunda erat, et erant due manus tenentes sedile hinc atque inde; et ordinavit sex gradus huius throni vestigialiter ad ascensum. Sed quia nullus qualitercumque virtuosus poterit pertingere sublimitatem huius throni nisi prefatorum graduum per ascensum, ideo primordialiter hos gradus prescribavi, quatinus in vestra memoria virtuosa suas stabiliant mansiones.

Gradus igitur primordialis ascensus ad apicem regalie, christianissime Rex et princeps, est virtus (fo. 8r) humilitatis, quam expedit

---

[49] I Kg. 12: 28, 29.
[51] 2 Kg. 18: 4.
[53] 2 Kg. 23: 3, 21.
[55] Mt. 6: 22.

[50] 2 Kg. 16: 11, 14.
[52] 2 Kg. 21.
[54] Jn. 18: 30, 31.
[56] I Kg. 10: 18, 19.

reges et principes habere circa superbie repressionem. Nam magnanimis semper debet annecti humilitas. Quare, cum deceat reges et principes esse magnanimos, decet eos esse et humiles. Debent enim reges sic querere opera honore digna, non ultra quam racio docet, sed ut decet statum eorum, quod faciunt humiles, qui suam felicitatem non ponunt in excellencia et honore sicut faciunt superbi. Et ideo debent agere opera bona et honore digna, boni gracia, et non ut se ostendant, neque super alios excellere videantur. Superbi vero, ultra racionem excellenciam querentes, se et alios exponunt periculis, non valentes, quando inchoant, debito fine concludere. Superbus enim ut plurimum periclitator efficitur populorum.

Igitur superbis resistit deus, humilibus autem dat graciam. Hec autem humilitas est virtus mirifica et nostre redempcionis sacramentum, que castitatem virgineam singulari fecunditate perornavit. Hec est illa nardus odorifera, que de summo celorum, universitatis auctorem et dominum ad incomparabilem sui traxit odorem, et quasi oblivisci fecit universa celorum aromata ob unius fragranciam humilitatis. Quid eterni patris unicum fecit hominis esse filium? Virginitas? Non, sed virginis humilitas. 'Respexit' (fo. 8v), inquit dominus, 'non virginitatem, sed humilitatem ancille sue'.[57] Quid igitur yma summis federavit? Humilitas. Quid patris offensam serenavit? Humilitas. Quid angelis hominem sociavit? Humilitas. Totum est ergo humilitatis negocium, quod virgo deum concepit, quod carnem deus induit, quod culpa diluitur, quod lapsus erigitur, quod servus redimitur, quod exul reducitur, quod spoliatus restituitur, quod vulneratus sanatur, quod mortuo vita redditur. Humilitate quia angelus in celo caruit, de celo corruit, nec ruine consulere poterant loci tam singularis amenitas nec angelice nature tam sola sublimitas. Totum amisit, quod cum humilitatis bono non possedit, mira res. Quicquid potest esse beatitudinis, quicquid cogitari iocunditatis, quicquid esse glorie, quicquid excellencie, cum angelis vivere, cum deo regnare, unius elacionis proscripsit incommodum. Homo igitur in paradiso, voluptatis satis affluens deliciis pro tempore, quia humilitatis caruit moderamine, quasi tanto indignus magisterio, eiectus est in hunc locum horroris et vaste solitudinis. Ecce quod angelum de celo hoc hominem expulit de paradiso,[58] Pharaonem quoque demersit in (fo. 9r) mari rubro,[59] ac Saulem deiecit de regno.[60] Propter hoc eciam vicium elacionis Roboam filius Salamonis,[61] Antiochus[62] et Nabugadonosor[63] reges, regna sua perdiderunt. Ac non solum hii, sed eciam alii innumerabiles ruinose hoc vicio ceciderunt. Hec namque remuneracio comprobatur, quam reddit diabolus suis servitoribus isto vicio laboratis.

[57] Lk. 1: 48.
[59] Exod. 14: 28.
[61] 1 Kg. 12: 15, 17.
[63] Dan. 4: 28.

[58] Gen. 3: 23.
[60] 1 Sam. 28: 17.
[62] 1 Mac. 7: 4.

Igitur, invictissime princeps, radicem omnium viciorum, superbiam, memoriter excludite et cordialiter removete, ac radicem omnium virtutum, scilicet humilitatem, toto corde assumite, que vestram imperialem maiestatem omnipotenti deo reddet acceptabilem, omnibus inimicis vestris formidabilem, ac cunctis vestris condilectoribus solacium singulare. Hec enim virtus humilitatis, secundum beatum Bernardum, dicitur qua homo sui verissima cognicione sibiipsi vilescit.[64] Cognoscite igitur vilitatem ingressus in mundum, vite instabilitatem et eius brevitatem, necnon egressum incertitudinaliter affuturum. Et hiis omnibus premissis consideratis, scio quod poteritis recipere sufficiens exemplum humilitatis contra prefatum vicium elacionis.

Audiamus magistrum et dominum omnium virtutum in[a] evangelio discipulis suis dicentem, atque eos non solum (fo. 9v) humilitatem sed eciam mansuetudinem suo exemplo docentem: 'discite a me', inquit, 'quia mitis sum et humilis corde'.[65] Sicut enim humilitas deo hominem reddit in consideracione sui status acceptabilem, sic mititas seu man-suetudo facit hominem quietum ab impetu iracundie penes alios iuxta imperium racionis. Hec autem mitatis reddit hominem totaliter tranquillum a motibus ire et impaciencie per omnimodam subieccionem ad rectam regulam racionis. 'Nam cum ira pervertat iudicium racionis, non decet reges et principes esse iracundos, cum in eis maxime vigere debeant racio et intellectus. Sicut enim experimur quod, lingua nostra infecta per coleram vel alios humores, non recte de saporibus iudicamus, sic intellectu obcecato per immoderatam iram vel per alias passiones immoderatas, pervertitur verum iudicium racionis.

Si ergo inconveniens est regulam perverti et obliquari, rex qui debet esse speculum et forma bene vivendi ac eciam regula actuum beatorum, inconveniens est ut sit impaciens aut iracundus, nec per iram pervertatur seu obliquetur. Sic et si nullo modo esset irascibilis et nullo modo commoveretur ad faciendam punicionem (fo. 10r) malorum, indecens esset, quia si puniciones ac dure correcciones non fierent in regno, homines essent iniuriatores aliorum et regnum diu durare non posset. Nullus[b] igitur irasci debet per odium, nec debet puniciones appetere propter odium, sed propter amorem et zelum sunt correcciones faciende.' 'Irasci enim cuilibet et semper de quolibet vindictam expetere sicut faciunt iracundi, vituperabile est. Rursus nunquam irasci et nullo modo

---

a In the margin De mansuetudine.
b In the margin contra iram.

---

[64] *Flores operum D. Bernardi Abbatis Clarevallensis* (Lyon, 1570), p. 236 (Bk. V, c. 6); from the *Tractatus de Gradibus Humilitatis et Superbiae, Sancti Bernardi Abbatis Clarae-Vallensis Opera Omnia*, ed. J. Mabillon (Paris, 1839), II, c. 1283.
[65] Mt. 11: 29.

velle punire aliquem, non est laudabile, quia hoc est agere preter ordinem racionis. Racio enim iubet puniciones aliquas esse fiendas, quod est irascendum cui debet, quomodo et quando. Irasci enim loco et tempore, est virtutis opus. Quare si in passionibus ire et faciendo puniciones et vindictas contingit superhabundare et deficere, oportet dare aliquam virtutem reprimentem superhabundancias et moderantem defectus, que virtus dicitur mansuetudo.'[66]

Igitur notandum quod licet omnibus sit necessaria mansuetudo, maxime tum principibus. Unde dominus primum principem populi sui Moysen constituit, qui 'erat vir mitissimus super omnes homines qui morabantur in terra' (Numeri duodecimo).[67] De regibus Israel sic scriptum est tercio Regum vicesimo: 'audivimus quod reges domus Israel (fo. 10v) clementes sunt.[68] Et de salvatore nostro Evangelista ait: 'ecce rex tuus venit tibi mansuetus'.[69] Venit mansuetus ut ametur, non per potenciam timeatur. Considerate mansuetudinem venientis: non sedet in curru aureo gemmis ornato, regali purpura fulgens, nec ascendit fervidum equum discordie amatorem et litis, sed sedet super asinam tranquillitatis et pacis amicam, quia requiescit in humilibus et quietis. In signum eciam mansuetudinis et clemencie principum unguntur reges christiani et ecclesie prelati.

Ad hanc mansuetudinem observandam, graciosissime princeps, exemplum summi principis memoriter retinete, de quo Joelis secundo legitur quod est prestabilis super malicia,[70] et Sapiencie undecimo: 'parcis omnibus, quoniam tua sunt'.[71] Si ergo deus placabilis est, et delicta peccancium non statim fulminando persequitur, quantum in conspectu divino commendabile reputatur, regem hominibus prepositum exemplo summi regis miti animo imperium exercere. Secundum habemus exemplum de inferioribus creaturis sicut de rege apum. 'Iracundissime', inquit Seneca, 'ac pro quantitate corporis pugnatissime sunt apes, et aculeum relinquunt vulnere.[72] Sed rex ipse apum sine aculeo est. Noluit ipsum natura severum esse, aut ulcionem expetere, ideo ipsum (fo. 11r) natura reliquit inermem'.

Igitur non pigeat, benignissime princeps, ab exiguo animali trahere mores, cum tanto moderacior esse debetis, quanto vehemencius inferre poteritis nocumentum. Qualis autem erit correccio fraternalis, docet dominus in evangelio Mathei octavodecimo dicens:[a] si peccaverit in te

---

[a] *In the margin* de correccione.

---

[66] *De reg. princ.*, Bk I, pt II, ch. 27. The quotation is made up of two inverted passages. Our author has replaced the word 'politia' by 'regnum', and suppressed the word 'respublica'.

[67] Num. 12: 3.

[69] Mt. 21: 5.

[71] Wis. 11: 27.

[68] 1 Kg. 20: 31.

[70] Jl. 2: 13.

[72] Seneca, *De Clementia*, I, xix, 3. In *Moral Essays*, trans. J. W. Basore, *LCL*, I (London: New York, 1928), p. 411.

frater tuus, idest te solo sciente, vel solum contra te iniurias faciens[a],
'corripe ipsum inter te et ipsum solum'.[73] In quibus verbis notare
poteritis, benignissime rex et princeps, quod non omnes equaliter et
eodem modo sunt corripiendi. Nam quidam sunt corripiendi cum
amore, sicut humiles et mansueti, qui quando penes aliquem offendunt
statim recognoscunt, et iste modus intelligitur dum dicitur inter te et
ipsum solum, idest, dulciter et discrete. Tales namque levi ammoni-
cione emendantur. Quidam autem sunt corripiendi per racionem sicut
astuti, quod tangitur cum subdit: 'si autem te non audierit, adhibe
tecum duos vel tres, ut in ore duorum vel trium stet omne verbum'.[74]
Plurimi enim sunt astuti qui sua peccata abscondunt et defendunt, nec
se corrigere volunt: ideo condecet vestram regiam magnificenciam tales
corrigere testimonio fidedigno. Quem modum prefiguravit propheta
Daniel (fo. 11v) contra senes astutos quos convicit racionabiliter et
astute (Danielis terciodecimo).[75]

Alii sunt coarcendi cum terrore, sicut superbi, presomptuosi et
obstinati. Talis enim debetis in iudicio comparere, ut possitis pre-
somptuosos et iniuriatores, obstinatos et homicidas, in regno opprimere
et domare. Ad Titum secundo: 'argue cum omni imperio'.[76] Regia enim
potestas ex dei procedit ordinacione, qui secundum suam voluntatem
transfert regna atque constituit, ideo qui tali potestati resistit, dei
ordinacioni resistit. Interim, providissime rex et princeps, precavete
modernis temporibus de istis iniuriatoribus preascriptis, qui in omnibus
partibus regni vestri Anglie mirabiliter tolerantur. Igitur cum occidere
malefactores licitum est, in quantum ordinatur ad salutem tocius
communitatis, ad vestram regaliam solum illud pertineat, cui commit-
titur cura communitatis observande, sicut ad medicum pertinet
precidere membrum putridum quando ei fuerit cura commissa salutis
tocius corporis. Cura autem omnis boni commissa est vestre magnificencie, cum habeatis publicam auctoritatem, ideo vobis solum licet
malefactores occidere.

Iudicium ergo durum exercere debetis, providissime princeps, super
homicidas (fo. 12r) huius regni, ne, quod absit, si sic tolerari videantur,
vestra communitas a tempore in tempus indies in miseriam submergatur.[b] Nam secundum doctorem sanctum: 'vindicacio in tantum
est licita et virtuosa, in quantum tendit ad cohibicionem malorum'.[77]
Cohibentur autem aliqui a peccando qui affectum virtutis non habent,
per hoc quo magis timent amittere aliqua que plus amant, quam illa
que a peccato adipiscuntur, aliter timor non compesceret peccatum, et

---

[a] MS. faciente.   [b] MS. submergeatur.

---

[73] Mt. 18: 15.   [74] Mt. 18: 16.
[75] Dan. 13: 55, 59.   [76] Tit. 2: 15.
[77] *Summa*, II[a] II[e], CVIII, 3, 3.

ideo per subtraccionem omnium qua homo maxime diligit est vindicta de peccatis sumenda. Hec autem homo maxime diligit, vitam, incolumitatem corporis, libertatem sui, et bona exteriora, puta divicias, patriam et gloriam. Ideo, ut refert Augustinus vicesimoprimo De Civitate Dei,[78] 'diversa genera penarum in legibus esse scribit Tullius, scilicet mortem per quam tollitur vita, verbera et talionem, ut scilicet oculum pro oculo perdat, per que perdit corporis sanitatem, servitutem et vincula, per que perdit libertatem, exilum, per quod perdit patriam, dampnum, per quod perdit divicias, ignominiam, per quam perdit gloriam'. Unde cum dicit dominus 'non occides',[79] non hominum iniquorum, sed innocencium occisio prohibetur. Iniqui enim qui occidunt: digni sunt morte, nec huius precepti privilegio debent gaudere, quia contra ipsum egerunt.

Occidantur ergo (fo. 12v) non ex arbitrio iudicis, sed legis auctoritate que precipit Exodi vicesimo secundo:[80] 'maleficos non pacieris vivere', idest, quia malefici sunt contra legem agentes, non tuo iudicio, sed legis imperio occides. Quapropter in causa sanguinis non peccant accusator, testis, iudex et ministri, quorum interest quin pocius si illud zelo iusticie fiat meritum est. Dicente Propheta: 'beati qui custodiunt iudicium et faciunt iusticiam in omni tempore'.[81] Ideo laudati sunt levite, quia ydolatras occiderunt (Exodi tricesimo secundo).[82] Laudatus est Phinees quia fornicarios simul confodit gladio (Numeri vicesimo quinto).[83] Et David moriens ultima precepta dedit Salamoni de occidendis proditore et maledico (tercio Regum secundo).[84] Exemplo contra vero Saul privatus est regno, quia non occidit Amalechitas (primo Regum vicesimo quinto).[85] Et regi Israel, quia hominem dignum morte dimiserat, dictum est tercio Regum vicesimo: 'quia dimisisti hominem dignum morte de manu tua, erit anima tua pro anima illius.'[86]

Igitur, providissime rex et princeps, cum condeceat vestram regaliam opulentissimam mansuetudinem iuxta cause et materie exigenciam frequentare, sic eciam expedit pro tuicione et regni preservacione homicidas et malefactores iuxta regni (fo. 13r) statuta punitive castigare, ne malo ipsorum exemplo tranquillitas regni in litigium commutetur.[a]

[II.] *Incipit secundus gradus in qua tractatur de caritate et eius virtute*

Secundus gradus ascensivus ad prefatum thronum, nobilissime rex et princeps, dicitur virtus caritatis. Sicut enim sol rem sibi appositam

---

[a] *MS.* conmutetur.

---

[78] Augustine, *De Civitate Dei*, XXI, 11, 6 seq., *CCSL*, 48, p. 777, citing Cicero, *De Legibus*, fragment.

[79] Exod. 20: 13.   [80] Exod. 22: 18.   [81] Ps. 106: 3.

[82] Exod. 32: 28.   [83] Num. 25: 10, 13.   [84] 1 Kg. 2: 59.

[85] 1 Sam. 28: 18.   [86] 1 Kg. 20: 42.

per calorem irradiat, sic sol deitatis per caritatem cor inflammat et preservat. Augustinus in sermone de caritate: 'nichil est mirabilius in mandatis dei quam diligere inimicos, hoc est retribuere bona pro malis'.[87] Hec autem caritas in adversitatibus tolerat, in prosperitatibus temperat, in duris passionibus fortis, in bonis operibus hillaris, in temptacione tutissima, in hospitalitate largissima, inter veros fratres letissima, inter falsos pacientissima. Sola caritas hec est quam felicitas sua non extollit, quia non inflatur. Sola est quam consciencia mala non pungit, quia non agit perperam. Inter obprobria est secura, inter odia benefica et pacifica, inter iras placida, inter insidias innocens, inter iniquitates gemens et in meritate semper respirans. Quid illa forcius non ad retribuendas (fo. 13v) sed ad curandas iniurias? Quid illa felicius non vanitati sed eternitati? Nam ideo omnia in presenti vita tolerat quia credit omnia de vita futura. Et suffert omnia que hic mittuntur, quia sperat omnia que ibi promittuntur. Merito nunquam cadit.

Hec autem caritas cor commotum pacificat, mentem in temptacionibus roborat. Et ut anima iusti sedes dei fiat, caritas quietem tribuit et locum preparat. Doctor sanctus secunda secunde:[88] 'huius virtutis ordo sic attenditur; ordo enim diligendorum ex caritate exprimitur in sacra scriptura. Nam cum mandatur quod deum ex toto corde diligamus, datur intelligi quod deum super omnia diligere debeamus. Cum autem mandatur quod aliquis diligat proximum sicut seipsum, prefertur suiipsius dileccio proximi dileccioni. Similiter eciam, cum mandatur prima Johannis tercio[89] quod 'debemus pro fratribus animam ponere', idest, vitam corporalem, datur intelligi quod proximum plus debemus diligere quam corpus proprium. Quarto, cum mandatur ad Galathas sexto[90] 'maxime operemur bonum ad domesticos fidei', et prima ad Timotheum quinto[91] vituperatur 'qui non habet curam suorum et maxime domesticorum', datur intelligi quod inter proximos meliores magis propinquos diligere fervencius obligamur'.

(fo. 14r) Divina eciam caritas cognoscitur per quatuor condiciones quas asserit Apostolus ad Ephesos tercio:[92] 'desiderans vos scire supereminentem caritatem Christi, et comprehendere cum omnibus sanctis quid sit longitudo, latitudo, sublimitas et profundum'. Unde sicut est quedam herba que vocatur anglice 'trewlufe',[a] habens quatuor folia viridia, sic caritas que est verus amor habet tanquam virencia folia quatuor condiciones, licet preascriptas. Et si aliquid horum deficiat foliorum, non est verus amor. Unde quo ad primum folium: si quis me

---

[a] *In the margin* quadrifolium caritatis.

[87] Augustine, *Enarrationes in Psalmos, III,* Ps. CXVIII, s. VII, 4, 10–12, *CCSL,* 40, p. 1684.

[88] *Summa,* IIᵃ IIᵉ, XLIV, 8, 3.

[90] Gal. 6: 10.

[92] Eph. 3: 19, 18.

[89] 1 Jn. 3: 16.

[91] 1 Tim. 5: 8.

hodie diligit et cras pro nulla causa vel modica odio me habet, iste amor non est verus, quia deficit primum folium. Non est ergo satis longus, dicente scriptura:[93] 'omni tempore diligit qui amicus est'. Unde Alredus libro tercio de amicicia:[94] 'cum amicicia unum fecerit de duobus, sicut illud quod unum est non patitur divisionem, sic nec amicicia poterit separari. Patet ergo amiciciam ex ea parte qua leditur nunquam fuisse veram, quia amicicia que desinit nunquam vera fuit'.

Secundum folium est latitudo. Unde si quis seipsum diligit et non alium, vel si solum diligat amicos, eius amor non est satis latus, sic deficit secundum folium, quia vere amantes (fo. 14v) diligunt tam amicos quam inimicos, secundum preceptum domini dicentis:[95] 'diligite inimicos vestros, beneficite hiis qui oderunt vos et orate pro calumpniantibus et persequentibus vos'.

Tercium folium veri amoris est sublimitas. Unde si quis diligat plus terrena quam celestia, eius amor non est verus, quia non est satis sublimis, et sic deficit tercium folium. Unde Augustinus, De Doctrina Christiana:[96] 'ordo perfecte caritatis est ne diligatur quod non est diligendum, sed diligatur quod est diligendum'. Omnis homo est diligendus, in quantum est homo propter deum, deus vero propter semetipsum, et amplius anima alterius est diligenda quam corpus proprium.

Quartum folium veri amoris est profunditas. Unde si quis diligit amicum suum et vellet quod sibi bene esset, sed tamen non vult pro eius amore aliquid facere, sive aliquid asperum pati absque spe lucri temporalis, hic non est verus amor, sed fallax, et non bene fundatus; et sic deficit quartum folium, quia non satis profundus est, dicente Apostolo:[97] 'qui viderit fratrem suum necessitatem habentem et si habuerit substanciam huius mundi et clauserit ab illo, quomodo caritas dei manet in illo?'

Hec folia veri amoris, constantissime princeps, salvator noster evidentissime ostendit. Nam amorem longum (fo. 15r) habuit quia semper dilexit. Amorem latum, quia non solum seipsum dilexit, sed tam amicis quam inimicis signa evidentissima veri amoris ostendit. Amorem sublimem habuit quia fervencius dilexit celestia quam terrestria. Amorem profundum habuit, quia multa obprobria pro nobis sustinuit, et finaliter pro nobis subiit mortem acerbissimam ut ab eterna morte nos revocaret.

Hac eciam caritatis virtute communitas[a] quecumque tunc bene

^a *In the margin* de concordia in communitate.

---

[93] Prov. 17: 17.
[94] *Aelredi Rievallensis Opera Omnia*, I, ed. A. Hoste and C. H. Talbot, III, 48, 334–8, CCCM, I, p. 326. The last words are a quotation from Jerome.
[95] Mt. 5: 44.
[96] Augustine, *De Doctrina Christiana*, I, 28, 3–4, CCSL, 22, p. 22.
[97] I Jn. 3: 17.

regitur et ordinabiliter, cum populus unanimi consensu et utilitate
communi est sociatus. Hec autem communitas constat ex personis
superioribus, mediis et inferioribus. Inter quas[98] 'debet esse concordia
ad modum musicorum cantancium subtus, supra et medio modo.
Sicut enim horrent aures nisi sonus cantancium fuerit concors, sic
horror et terror est in communitate ex personarum dissensione. Et
velud consonancia delectat in musica, sic in communitate unitas et
concordia. Quilibet autem in communitate est sicut una littera in
sermone, vel quasi in cantu una nota. Superiorum igitur, ut regum et
principum, est jura et leges scire, et ea quasi sue fidelitati commissa,
intelligere diligenter et custodire. Inferiorum vero personarum est
nichil preter sua negocia agere, nichil de aliquo inquirere, nec in re
publica curiositatem (fo. 15v) imitari, sed proprium opus et officium
eis iniunctum ad communem suam utilitatem perimplere, secundum
Tullium (De Officiis). Mediarum vero personarum est negocia inferiorum ad superiores deferre fideliter, accusanda ex caritate accusare,
promovenda promovere, et concordiam sive caritatem super omnia
inter inferiores et superiores enutrire . . , Nam sicut in corpore naturali
membra sibi invicem deserviunt et per se invicem sollicitantur, mutuo
se protegunt, mutuo deformitates cooperiunt ac mutuo se exornant, sic
in quacumque regione et communitate disposita virtuose expedit
unanimem caritatis concordiam comparere. Et velud in corpore naturali
membrum putridum est abiciendum ne aliud sanum inficiatur, sic in
communitate regionis cuiuscumque, si reperiatur aliquis putredine
prodicionis, seu quamvis alia enormitate adversus excellenciam regiam
obstinaciter laborare, debitis jurum regni castigacionibus pena puniatur
iuridica pro concernencia delictorum. Sicut eciam melius est citharedo
cordas cithare aliquantulum habere remissas pro remedio, quam nimis
extensas, ne contactu subito irremediabiliter dirumpantur, sic, nobilissime rex et princeps, plus aliquociens valet pia remissio quam coartacio
rigorosa.

(fo. 16r) Sic congruit vestram sceptrigeram regaliam diligenter attendere, ut corda vestrorum subditorum tranquilla cordis unione pacifice
convectantur: unde Philosophus primo Rethorice[99] videtur velle quod
sic se habent reges ad animas, sicut medici ad corpora. Nam sicut
medicus intendit sedare[a] humores, ne insurgant morbus et bellum in
in corpore, sic rex debet intendere, ne iurgia seu dissenciones assurgant

---

[a] *MS.* cedare.

[98] Here begins a passage freely adapted from John Waleys, *Ad omne hominum
genus liber summa collationum dictus* (Cologne, c. 1470), fos. 14r–15r, pt I, dist. I,
ch. 2 (cited elsewhere as *Communeloquium*). Waleys is here citing Augustine, *De
Civitate Dei* (in which Augustine quotes Cicero, *De Re Publica*), as well as Cicero,
De Officiis.

[99] As far as the quotation from Gregory, this passage is taken directly from
De reg. princ., Bk III, pt II, end of ch. 34. Colonna cites Aristotle, *Art of Rhetoric*.

regno. Inde dicitur primo Rethorice[100] quod 'non tantum nocet peccare contra preceptum medici, quantum consuescere non obedire principi'. Est enim anima maius bonum quam corpus, et tranquillitas caritativa in regno subditorum maior est quam equalitas humorum vel sanitas corporum. Summo ergo opere studere debent populus et omnes regni habitatores circa obedienciam regiam et legum observanciam, cum ex hiis consurgat tantum bonum quantum valeat in regno tranquillitas subditorum. Gregorius super Ezechielem:[101] 'nam omnipotens dominus hoc facit in cordibus hominum quod facit in regionibus terrarum. Poterat enim unicuique regioni omnes terre fructus tribuere, sed si unaqueque regio alterius regionis fructibus non indigeret, communionem cum altera non haberet. Unde fit ut (fo. 16v) uni, vini, alteri, olei, tribuat habundanciam. Hanc regionem multitudine pecudum, illam habundancia frugum, ut dum illa quod ista non habet, et ista reddit quod illa non detulit, per quamdam communionem simul terre coniungantur caritate. Sicut igitur regiones terrarum, sic sunt mentes hominum virtuosorum. Qui dum sibi vicissim conferunt quod acceperant, quasi sue regionis fructus regionibus aliis transmittunt, ut in una caritate omnis cordialiter coniungatur.'

O magna virtus caritatis, de qua sic loquitur doctor sanctus, libro tercio contra gentiles, capitulo de caritate:[a][102] 'oportet, inquit, manere inter eos concordiam desiderii, quibus est unus finis communis. Omnes autem homines conveniunt in ultimo fine beatitudinis ad quem a deo ordinantur. Igitur oportet quod caritate vivantur, ac mutua dileccione coniungantur. Secunda racio: quicumque diligit aliquem, conveniens est ut eciam diligat dilectos ab eo. Et quia homines sunt a deo dilecti, quibus sui disposuit fruicionem, oportet quod si quis sit dilector dei, fiat eciam proximi condilector. Tercia racio: cum "homo sit naturaliter animal sociale", (fo. 17r) indiget ab aliis hominibus adiuvari ad finem proprium consequendum, quod fit caritativa dileccione inter homines existente ... Ex lege ergo dei precipitur mutua dileccio inter homines observari, sic dicitur Johannis quintodecimo:[103] "hoc est preceptum meum, ut diligatis invicem sicut dilexi vos". Quarta racio ad hoc quod homo divinis operibus vacet, indiget tranquillitate et pace. Ea vero que pacem perturbare possunt, tolluntur precipue per mutuam dileccionem. Quia igitur lex divina ordinat omnes homines ut dei attendant mandatis, necessarium est quod ex lege dei inter homines mutua dileccio caritatis

[a] *In the margin* de quinque racionibus moventibus ad caritatem.

---

[100] Untraced quotation.
[101] Gregory the Great, *Homiliarum in Ezechielem Libri Duo*, Homil. X, 34, *PL*, 76, 900.
[102] *Summa contra gentiles*, III, CXVII, the whole chapter being cited here. It includes one of the most famous passages from Aristotle's *Politics*.
[103] Jn. 15: 12.

procedat. Quinta racio: lex divina datur homini in auxilium legis naturalis, sed naturale est hominibus ut se invicem diligant, cuius signum est quod quilibet homo naturaliter cuilibet homini ignobiliori subvenit in necessitate, sicut ab errore revocando ac a casu erigendo necnon in aliis huiusmodi'.

Sed fortassis dicere potuit vestra regalissima excellencia, dato quod ignis caritatis fuerit extinctus per invidiem vel rancoris humorem, qualiter poterit ad calorem pristinum reaccendi; respondit Lincolniensis venerabilis dicto (fo. 17v) septuagesimo secundo,[104] taliter inquiens manifeste: 'accendatur cor vestrum sicut accenduntur aliqua comburenda ex cristallo perspicuo et rotundo, per penetracionem radiorum solis ad unum punctum congragatorum. Christi namque deitas est sol iusticie, illustrans aspectum intellectus et affectum calefaciens voluntatis, cuius caro assumpta irradiat sicut lapis cristallinus. Dicitur autem cristallus, secundum naturales,[105] aqua congelata ob defectum caloris, caro autem Christi assumpta aqua est, sed ob carenciam caloris peccati congelata, quia ex purissima carne virginea, absque omni concupiscencia et libidine pleniter adunata. Per cuius siquidem cristalli medium penetrant radii divinitatis ad unum punctum humanitatis cum deitate, qui adunati et collecti vestrum cor multipliciter per caritatem defendent et virtuosius adunabunt'.

Quamvis igitur beatissima trinitas ex gratuita dileccione singula creaverit atque gubernet, homini tamen pre ceteris tria ostendit signa laudabilia dileccionis.[a] Primo: ex sue creacionis primena condicione, que secundum beatum Augustinum non processit,[106] ut alia opera, solo sermone iubentis, sed ad ymaginem suam et eterno consilio sanctissime trinitatis, ut sic homo ardencius (fo. 18r) conditorem amaret, quanto vivacius intelligeret mirabiliter se creatum. Secundo: ostendit homini signum dileccionis in sue reparacionis misterio humanam infirmitatem induens, conversacione benigna tradens sibi vivendi regulam, et

---

[a] *In the margin* Tria signa dileccionis.

---

[104] The Dictum LXXII is neither among the *Dicta* printed by E. Brown, *Fasciculus Rerum Expectandarum et Fugiendarum*, ii (London, 1690), pp. 258–305, nor among those included in *Dicta Lincolniensis. A selection of the Dicta Theologica of Robert Grosseteste*, ed. G. Jackson (Lincoln, 1972). In B.L., Royal MS 6 E v (a manuscript from Merton Priory) the Dictum occurs at fos. 33vb–34vb, the passage cited being at the end of fo. 34va, but with many discrepancies. Dictum LXXII is, in fact, Sermo 53, and is found as such in Royal MS 7 D xv, fo. 40 (the manuscript comes from the Cistercian abbey of Ravesby. See S. H. Thomson, *The Writings of Robert Grosseteste* (Cambridge, 1940)).

[105] This idea is found in most works dealing with stones. See Pliny, *Natural History*, XXXVII, 9; Seneca, *Naturales Quaestiones*, XXV, 12; and Bartholomeus Anglicus, *De Proprietatibus Rerum* (Basel, 1475), fo. CXXVvb, who seems to draw his information on this point from Gregory's *Super Ezechielem*.

[106] This sentence comes from the *Tractatus de creatione primi hominis*, an excerpt of the Pseudo-Augustine's *Liber de Spiritu et Anima*, ch. 35, *PL*, 40, 805 (see also 1213–14).

tandem pro ipso paciens duram mortem. Unde Christus in evangelio: 'maiorem hac dileccionem nemo habet ut animam suam ponat quis pro amicis suis' (Johannis quintodecimo).[107] Tercio: ostendit homini signum dileccionis mirificum ex prelacia quam sibi contulit, dum ipsum tanquam in cathedra regalie in medio paradisi locavit, sibique in usum orbem subdidit cum contentis. Igitur, christianissime rex et princeps, hoc triplex signum dileccionis caritative assumite, et in cordis hospicio veraciter stabilite, ut eternam mansionem valeatis introire, et prospero vultu deifici splendoris radium perpetualiter intueri.

[*III.*] *Incipit tercius gradus in quo tractatur de pace et bonis ipsam consequentibus.*

Tercius gradus quo debetis vestrum thronum ascendere, strenuissime rex et princeps, potest pax veraciter nuncupari, que tripliciter divisa musicali cantui comparatur. (fo. 18v) Primo requiritur tenor tanquam fundamentum que vocatur pax inter dominum et hominem. Medium eciam requiritur quod est pax hominis ad hominem. Et triplex quod est pax hominis ad seipsum. Et iste due paces ultime non valent nisi prima pax habeatur. Dicitur enim pax hominis ad seipsum quando corpus sine rebellione per animam regulatur. Tenor tenens alia duo est pax inter deum et hominem, que pax est virtuosa vita et conversacio honesta, cum sola peccata nos separant a deo discordiam faciendo, dicente Job: 'quis ei restitit et pacem habuit?'[108] Unde apostolus: 'pax dei que exsuperat omnem sensum custodiat corda vestra'.[109] Pax dei, idest deus, qui est pax, licet quies mentis que exsuperat omnem sensum, eo quod est ab omni intellectu creato incomprehensibilis, custodiat corda vestra, idest voluntates vestras[a] in bono. Unde Augustinus de verbis domini:[110] 'qui acceperit pacem, ipsam teneat, qui perdiderit eam, repetat, qui amiserit, requirat. Qui enim in ea inventus non fuerit, abdicatur a patre, exheredatur a filio et nichilominus a spiritu sancto efficitur alienus.' Merito enim abdicatur a patre, quia ipse est 'princeps pacis' (Ysaie nono).[111] Exheredatur a filio, quia eius testamento (fo. 19r) contradicit (Johannis quartodecimo, ubi dicit: 'pacem meam do vobis, pacem relinquo vobis').[112] Alienus efficitur a spiritu sancto, quia non invenitur in caritate, dicente apostolo: 'pacem habete, et deus pacis et dileccionis erit vobiscum'.[113] Non vult filius dei dici qui pacem noluerit amplecti. Negat sibi patrem deum, qui pacificus est contempnit. Pax Christi ad salutem proficit sempiternam. Pax cum bonis et bella cum viciis semper sunt habenda. Pax que bona est concordiam et caritatem copulat proximorum.

[a] *MS.* nostras.

---

[107] Jn. 15: 13.
[109] Phil. 4: 7.
[111] Isa. 9: 6.
[113] 2 Cor. 13: 11.

[108] Job 9: 4.
[110] Pseudo-Augustine, *Sermo XCVII, PL,* 39, 1932.
[112] Jn. 14: 27.

Habete igitur, graciosissime princeps, pacem meram et veram, bonam et beatificam, ad dominum et homines et ad vosmetipsum, nichil divine voluntati preferendo, sed secundum mandatum tante maiestatis et iuxta noticiam probabilem ac potenciam formidabilem vos paracius ordinate. Hinc est quod pro pace et tranquillitate amplexanda congruit omnibus incolis regni prosequi vestre placitum voluntatis.*a* Nam ex pace consurgit habundancia rerum extrinsecarum, ac remanente guerra, homines fiunt homicide, terre remanent inculte, fiunt depredaciones, fiunt uxores viduitate moleste, oriuntur sterilitates, eciam matres filiorum solamine deprivate (fo. 19v), ac habitatores regnorum ad mirabilem inopiam deducuntur.

Ideo subditi in regno debent vestre regalie tempore pacis aut belli obedire, quod patet ex ordinacione divina que disposuit superiores regere inferiores. Hoc apparet in natura corporali elementorum, que ex influencia celestium corporum regulatur, dicente Philosopho[114] quod tota regio elementaris continguatur regioni astrorum, ut inde eius omnis virtus ordine pacifico gubernetur. Similiter hoc patet in natura spirituali, quia angeli inferiores reguntur per superiores. Sic esse debet inter reges et subditos, dicente Apostolo:[115] 'omnis anima potestatibus sublimioribus subdita sit', prelatis scilicet in spiritualibus et regibus in temporalibus. Et subditur racio, quia non est potestas nisi a deo ordinata et concessa. Per quinque eciam signa poteritis evidenter agnoscere pacem deo esse placabilem.

Primum signum, quia pacem nunciaverunt angeli in Christi nativitate dicentes: 'gloria in altissimis deo et in terra pax hominibus bone voluntatis' (Luce secundo).[116] Hoc est hominibus bonis per voluntatem. Dicitur enim magis homo bonus per voluntatem quam per bonitatem aliarum anime potenciarum, quia voluntas movet alias potencias ad actus suos et ideo bonitas (fo. 20r) eius in omnis alias potencias anime redundat, sicut influencia cause moventis in rebus motis ab ipsa. Malis autem hominibus non est pax, dicente domino per Ysaiam: 'non est pax impiis'.[117] In hoc autem verbo angeli patet quod ista pax que per prophetam dicebatur futura in adventu Christi, erat pax interior bone voluntatis. Ex quibus omnibus patet, singularissime rex et princeps, quod omnium dominus commendat inter omnes christianos pacis et unitatis federa stabiliri.

Secundum signum optande pacis est quod ipse vocavit pacificos specialiter filios dei, dicens Mathei quinto: 'beati pacifici, quoniam filii dei vocabuntur'.[118] Ideo notandum quod non dicit pacificati vel

---

a In the margin de bonis habitis per pacem et de malis comitantibus guerram.

114 Untraced quotation.
116 Lk. 2: 14.
118 Mt. 5: 9.

115 Rom. 13: 1.
117 Isa. 48: 22.

animo pacati, sed pacifici, qui elaborant ad pacem inter se et alios reformandam, sicut vestra imperialissima gracia continue laboravit ad sedandum[a] effusionem humani sanguinis inter regna Anglie et Francie, ad vestrum magnificum honorem publicandum per orbem universum.[119] Unde filius dei poteritis veraciter vocitari, propter convenientem imitacionem suppremi filii dei 'qui fecit utraque unum'.[120]

Tercium signum habende pacis est quod dominus, mittens apostolos, voluit ut homines ad pacem hortarentur, dicens Mathei decimo:[121] (fo. 20v) intrantes domum, salutate eam dicentes: 'pax huic domui'; quasi dicat hospiti vestro: 'precemini pacem', ut sopiatur omnis repugnancia contra veritatem.

Quartum signum quod deus ita care voluit emere pacem nostram, mori enim voluit ut nos sibi reconsiliaret. Maritari voluit filius dei nostre nature infirme, quatinus inter deum et nos vera pax stabiliter firmaretur. Quam honorabilis igitur federacio pacis quam sic doctor Augustinus[122] debite recommendat? 'Pax est serenitas mentis, tranquillitas animi, simplicitas cordis'. Hec bella compescit, iras comprimit, superbos calcat, humiles elevat ac inimicos concordat. Unde speciale officium filii dei fuit in hoc mundo pacem inter deum et hominem reformare: sic sapientes desiderant pacem, et guerris multipliciter infestantur.

Quintum signum huius pacis habende sic poterimus considerare. Nam continuante guerra ut aliquis rex seu princeps sua recuperet se vindicando de inimicis, plus valet sepius quod expendit quam quod recipit. Igitur, 'beati pacifici, qui filii dei vocabuntur'[123] non per naturam sed per graciam. Et veraciter vocantur, eo quod eiusdem veritatis sit ista vocacio. Si (fo. 21r) autem pacificos beatificat et filios dei appellat, quomodo non pravis et perversis dicat, vos de patre diabolo estis? Si beati pacifici sunt filii dei, quid discordes et scismatici? Nonne sunt infelices filii diaboli, quia bella sectantur et pacem persecuntur?

Pugnant inter se terrigene pro terrenis, cuius exemplar patescit per victoriosum mundi conquestorem Alexandrum, cuius totalis intencio circa prelia versabatur. Qui tamen ultimate octo pedum habitaculo fuerat contentatus. Mensurent ergo staturam corporis preliis dediti, et gaudeant si tantillum terre habeant ad sepulturam. Quid amplius possidebunt de omni labore suo? Rex Macedonium magnus Alexander monarchiam mundi multo sanguine humano adquisivit. Universitas rerum et infinitas terrarum eius ingluviem non explebat, iam octo pedum tumulo satis super que contentus est! Num pro tantilla terre

---

[a] MS. cedandum.

[119] This may be an allusion to the Arras negotiations.
[120] Eph. 2: 14.   [121] recte Lk. 10: 5.
[122] Pseudo-Augustine, Sermo XCVII, PL, 39, 1931.
[123] Mt. 5: 9.

possessuncula incendiis, rapinis et homicidiis insidiatur? Quis furor, o miseri, que tanta licencia ferri, ut mutuis vos vulneribus confodiatis?

Ideo ad bellicosa certamina exterminanda potest induci consultacio promotiva, eo quod boni homines et sapientes multum (fo. 21v) pacem amant et guerras multipliciter abhorrescunt. Sic rex Salamon qui legitur fuisse regum sapientissimus suum regnum tenuit in pace quadraginta annis, ut patet in hystoria tercio Regum undecimo:[124] unde a pace nomen habuit. Interpretatur enim Salamon pacificus. Et salvator noster Christus rex pacificus vocitatur. Cum ergo bellum et pax sunt duo contraria et maxime distant inter se, ideo valde longa est via per guerram ad pacem venire. Et frequencius primitus rex seu princeps qui bellum induxerit, ab hac luce subtrahitur, quam per inquietacionem belli poterit ad portum remigare quietis. Hanc eciam pestiferam guerram debet humana fraternitas cohibere. Omnes enim homines naturaliter fiunt fratres, quia ex uno patre et una matre, Adam scilicet et Eva, originaliter processerunt.

Fideles attamen christiani supra hac speciali fraternitate sunt uniti, quia ab uno patre, deo, et unica matre, ecclesia, hereditatem celicam consequentur. O quante leticie et exultacionis rumor plausibilis aspergeret terras istas, si veridica et probabilis pax regnorum Anglie et Francie diutina suspiria tranquillaret! O quante benignitatis ac inexplicabilis solacii commercium summum omnium regem nostris precibus devocius (fo. 22r) reclinaret, si terras fidelium unanimis concordia firmo federe copularet! O quante glorie iubilum melliflua melodia poterimus intonare, si tantorum regum, principum ac subditorum corda pacis unio stabiliret! Tunc reflorescerent divicie temporales, tunc per terras et mare subducto tempestatum reluctamine, per verba pacifica et amicabilia deiectis armorum defensionibus, quilibet mercator sulcaret equora ad propria fertiliter revisenda. Sicque in pristinum gradum prosperitatis utraque regio deducta copiosa libertatis plenitudine arrideret.

Felix ergo regalis conatus, si, felicitante gracia vere concordie ac firme assentacionis, ligamenta preliancium lapsus ferventer provideat et vigilanter evitet! Felicior si indissolubili nexu vere federacionis pax perpetua, quieta, desiderabilis atque grata, vestra graciosissima mediacione, absque discrepancia repugnancie, utrumque regnum valuerit unanimiter reformare! Felicissimus autem si, post tot bellorum devia, conaminibus viri in armis bellicosi prefatorum regnorum, versus terram sanctam ad christiani nominis inimicos expugnandos suam intencionem fiducialiter copularent!

Sic sedata sedicione (fo. 22v) sanguinis christiani collapsa, cordium firmitas in novitate vite limpidius ambularet, ac infidelitatis filii dampnabiles, execrata malicia, formidine succumberent, et flagiciosis con-

[124] I Sam. 4: 18; 2 Kg. 12: 1.

fossi vulneribus sui erroris perfidiam declinarent. Eu qua hereditate possident sanctuarium dei bestie feroces et ferales! Illud dulcis Jhesus dulce natale solum sibi in volutabrum luti, porci spurcissimi diverterunt. Illam preciosissimam margaritam, dominice crucis vexillum, porcinis pedibus calcari: quis non gemat? Ipsum lectum ubi vita nostra dormivit in morte, belue mortifere occupant et prophanant. Insuper illo terribili tonitruo minime territi, scilicet si quis templum dei violaverit, disperdet illum deus. Deos falsos et manu factos illuc introduxerunt, locum sacrum sacrilegis ydolis pessime sordidantes. In omnibus hiis non est aversus furor Pharaonis, sed super omnem silicem induratum est cor illius. Ecce iam per quantum temporis irreverenter detinet, quod impudenter deportavit. Posuit sub modio splendidissimum crucis jubar, lucernam mundi, sua defraudavit candelabro. Ipsa Jerusalem visio pacis dicta, pacem non videt, sed perturbacionem ymmo et perdi(fo. 23r)cionem.

Quid inter hec agitis filii lucis, et servi crucis? Quam vicem rependitis Christo, christiani? Empti enim estis precio magno, precioso, scilicet sanguine crucis sue, et precium redempcionis anime vestre inter sordidos tam diu sordescere sinitis! Hic, hic: si viri virtutum estis, Anglici et Franci, vires et virtutes vestras viriliter ostendite! Magnarum virium est extorquere clavam de manu Herculis, sed non minoris glorie, gloriosam crucem extrahere de maligni fauce draconis! Quid est aliud pagane tyrannidis maligna devoracio, nisi malignus draco? Capud draconis salvator contrivit, sed eius membra prevalere permisit, ut vestram experiatur fidem, probet zelum, approbet dileccionem, virtutem coronet et remuneret victoriam. Datur vobis calcare super scorpiones et serpentes, et conculcare leonem et draconem. Quid suavius deo, salubrius vobis, utilius omni populo sancto dei, quam ut vos, viri vere pacifici, vero nomine filii dei, pacis inimicos comprimatis, ut sic sit pax multa diligentibus legem domini? Beati tales pacifici, quorum viribus et virtute populus dei in pulcritudine pacis et in tabernaculis fiducie, suavi securitate per veram fidem perlucidam domini faciem contemplantur. (fo. 23v) Sic veri filii poteritis nuncupari, si paternam hereditatem tam filialiter et fortiter extorqueatis ab invasoribus ac paterne iurisdiccioni restituatis. O quam feliciter triumphatis si pro Christo Christi perimatis inimicos! O laudabilis congressus cum unitas et concordia inter christicolas vigoratur, ac paganorum crudelitas confunditur et fugatur!

Igitur, christianorum christianissime Rex, quantum commode poteritis, litigium inter regna christiana compescite ac pacem stabilite, quatinus manus vestre potenciam formident fidei inimici, et christianorum gloria vestra regali magnificencia unitate reflorescat atque ad cumulum glorie eternalis capiat incrementum.

[IV.] Incipit quartus gradus in quo sunt quinque requisita ad ordinacionem virtuosam.

Quartus gradus ascensivus ad thronum vestre honorabilissime regalie, potest appellari virtuosa ordinacio in regendo. Ad quam quinque requiruntur. Primo: timor et amor in principibus. Secundo: obediencia et honor in subditis. Tercio: divulgacio transgressorum. Quarto: paciencia in subiectos. Quinto: debita providencia quorumcumque (fo. 24r) preliorum. De quibus scribitur Sapiencie octavo:[125] 'disponam populos', scilicet timore et amore pro primo. 'Naciones erunt mihi subdite', videlicet obediencia et honore pro secundo. 'Timebunt me audientes reges', eciam pro rigore, pro tercio. 'In multitudine videbor bonus', pro quarto. 'Et in bello fortis', pro quinto.

Quantum ad primum, excellentissime rex, ut a populo dileccionem et timorem habeatis, debetis esse primo 'beneficus et liberalis. Secundo, magnanimis et fortis. Tercio, iustus et equalis. Primum sic patet: nam vulgus quia non percipit nisi sensibilia bona, ideo beneficos et liberales amat et reveretur. Unde dicitur primo Rethorice,[126] quod populus amat et honorat beneficos, et in pecuniis liberales'. Secunda racio ut vestra regalia ametur a populo, debetis esse 'magnanimis et fortis. Nam populus valde diligit fortes et magnanimos, se pro bonis regni communibus exponentes. Tercio, ut a populo acquiratis dileccionem, decet vestram nobilissimam dominacionem equitatem facere et iusticiam. Nam maxime provocabitur populus ad odium contra vos, si viderint vos contra equitatem et iusticiam reclinare. Inde dicitur secundo Rethorice:[127] 'maxime iustos (fo. 24v) diligimus".'

Restat igitur secundo videre, quomodo vos debetis habere ut timorem incuciatis cordibus subditorum. 'Potissime autem timentur in potencia constituti, propter debitas puniciones quas exercent in subditos. In quacumque autem punicione tria sunt consideranda.[a] Primo videlicet, punicio ipsa. Secundo, persona punita. Et tercio, modus puniendi. Quantum ad punicionem, timentur reges et principes, si in eos qui ultra modum regnum perturbant, inexquisitas exerceant correcciones. Ideo subditi timent principes, quando eos viderint aliquod durum

---

[a] *In the margin* Tria sunt consideranda in punicione.

125 Wis. 8: 14, 15. After this quotation, our author cites long unacknowledged passages from *De reg. princ.*; after 'pro primo', Bk III, pt II, ch. 36 (complete); after 'pro secundo', about two-thirds of ch. 34, coming abruptly to an end a little before n. 133, the remainder of the chapter having already been cited above, n. 99. All the quotations from Aristotle come by way of this work.
126 *Art of Rhetoric*, trans. J. H. Freese, *LCL* (London: New York, 1926), p. 195. (Bk II, ch. iv.)
127 *Ibid.*

facere in puniendo. Secundo, timentur reges et principes racione punitarum personarum. Nam iustus nulli parcere debet pro iusticia. Ideo dicitur septimo Politicorum[128] quod bene operans, nulli parcit, quia nec pro patre, nec pro filio, nec pro amico, neque pro aliquo dimittendo est iuste et bene operari. Tunc itaque racione personarum punitarum timentur reges et principes, quando nec amicis nec aliis parcunt, si viderint eos forisfacere. Timet igitur tunc quilibet ex populo forisfacere, cogitans se non posse punicionem effugere. Immo, ut vult Philosophus septimo Politicorum: decet reges, ut magis timeantur et virilius observent iusticiam (fo. 25r),[129] magis punire et severius se gerere contra amicos, si contingat eos valde forisfacere, quam contra aliquos alios. Tercio: timentur reges et principes racione modi puniendi, quod fieri contigit cum eorum iudices et prepositi adeo latenter et caute se gerunt in punicionibus exequendis et iusticia facienda, quod mali effugere non possunt qui graviter puniantur'.

Viso igitur, insignissime Rex et princeps, quomodo vos habere debetis ut amemini a populo et timeamini, patet quod licet utrumque sit necessarium; tamen magis amari debetis appetere, quam timeri. Nam cum vestra sanissima intencio sit principaliter inducere alios ad virtutem, illud per quod subditi sunt magis boni et virtuosi, debet a vobis magis intendi. Cum ergo subditi in regno bene agant, et observent leges ac mandata vestra regalia ex dileccione quam habent ad vos et ad bonum commune regni, sunt magis boni et virtuosi quam si hoc facerent timore pene ne punirentur. Magis igitur debetis appetere amari a populis, et quod amore vestro populi bene agant, quam ab eis timeri, et sic timore pene cavere sibi ab actibus malis. Utrumque est enim necessarium, timeri et amari, quia non omnes adeo boni et perfecti sunt (fo. 25v) quod solo amore et dileccione legis latoris, cuius est intendere bonum commune, quiescant male agere. Oportet igitur vestram magnificenciam aliquos inducere in bonum et retrahere a malo, timore pene eligibilius tum est amari quam timeri, ut superius expressatur.

[a]Pro secundo, 'tripliciter considerare possumus quam sit utile et expediens populo obedire regibus et eorum legibus ac statutis stabiliter obtemperare. Primo enim ex hoc consequitur populis virtutes et magna bona. Secundo, ex hoc consurgit salus regni. Tercio, ex hoc oritur pax, et tranquillitas subditorum, et rerum habundancia exteriorum.

Primum sic patet, ut in precedentibus dicebatur, quod regis intencio

[a] *In the margin* De obediencia subdito et penes regem.

---

[128] *The Politics*, trans. H. Rackham, *LCL* (London, 1932), p. 549 (Bk VII, ch. iii, 3).
[129] Untraced in modern editions of *The Politics*.

esse inducere subditos ad virtutem in recta policia, ut vult Philosophus, quarto Politicorum,[130] circa principium, sic inquiens: est quidem aliquis bonus homo, si bene obediat principanti, cuius est leges ordinare. Quare, si principans recte populum regat sibi commissum, et cuius intencio sit alios inducere ad virtutem, eius exemplo homines fiunt boni et reddunt opera bona. Hinc est quod in recto regimine oportet quod sit bonus homo qui bene subicitur regi. Si enim rex non intenderet quod sibi subiecti essent boni et virtuosi, iam non esset (fo. 26r) rex sed tyrannus. Cum ergo quilibet homo debet intendere ut sit bonus et virtuosus, eo quod virtutes sunt maxima bona, cum summa diligencia studere debet ut regi obediat et ne privaricetur leges et precepta eius. Omnibus enim, tam nobilibus quam ignobilibus, necessaria est obediencia regis et observancia legum. Immo tanto magis est hoc expediens nobilibus et ignobilibus, quanto decencius est eos esse bonos et virtuosos.

Secunda via ad investigandum hoc idem sumitur ex eo, quod ex obediencia regis et legum observancia oritur salus communitatis et regni. Nam ut dicitur primo Rethorice,[131] in legibus est salus civitatis. Credunt enim aliqui quod observare leges et obedire regi sit quedam servitus. Hoc autem non est servitus, sed libertas. Ignorant enim quid est libertas, dicentes observare leges et obedire regibus esse servitutem. Cum enim bestie sint servilis nature, quanto quis magis ad bestialem naturam accedit, tanto magis est naturaliter servus. Esse quidem sceleratum, affectatorem belli, perturbatorem pacis, velle vivere sine freno et sine lege, magis est esse bestiam quam hominem. Quare non observantes leges, nolentes regibus (fo. 26v) et superioribus obedire, sunt magis bestie quam homines et, per consequens, sunt magis servi quam liberi. Salvatur itaque salus regni et habitatores regni liberi efficiuntur, si regibus obediant et observant leges. Quod autem salus consurgat in regno ex obediencia regis, sufficienter ostenditur, si considerentur verba Philosophi quarto Politicorum,[132] qui comparat regem ad regnum, sicut animam ad corpus. Nam sicut anima corpus regit et conservat, sic rex regit et conservat regnum. Et sicut anima est salus et vita corporis, sic rex si recte principetur, est salus et vita regni. Quare, sicut pessimum est corpori delinquere in animam et non regi per eam, sic pessimum est regno deserere leges regias et precepta regalia et non regi secundum ea.

Tercia via sumitur ad evidenciam eiusdem, ex eo quod obediencia regis et observacione legum oritur pax et tranquillitas regnorum et habundancia rerum exteriorum. Nam ut superius dicebatur, reges et principes coactivam habeant potestatem, ut illi qui ex dileccione ab operibus sceleratis non retrahuntur, saltem timore pene retrahantur

---

[130] This could be a reference to *The Politics*, IV, vi, 3.
[131] Untraced in modern editions of *The Art of Rhetoric*.
[132] Probably a remote allusion to *The Politics*, IV, iii, 13.

ab illis'. Videat igitur unusquisque in regno constitutus vocacionem suam. (fo. 27r) Vocatus est rex ut imperet: vocamur et nos ut subiciamur illi. Tucius est subesse quam preesse, obedire quam iubere. Denique 'qui vos audit, me audit; et qui vos spernit, me spernit', dicit dominus.[133] Si ergo obtemperans, deo est; si obmurmura[n]s, contra illum est. Moysi dictum est a domino:[134] 'qui superbierit, nolens obedire decreto iudicis, monetur homo ille, et auferes malum de medio Israel, cunctus que populus audiens, timebit ut nullus deinceps superbia intumescat'. Et paulo post:[135] 'si genuerit homo filium contumacem[a] et protervum, qui non audiat patris ac matris imperium et obedire contempserit', comprehendent eum, 'et populus civitatis eum obruet lapidibus et morietur, ut auferatis malum de medio vestri, et, universus Israel audiens, pertimescat'. Videat proinde populus vestre regalie subiectus, videatis eciam vos, ut Moyses dux populi Israel, quomodo inobedientes et contumaces proclamacionum et correpcionum, verbis durioribus tanquam quibusdam lapidibus obruatis, ne perniciosa dissimulacione alios perimant et impugnent. Unde Bernardus in Exposiciones uper Missus est:[136] Disce, homo, obedire, disce, terra, subdi, disce, pulvis, obtemperare. De auctore tuo loquens, evangelista dicit: (fo. 27v) 'et erat', inquit, 'subditus illis'. Non dubium quin Marie et Joseph subditus erat dominus. Nam cum remansisset in Jerusalem et dixisset, in hiis que patris sui erant oportere se essse, non ei acquiescentibus parentibus eius, sequi illos in Nazareth non despexit. Erubesce igitur, superbe, deus tuus se humiliat et tu te exaltas. Deus se hominibus subdit, et tu hominibus es cupiens dominari. Deus, inquam, cui angeli subditi sunt, cui principatus et potestates obediunt, subditus erat Marie et Joseph. Si igitur hominis, o homo, dedignaris imitari exemplum, certe non erit tibi indignum auctorem tuum exemplariter imitari. Nam verus obediens dat suum velle et suum nolle. Perfectus obediens moram nescit nec mandatum procrastinat, parat aures auditui, oculos visui, linguam voci, manus operi, pedes itineri, et sic totum se colligit ut ex toto mandatum impleat imperantis.

Sic, imperialissime rex, congruit omnes subditos vestros pro bono communi et utilitate regni, sine intermissione vestris iussionibus ac mandatis pleniter obedire, ac services submittere, quatinus amphorem inveniant graciam in conspectu vestro et contumacia superborum obstinatorum penitus excludatur. Hoc autem peccatum inobediencie punitum fuit in primis (fo. 28r) parentibus, eo quod eiecti sunt de paradiso propter illud (Genesis tercio).[137] Si igitur illi qui erant in

[a] MS. contumacione.

---

[133] Lk. 10: 16. [134] Dt. 17: 12, 13.
[135] Dt. 21: 18, 19 and 21.
[136] S. Bernardi Opera, ed. J. Leclercq, IV (Rome, 1966), p. 19.
[137] Gen. 3: 24.

paradiso terrestri propter inobedienciam eiciuntur, quomodo credent
paradisum se ingressuros, qui vicio inobediencie constringuntur?
Secundo, puniebatur inobediencia in uxore Loth, que propter inobedienciam versa est in statuam salis (Genesis nonodecimo).[138]
Punitum est eciam illud peccatum in Saul, in hoc quod propter id
eiectus est a regno. Unde primo Regum, quintodecimo:[139] 'pro eo
quod abiecisti sermonem domini, abiecit te dominus, ne sis rex super
Israel', dixit propheta Samuel ad Saulem; et tercio Regum terciodecimo:[140] propheta inobediens a leone occisus est. Et vicesimo
eiusdem:[141] quidam qui voluit obedire cuidam de filiis prophetarum
dicenti sibi: 'percute me', a leone postea est percussus. Ad Colocenses
tercio:[142] 'igitur obedite dominis carnalibus' per omnia licita et honesta
in hiis que pertinent ad corpus, in hiis autem que pertinent ad animam,
servus non est subiectus domino, sed deo et ecclesie ministris.

Hinc resumit exordium quod regi a subiectis duo detinentur in
mandatis, videlicet honor et obediencia. Est enim rex capud regni.
Capud autem ad alia membra dupliciter comparatur. Primo quidem,
quia est alcius et excellencius. Secundo vero, (fo. 28v) quia cetera
membra dirigit in acciones suas. In capite enim sensus et ymaginacio
principantur, quibus diriguntur in suas operaciones, sic regia maiestas
omnibus precellenciorum remanet in membris, qui in regno sibi
subiciuntur regaliter. Rursus quia eius est leges ferre et quia in rege
maxime vigere debent sensus et prudencia, ad ipsum maxime spectat
per se suosque consiliarios dirigere eos qui sunt in regno. Racione igitur
qua, lucidissime princeps, aliis estis excellencior, vestre magnificencie
debetur honor et reverencia. Racione vero qua alios habetis dirigere
et regulare, vobis subieccio et obediencia convenientissime offeruntur.
Ex quibus duobus percipi potest quod ad vestram elevatissimam
magnitudinem possunt subditi notam incurrere offensionis. Primo, si
vobis non exhibeant honorem debitum et reverenciam condignam.
Secundo, si non sint vobis subiecti et obedientes leges vestras obser-
vando et mandata. Cum enim hec duo, videlicet honor et obediencia,
subtrahuntur a rege, merito contra subditos commovetur.

[a]Pro tercio, quod est divulgacio transgressorum, est notandum quod
non debetis permittere in vestro regno multas transgressiones modicas
(fo. 29r) continuare. 'Nam multe transgressiones modice, ut ait Philosophus,[143] uni magne transgressioni coequantur, sicut multe parve

---

^a In the margin de punicione transgressorum.

---

138 Gen. 19: 26.   139 I Sam. 15: 23.   140 I Kg. 13: 20–4.
141 I Kg. 20: 35, 36.   142 Col. 3: 22.
143 De reg. princ., Bk III, pt II, ch. 15, citing Aristotle, Art of Rhetoric, I,
xiii, 4 (trans. Freese, p. 149).

expense equivalent sumptui magno. Parve enim transgressiones, si multe sint, disponunt ad magnas transgressiones. Nam qui minima necligit, paulatim defluit in maiora. Sunt igitur in regno leges instituende ut per eas puniantur transgressores. Inde est ergo quod timore pene multi desinunt male facere et assuescunt ad operaciones bonas, ut fiant boni et virtuosi. Vivere secundum virtutem est finis principaliter cuiuslibet in regno. Debet enim rex, si sit verus et rectus, cura pervigili studere, ut quilibet subiectus virtuose se habeat, et ut totum regnum bene et virtuose vivat. Et quia aliquis excedit aliquos in potencia et dignitate, sic debet eos excedere in bonitate et virtute. Ideo decet nobiles et ingenuos magis esse virtuosos quam subditos alios, et Regem ipsum, tanquam omnibus excellentibus excellenciorem, decet esse virtuosiorem. Dicitur enim regnum multitudo in qua sunt multi nobiles et ingenui non aliter se habentes quam secundum virtutem viventes, sub uno optimo capite, rege suo. Cum utique regnum (fo. 29v) principaliter ordinatur ad vitam bonam et virtuosam, habitatores regni oportet esse tales ut bene et virtuose vivant. Et quia ad virtutes plurimi trahuntur, cum puniuntur transgressores, expedit enim regno secundum proporcionem delicti puniri delinquentes. Hec autem vigorosa divulgacio transgressorum singulariter magnificat regem, et terribilem reddit suis hostibus ac aliis regionibus quibuscumque. Unde Josue secundo dicitur[144] quod habitatores Jericho, audientes quod triumphassent filii Israel de duobus regibus Amorreorum, solo timore cor et audaciam perdiderunt. Et quantum ad hoc dicitur: 'timebunt me audientes reges', pro timore puniendi.[145]

[a]Quarto requiritur in principe obtemperacio in subiectos, ut princeps benigne corrigat et reducat deviantes, eis pro loco et tempore ignoscendo. Et quantum ad hoc subditur: 'et in multitudine videbor bonus'. Unde bonitas regis seu principis est eius paciencia. Et per oppositum, nichil turpius est in principe quam sevicia carens racione. Experimur quod diversa metalla habent diversas mineras terre, tanquam sua principia, quia alia est minera auri, alia argenti. Modo sic est quod aurum de terra non apparet, quamdiu (fo. 30r) terra non scinditur, quia scissura terre ostendit utrum sit ibi aurum vel argentum, quia tunc apparet terra luminosa et fulgida que ante fuit opaca. Sic quamdiu princeps non tangitur tribulacionibus, non apparet an in eo sit lux virtutum aut lutum viciorum. Sicut igitur terra tempore eversionis apparet luminosa, sic princeps, in quo est thesaurus virtutum et gracie tempore adversitatis

---

[a] *In the margin* de bonitate et paciencia regis.

---

144 Jos. 2: 10, 11.
145 Wis. 8: 15.

lucet, pacienciam ostendendo. Unde Luce sexto:[146] 'bonus homo de bono thesauro cordis sui profert bona'. Nam Isaac pacienter sustinuit quando pater eum imolare voluit (Genesis vicesimo secundo).[147] Joseph facinus quod in eum fratres sui commiserunt pacienter toleravit et postea clementer indulsit (Genesis tricesimo septimo).[148] Thobias excecatus miram pacienciam in omnibus ostendit.[149] Job perdendo liberos et bona alia, pacientissimus est repertus.[150] Pacientes fuerunt tres pueri in fornacem ardentem missi quia ibidem dominum benedicebant.[151] David noluit occidere Saulem eum prosequentem, cum tamen frequenter potuisse, prout quando abscidit oram clamidis eius et quando invenit eum dormientem.[152] In novo eciam testamento notatur paciencia domini erga servum nequam (Mathei octavodecimo).[153] Christus (fo. 30v) eciam, omnium regum Rex et salvator, multas iniurias sibi a iudeis illatas pacienter sustinuit et finaliter inter duos latrones mortem acerbissimam toleravit, sicut in omnibus evangelistis evidenter ostenditur, ac potissimum pro ipsis persecutoribus patrem exoravit dicens: 'pater, ignosce illis, quia nesciunt quid faciunt'.[154] Pacienti namque serviunt persecutores, sicut ille pessimus Dacianus utiliter servivit beato Vincencio, cui regni coronam fabricavit.[155] O beata paciencia, de qua dominus in evangelio suo sic ait:[156] 'in paciencia vestra possidebitis animas vestras'. Huius eciam virtutis dominium in hoc attenditur, quod cohibet hominem interiorem ab illicito appetitu vindicte, cohibet similiter exteriorem linguam a contumelia et manum a violencia, ac pedem a transitu pro iniuriis vindicandis.

[a]Quinto ascribitur in premissario textu, quod rex erit in bello fortis. Quia vero in capitulo precedenti de pace continuenda fecimus mencionem, fortassis tamen, singularissime rex, si emuli vestri rebelles de Francia deliberarent in suis consiliis pacis nexus confringere, non obstantibus mediacionibus vestris graciosissimis, quibus (fo. 31r) pacis tempora tranquillastis, ac eciam titulo probato, quo quam plurimi vestri predecessores Reges prefatum regnum iure tituli invaserunt et manu belligera devastarunt, hinc assurgit quod pro emulis vestris expugnandis eritis in bello fortis.[157] Asserit namque Augustinus libro

[a] In the margin De bello licito.

---

[146] Lk. 6: 45.   [147] Gen. 22: 7, 12   [148] Gen. 37.
[149] Tob. 2: 11, 12.   [150] Job. 17: 15.   [151] Dan. 3: 93.
[152] 1 Sam. 24: 7, 8.   [153] Mt. 18: 26–7.   [154] Lk. 23: 34.
[155] See *Bibliotheca Hagiographica Latina*, II (Brussels, 1900–1), 8626–46. It is impossible to say whether the author is borrowing from Vincent of Beauvais, *Speculum Historiale*, or from Voragine, *Legenda Aurea*.
[156] Lk. 21: 19.
[157] This may be a further allusion to the failure of the Anglo-French negotiations at Arras.

decimo nono De Civitate Dei, capitulo undecimo:[158] 'tantum est pacis bonum ut eciam in rebus terrenis atque mortalibus, nichil gracius soleat exaudiri, nichil desiderabilius concupisci, nichil postremo posset melius reperiri. De quo si loqui voluimus, non erimus, quantum arbitror, legentibus onerosi, propter ipsam pacis dulcedinem que omnibus cara reputatur'. Quia sicut nemo est qui gaudere nolit, ita nemo est qui pacem habere nolit, quando quidem et ipsi qui bella volunt, nichil aliud quam vincere volunt, ut ad gloriosam pacem bellando valeant pervenire. Nam quid aliud est victoria, nisi subieccio repugnancium, que cum facta fuerit, pax erit. Pacis ergo intencione geruntur et bella, ab ipsis eciam qui virtutem bellicam student exercere imperando atque pugnando, unde pacem constat esse optabilem finem.

Cum igitur, prestantissime ac metuendissime Rex et princeps, gracie celestis spiramine (fo. 31v) tot remedia pacis elaborastis, quibus si in posterum prescripti rebelles minime se subiciant obedire, et quamvis, ut prescribitur, longa sit via per guerram ad pacem, attamen, si pax et ius hereditarium aliter non poterit possideri, et post tot mediaciones a vestra regia maiestate laudabiliter procedentes, quid aliud restat, nisi ut vestrum ius hereditarium prosequamini brachio bellicoso, atque solum a deo victoriam affectetis per oracionum suffragia devote supplicando. Que siquidem oracio fiet cum firma fide, certa spe et sincera caritate, qualis fuerit oracio Moysi contra Amalech, ut scribitur Exodo septimodecimo.[159] Priusquam tum plura prosequar de bello, primo ostendam que requiruntur ad bellum licitum, secundo condescendam ad vestrum fidelem et laudabilem titulum, ac tercio ascribam que sunt in pugna publica consideranda.

Quantum ad primum istorum trium, regalissime Rex et princeps, iuxta sentenciam Sancti Thome secunda secunde, 'tria requiruntur ut bellum licitum habeatur.[160] Primo auctoritas principis cuius mandato bellum est gerendum. Non enim pertinet ad personam privatam bellum movere, quia potest ius suum in iudicio prosequi curie superioris. Quia (fo. 32r) igitur convocare multitudinem, quod in bellis fieri oportet, non pertinet ad privatam personam, cum cura reipublice commissa sit principibus, ad eos solummodo pertinet rempublicam regni seu provincie sibi subdite contueri. Et sicut licite defendunt eam materiali gladio contra interiores perturbatores, dum puniuntur male-factores, secundum illud Apostoli: "non sine causa gladium portat, minister enim dei est et vindex in iram ei qui male agit".[161] Ita eciam gladio bellico pertinet ad eos rempublicam defendere ab hostibus exterioribus, sicut principibus dicitur in Psalmo: "eripite pauperum et

---

[158] Augustine, *De Civitate Dei*, XIX, 11, 26–34, *CCSL*, 48, p. 675.
[159] Exod. 17: 9, 12.
[160] *Summa*, II^a IIe, XL, I, 4 (as far as n. 164).
[161] Rom. 13: 4.

egenum de manu peccatoris liberate".[162] Unde Augustinus contra
Faustum:[163] "ordo naturalis mortalium paci accomodatus hoc exposcit,
ut suscipiendi belli auctoritas atque consilium penes principes re-
maneat".'

Secundo, requiritur causa iusta ut illi, qui impugnantur propter
aliquam culpam, impugnacionem mereantur. Unde Augustinus de libro
Octoginta trium questionum: 'iusta bella solent describi ea que iniurias
ulciscuntur'.[164] Unde scribit venerabilis Alredus in commendacionem
Sancti Edwardis regis Anglie, omelia translacionis eiusdem:[165] 'inter
tot prelia, quid (fo. 32v) illo reccius qui inter virum et proximum, nulli
parcens, medius incedebat. Et cum inter se et alium causa verteretur,
tunc se dominum nesciebat, ignorabat regem et contra iusticiam nichil
posse se putans, cause semper attendebat meritum, non obprobrium
condicionis. Quid igitur in contemplacione illo sublimius qui celesti
luce preventus, constitutus in Anglia, spiritualibus oculis vidit que in
Dacia gerebantur? Religioso que risu internum gaudium prodens, non
pro se, sed pro plebis salute, hostem gavisus est esse subversum. Felix
quem non latuerunt humana cum patuerunt divina, in quo vite mun-
dicia non emarcuit, castitas non tepuit, nec spes in domino fluctuavit.
Ipse sacris historiis fidem adhibens ex precedencium sanctorum
moribus vivendi sive regnandi sibi formulam mutuabat. Ipse sanctos
quos suis temporibus laudabiliter vivere cognoscebat, imitari non
contempnebat. Ecce universitatis conditor et redemptor: omnia in
sapiencia fecit, omnia numero, pondere et mensura, disposuit, duobus
oculis corpus illuminavit humanum, ipse firmamentum, quod dicitur
celum, quasi duorum oculorum luce vestivit, ipse corpus suum (fo.
33r) quod est ecclesia duobus magnis luminaribus adornavit. Fecit
quippe duo magna luminaria et posuit ea in firmamento celi, scilicet
solem et lunam. Fecit et duo luminaria magna et posuit ea in ecclesia,
scilicet regiam potestatem et sacerdotalem auctoritatem. Hii sunt duo
oculi sponse de quibus in canticis gloriatur sponsus: "quam pulcra es
amica mea, quam pulcra es, oculi tui columbarum".[166] Hiis duobus
oculis ecclesia regitur, cum luminare maius presit diei, idest spiritualibus, et luminare minus presit nocti, idest, temporalibus. Isti dividunt
inter diem et noctem, inter lucem et tenebras, discernentes inter
iustum et impium, cum alter materiali, alter gladio spirituali, iniquos

---

[162] Ps. 82: 4.
[163] Augustine, *Contra Faustum*, XXII, 75, *CSEL*, 25, p. 673. This passage is
also quoted in the *Summa*, II^a IIe, XL.
[164] Augustine, *Quaestionum in Heptateuchum Libri Septem*, VI, 10, *PL*, 34,
781. Also quoted in the *Summa*, II^a IIe, XL, and in the *Decretum*, pars II, causa
XXIII.
[165] See n. 47 above. It is impossible to be sure of the length of the passage
cited, but it may go almost to the end of the paragraph, before 'Cum igitur,
regalissime Rex'.
[166] Ca. 4: 1.

comprimant aut occidant, atque iustos et bonos sua remunerent dileccione. Isti sunt in signa et tempora dies et anni,*a* singuli pro sua
potestate, singulis officia distribuentes, legum signa promulgantes, ea
que agenda sunt pro locis, temporibus, causis et personis sagaciter
constituentes'. Cum igitur, regalissime Rex et princeps, tanti et tam
celebris sancti vestigia prosequi laboriosus, (fo. 33v) decertatis in iusta
causa, non ambiguum esse credimus vos cum eodem sancto rege post
presentis stadii cursum in celestibus triumphare.

Tercio requiritur ut intencio bellancium sit recta, quatinus fiat pro
bono commovendo vel malo devitando. Unde Augustinus libro de
verbis domini:[167] 'apud nos, dei cultores, eciam bella illa patrata sunt
que*b* non cupiditate aut crudelitate, sed pacis studio geruntur, ut mali
coherceantur et boni subleventur. Potest eciam contingere quod licet
sit legitima auctoritas inducentis bellum et causa iusta, nichilominus
tamen propter pravam intencionem bellum redditur illicitum'. Unde,
contra homines bellicosos qui prava intencione enutrivit bella, sic ait
Augustinus: 'nocendi cupiditas, ulciscendi crudelitas, implacatus et
implacabilis animus, ferocitas bellandi, libido dominandi et siqua
similia, in bellis iuridicis omnino vituperantur'.

Secundo*c* prout primitus specificatur, insignissime Rex et princeps,
si vestre repugnantes invictissime regalie, assererent vestram imperialissimam maiestatem non habere jus nec iustum titulum ad regnum
Francie, ac veris pro parte vestra probabiliter (fo. 34r) allegatis contra-
dicerent, ad presens duas leges inseram veraciter approbantes quod
filia succederet in regno patri, si pater vel frater moriatur sine filiis vel
herede, quod non esse verum unanimiter manifestant. Pro primo
scribitur Numeri vicesimo septimo,[168] de quatuor filiabus Saphath,
que steterunt coram Moyse et Eleazaro sacerdote ac cunctis principibus
populi ad hostium tabernaculi federis atque dixerunt: pater noster
mortuus est in deserto nec fuit in sedicione, que concitata est contra
dominum sub Chore, sed in peccatis suis mortuus est; hic non habuit

---

a MS. annos.   *b* MS. illi patrati sunt qui.
c In the margin De titulo regni Francie.

---

[167] The first of these two sentences has not been found in Augustine. It is
quoted here from the *Summa* (II*a* II*e*, XL); Aquinas states that he cites *De
Verbis Domini* (as here), whereas Gratian (*Decretum*, I, col. 893) states that it
comes from an equally unknown *De Diversis Ecclesiae Observationibus*. (See. A.
Vanderpol, *La Doctrine scolastique du droit de guerre* (Paris, 1919), pp. 310–11.)
The second sentence is a quotation from *Contra Faustum*, XXII, 74, *CSEL*, 25,
p. 672, which is also quoted in the *Summa* and in the *Decretum* (col. 892).

[168] Num. 27: 2, 11. It is striking that this should be the basis of the 'daughter'
argument in Sir John Fortescue, *De Natura Legis Nature*; see Lord Clermont,
The Works of Sir John Fortescue (London, 1869), p. 116. For a summary of this
discussion, see E. F. Jacob, 'Sir John Fortescue and the Law of Nature', *Bulletin
of the John Rylands Library*, xviii (1934), p. 373. See also V. Lizzen, *A War of
Roses and Lilies. The theme of succession in Sir John Fortescue's works* (Helsinki,
1971), esp. pp. 34–5.

mares filios, cur tollitur nomen de familia sua quia non habuit filium?
Date nobis possessionem inter cognatos patris nostri. Reservavit
Moyses causam earum ad iudicium domini. Qui dixit ad eum: iusticiam
postulant filie Saphath. Da eis possessionem inter cognatos patris sui
et ei in hereditate succedant. Ad filios autem Israel sic loqueris: homo
cum mortuus fuerit absque filio, ad filiam eius hereditas pertransibit.
Si filiam non habuerit, habebit successores fratres suos. Si vero fratrem
non habuerit, dabitur hereditas fratribus patris sui. Si autem fratres
non habuerit, dabitur hereditas hiis qui (fo. 34v) proximi eius fuerunt.
Erit hoc filiis Israel sanctum lege perpetua, sicut precepit dominus
Moysi. Quare patet de iure matris secundum istam legem, serenissime
rex et princeps, quod estis regni Francie veridicus coheres.

Secunda historia patescit ex hoc quod natus summi patris filius
Christus, vocitabatur rex Iudeorum iure matris sue. De isto titulo sic
scribitur libro quarto revelacionum Sancte Brigitte, capitulo centesimo
quinto:[169] 'si isti duo reges Anglie et Francie, inquit dominus, voluerunt
habere pacem, ego dabo eis pacem perpetuam. Sed pax vera haberi non
potest, nisi veritas et iusticia diligantur. Ideo quia alter regum habet
iusticiam, placet michi quod per matrimonium fiat pax'. Igitur, in-
clitissime rex, sicut magistrante experiencia informamur, per graciosissimum matrimonium nostre dulcissime regine cessat sediciosa
evisceracio incolarum utriusque regni, et pacis quietacio pacem letificat
affectantes.[170] Felix sceptrum regum, felix eciam tante gracie filia
laudibus singularibus extollenda, dum status militaris sanguinis
christiani devitans effusionem, pacis tempore militat ad placenciam
creatoris.

[a]Heu, quanto tempore tanta ferocitas et truculencia inquieta (fo. 35r)
hec regna christianissima dilaceravit! Heu, quanta loquela despicabilis
ac venenositas viperea invidie et rancoris regnorum principes devastavit!
Heu, quanta atrocitas preliorum milites cum subditis dilaniavit!
Profecto nunc veridice comprobatur, benignissime rex et princeps,
quanto splendore perspicue intelligencie prefulgeatis, dum collapsos
respicitis, allisos erigitis et humano sanguini parcitis, necnon vestrum
gregem Anglie, sub vestre proteccionis alis vigilanter respirantem,
delectabiliter confovetis. Sic dum confracta reformat et consolidat

---

[a] *In the margin* Lamentacio de effusione sanguinis christiani.

---

[169] *Memoriale effigiatum Librorum Prophetiarum seu visionum Beatae Brigidae
alias Birgittae* (Rome, 1556), Bk IV, ch. 105, Y(D). For references made at this
time to the prophecies of St Bridget, see J. G. Dickinson, *The Congress of Arras,
1435* (Oxford, 1955), pp. 146–7; C. T. Allmand, 'Documents relating to the
Anglo-French Negotiations of 1439', *Camden Miscellany XXIV* (London, 1972),
p. 116; they had also been referred to by Hoccleve, *Regement of Princes*, ed.
Furnivall, p. 194.

[170] This seems to refer to the marriage of Henry V and Catherine of Valois in
June 1420.

vestra dignitas regia, nobilissime vestre fame gloria laudiflua ab austro in boriem, ab occidente in orientem, pennis probatissime laudis pervolitat cunctas provincias christianorum et immortalis memorie resonancia apud deum pulsitat, quatinus vestra virtuosa intencio post subtraccionem ab hac luce ad perpetue lucis habitaculum inhabitandum premialiter vestram faciat regiam revirescere maiestatem.

Cum vero, singularissime Rex et princeps, brevem processum de vestro honorabili titulo, corone Francie pertinente, iuxta parvam scienciam mee exiguitati a deo collatam presencialiter declaravi, superest (fo. 35v) iam tercio aliqua iuxta edicta venerabilis Egidii, vestre regali magnificencie bello congrua publicare:[171] 'quia^a autem circa negocia bellica est cautela maxima adhibenda, cum bellorum casus irremediabiles iudicentur, providenda sunt universa in bello consideranda, priusquam pugna publica committatur. Melius est alicui pugnam non committere, quam absque debita previsione, fortune et casui se exponere. Videmus autem in bello duo existere, videlicet viros pugnantes et alia auxilia, que ad pugnam requiruntur. Ex parte vero virorum pugnancium, quantum ad presens spectat, sex sunt attendenda, ac eciam ex parte auxiliorum adminiculancium, sex alia enumerari possunt, que sunt duodecim in universo consideranda. Igitur si instet pugna, victoriosissime rex, debetis primitus causam deo committere verissime confidens, quod ipse qui dat victoriam tam in paucis quam in multis, cuius servicium per regnum vestrum divinius dilatastis, et cuius refugium omni tempore devocius invocastis, qui victoriam regibus Israel contulit sempiternam, ipse vestras supplicaciones devotissimas ac vestre anglicane ecclesie a[u]scultantes exaudiet temporibus oportunis.

Sunt igitur sex attendenda ex parte hominum bellatorum que fac(fo. 36r)iunt ad victoriam optinendam. Primum est numerus bellancium. Nam ubi plures sunt bellantes, necessariorum sustentamina possidentes, debent victoriam melius confidere et sperare. Unde dicitur secundo Politicorum:[172] "quantitas in pugnacione est utilis, sicut maius pondus attrahit ad se minus". Secundo, ex parte bellatorum attendenda est exercitatio eorumdem. Nam habentes brachia non consueta ad percuciendum, et membra inusitata ad bellandum, deficiunt in sustinendo pugnam. Est enim consuetudo quasi altera natura,[173] ut quilibet virilius et expedicius ac cum minori labore et pena faciat opera consueta, ideo expedit habere homines bellis exercitatos. Tercio autem

---

^a *In the margin* Que sunt in bello consideranda.

---

[171] The whole of *De reg. princ.*, Bk III, pt III, ch. 9 is now inserted.
[172] *The Politics*, II, i, 4 (trans. Rackham, p. 73).
[173] This is an Aristotelian commonplace. See, for instance, *The Nicomachean Ethics*, trans. H. Rackham, *LCL* (London: New York, 1926), p. 429 (Bk VII, ch. x, 4).

attendenda est tolerancia circa corporis necessitates. Nam existentes in
exercitu, oportet multa incommoda tolerare. Quia si sint ibi aliqui molles
et muliebres, renuentes incommoditates quas sustinent, bellare recusant
et exercitum fugiunt. Quarto consideranda est fortitudo et duricies
corporis. Multum enim distat inter duriciem ferri et molliciem panni
serici, et inter suavitatem ludi et asperitatem pugne. Considerato enim
bello in universali, omnes volunt esse boni pugnatores, (fo. 36v) sed
postquam veniunt ad experienciam particularium gestorum et gustant
quanta sit duricies ferri, et quantum sit armorum pondus, et quantus
sit labor pugne, et quantum affligunt vulnera hostium, ut plurimum qui
est durus carne et robustus corpore, propter talia non retrahitur a
bellando. Sed si contingat molles carne eciam postquam gustaverunt
bella, appetere pugna, hoc accidit raro. Nam habentes carnes molles ut
supra tangebatur, fiunt apciores ad intelligendum, sed plurimum sunt
inapti ad pugnandum, quia tales difficilius sustinent armorum pondus
et vehemencius dolent ex vulnerum illacione. Quinto consideranda est
in bellantibus versucia et industria ad bellandum. Nam quanto cauciores
sunt bellatores, tanto cicius victoriam possidebunt. Sexto attendenda est
virilitas et audacia mentis, quia audaciores et magis cordati ut plurimum
in pugna victoriam optinent singularem'.

Debetis igitur, providissime Rex, priusquam publice dimicetis per
vos seu vestros subditos regentes, sex considerare ex parte hominum
bellatorum: 'primo, ex qua parte sunt plures bellatores. Secundo, qui
sunt magis exercitati; tercio, qui (fo. 37r) sunt forciores in sustinendo
incommoda. Quarto, qui sunt robustiores et corpore duriores; quinto,
qui sunt industriores et mente sagaciores. Sexto, qui sunt industriores
et corde viriliores. Et sic potestis prout videritis vestrum exercitum in
hiis condicionibus habundare, aut pugnam deferre, vel ad prelium
accelerare publice et aperte.

Enumeratis sex condicionibus que sunt considerande priusquam
bellum publicum committatur ex parte hominum bellatorum, reliquum
est sex alia enumerare, que sumuntur ex parte bellancium victoriam
affectancium ab emulis optinere. Siquidem in bello auxiliantur equi,
arma, victualia, locus pugnandi, tempus et auxilium prestolatum. Debetis
igitur, invictissime Rex, si tempus et oportunitas occurerint pugne
mutue coniungende, primo considerare ex qua parte sunt plures equi et
meliores. Secundo, ex qua parte sunt sagittarii meliores, plures armati
et meliora arma possidentes. Tercio, ubi plura victualia habundant.
Nam aliquando absque vulnere et absque bello adversarii cedunt in
victualibus deficientes, et ob mendicitatem moram contrahere non
valentes. (fo. 37v) Quarto considerandus est locus pugnacionis, ut
prevideatur qui sunt in alciori situ vel meliori ad pugnandum. Quinto
circa pugnam attendendum est tempus utrum tempore quo committenda est pugna, sol sit oppositus faciebus ex parte vestrorum bellancium,

seu vestrorum adversancium inimicorum, et utrum ventus sit flans et elevans pulverem contra vos vel adversarios vestros. Nam habentes solem seu ventum contra oculos elevatum, non possunt suos adversarios pugna diutina debilitare. Sexto, debetis attendere qui plures expectant auxiliatores. Nam si hostes plures expectent auxiliatores, aut non est pugnandum secundum temporis exigenciam, vel est pugna acceleranda. Si autem vestra regalia plures expectet auxiliantes, visa adversancium inimicorum manu valida ac ad tempus forciori, est pugnacio differenda'.

Quibus previsis atque diligenter et industriose inspectis, famosissime Rex et princeps, potestis veraciter concipere ac advertere sufficienter tempore pugne publice committende, qualiter per vos seu vestros subiectos regentes pugna sit exequenda, seu ad tempus differenda. Hec enim, prestantissime Rex et princeps, (fo. 38r) bello seu tempore belli congruencia recitat venerabilis Egidius De Regimine Principum libro tercio[174] ac eiusdem voluminis tercia parte in quo prout veraciter considero, sufficiens exemplificacio spiritualis inseritur, ut vester regalissimus principatus terras inimicorum manu valida invadat et easdem terras per vos seu vobis subiectos regentes et dominos expugnet viriliter ac prosternat.

[V.] Incipit quintus gradus in quo tractatur de perseverancia et constancia.

Quintus gradus ascensivus vestro gloriosissimo throno, Rex fortissime, potest describi vigor seu virtus perseverancie. Nam sicut per primum gradum humilitatis ascenditur ad secundum gradum caritatis confovende, sic a secundo gradu caritatis ascenditur ad tercium gradum pacificacionis atque pacis, ac a tercio gradu pacis ad ordinacionem debiti regiminis in regendo. Et quia debitum regimen in Rege seu principe absque perseverancia minime poterit continuare, ideo quatuor gradibus premissariis convectitur quintus gradus vestre providissime regalie virtutis perseverancie singularis. Nam perseverancia est quedam (fo. 38v) virtus specialis ad quam pertinet diuturnitatem sustinere in operibus virtuosis. Et quia perseverancia et constancia in hoc conveniunt quod ad utramque pertinet firmiter in aliquo bono continuare, ac in hoc differunt quod virtus perseverancie facit hominem firmiter persistere in bono contra difficultatem que provenit ex aliis exterioribus impedimentis.

Ideo de istis duobus virtutibus consideratur presens gradus, attestante Tullio in sua Rethorica ubi ait:[175] 'perseverancia est in racione bene considerata, stabilis et perpetua permansio'. Unde ait dominus Mathei

---

[174] After copying ch. 9, our author makes a general reference to the remainder of *De reg. princ.*, Bk III, which is much influenced by the *De Re Militari* of Vegetius.
[175] Cicero, *De Inventione*, trans. H. M. Hubell, *LCL* (London: New York, 1949), p. 331 (II, 164).

decimo:[176] 'qui perseveraverit usque in finem, hic salvus erit'. Non enim cepisse vel facere, sed perficere, virtutis eminenciam amplexatur. Unde bene precepto legis, in sacrificio cauda hostie iubetur offerri. In cauda siquidem est finis corporis, at ille bene immolat qui sacrificium boni operis usque ad finem debite perducit accionis. Salvat namque perseverancia usque in finem, ut ait Gregorius in Omelia de festo Pasche:[177] 'virtus veri operis perseverancia appellatur'. Et beatissimus Bernardus sic asserit ad Januensem:[178] 'prorsus absque perseverancia nec qui pugnat victoriam nec palmam victor consequitur. Vigor est (fo. 39r) virium virtutum consummacio, nutrix ad meritum, mediatrix ad premium, soror paciencie, filia constancie, amica pacis, amiciciarum nodus, unanimitatis vinculum, propugnaculum sanctitatis'. Incipere namque multorum est, paucorum finire. Semper in principio est delectacio, sed in fine probacio. O virtus beatissima! hec est unica filia regis summi, virtutum finis, et consummacio tocius boni, reportorium sine cuius amplexu nullus divinam essenciam poterit contemplari. Nam non queruntur a christianis inicia, sed fines. Unde beatus Paulus habuit inicium malum, sed finem bonum, a quo per christianam ecclesiam multipliciter commendatur. Ac contrario Judas bene ac laudabiliter inchoavit, sed pessime consummavit, quando laqueo se suspendit.

Igitur inicia rerum non optinent apud indicem, cuius sentencia ex fine dependet. Placebit igitur summo regi vestra regalis conversacio, si bonum, quod inchoatis, fine perseverancie perficiatis. Experimentaliter etenim edocemur quod qui dimicat fortiter in prelio et in fine tergum vertit, nichil est quod fecit nec pro mercede retribucionem aliquam promerebit. Sic qui intrant campum huius seculi ad expugnanda vicia contraria virtuti, non (fo. 39v) debent fugere donec, optenta victoria, gracia finaliter coronentur. Cuius figura patet primo Regum decimo quarto,[179] quomodo Jonathas usque ad vesperam certavit contra Philisteos in tanto labore et sudore quod, quia defecerunt oculi eius, sed invento melle et gustato, visum recepit. Per Jonathan, qui interpretatur columba, possumus intelligere, nobilissime princeps, hominem virtuosum per penitenciam candidatum: dimicat fortiter, superando exercitum Philistinorum, id est demones, et eorum temptamina devincendo, sustinet ictus multos in vigiliis ac ieiuniis usque ad vesperam, id est usque ad mortem in prelio perseverando, pro qua perseverancie singulari preeminencia gustato melle, perpetui dulcoris illuminantur oculi eius, cum divine essencia lucide perfruatur. O quam beatum et felicem predicant sanctorum documenta quem non hostium

[176] Mt. 10: 22.
[177] Gregory, *Homiliarum in Evangelia Libri Duo*, Homil. XXV, I, *PL*, 76, 1189.
[178] *Epist. CXXIX ad Januenses*, 2 (*Sancti Bernardi ... Opera Omnia*, ed. Mabillon, I, c. 337).
[179] I Sam. 14: 27.

invisibilium turba non forma bellancium efficit trepidare. Magnum Goliath et robustum armis, ingenti turba munitum, parvus David uno ictu lapidis prostravit et interemit, ac Philistinorum castra cetera effugavit.

Cum igitur, nobilissime Rex, suppremus celorum rex vos virtutum fecunditate nobiliter stabilivit, inimicorum invisibilium iaculis opponite clipeum perseverancie singularis, (fo. 40r) quatinus cum Jonatha possitis mel celice dulcedinis perpetualiter degustare. De hac virtute beata sic loquitur Parisiensis in libro de viciis et virtutibus:[180] est enim perseverancia, permanencia, sicut et constancia, unde communicat cum constancia, tum in hoc differt: quia constancia est permanencia in proposito et cavet levem transitum ab uno proposito in aliud, perseverancia vero cavet dicontinuacionem, licet imperfeccionem seu defectum debiti finis. Hec igitur perseverancia describitur diuturna et finalis permanencia in bono incepto.

Ad cuius commendacionem, primo valere frequens admonicio, quam scriptura facit ad perseverandum. Judicum decimo octavo dicitur:[181] 'nolite necligere, nolite cessare'. Et prima ad Corinthios septimo:[182] 'unusquisque in qua vocacione vocatus est in ea permaneat'. Et eiusdem nono:[183] 'sic currite ut comprehendatis'. Omnis namque creatura ordinatur ad dominum, sicut exercitus ad ducem, ut habetur duodecimo Methaphisice.[184] Exercitus autem bene ordinatus primo et principaliter querit gloriam ducis que est victoria, et simili modo, omnis creatura, et potissime racionalis, in omnibus operibus suis primo et principaliter debet querere gloriam conditoris. Consistit autem gloria conditoris in amplexacione (fo. 40v) virtutum cum perseveracione consumante. De hac virtute scribitur in epistola ad Galathas quinto:[185] 'state viriliter et nolite iterum iugo servitutis detineri'. Et prima Iohannis secundo:[186] 'unccio quam accepistis a deo maneat in vobis'. Super quo textu sic ait Lyra:[187] unccio gracie, quam accepistis a deo in baptismo, maneat in vobis, quia deus non subtrahit gratiam suam ab aliquo, nisi ipse prius subtrahat se a deo per malam voluntatem. Et Apocalipsi secundo:[188] 'id quod habetis, tenete donec veniam'.

Secundo valet ad perseverancie commendacionem promissio que fit perseverantibus (Apocalipsi secundo): 'esto fidelis usque ad mortem, et dabo tibi coronam vite'. Et beatus Bernardus in epistola sic ait:[189]

---

[180] See the *De Virtutibus* of William of Auvergne (*Guillielmi Alverni Opera Omnia* (Venice, 1591), p. 151a).
[181] Jg. 18: 9.   [182] 1 Cor. 7: 20.   [183] 1 Cor. 9: 24.
[184] *Aristotle*: *The Metaphysics, Books X–XIV*, trans. H. Tredennick, *LCL* (London: Cambridge, Mass., 1935), p. 167 (Bk XII, ch. x, 2).
[185] Gal. 5: 1.   [186] 1 Jn. 2: 27.
[187] Nicholaus de Lyra, *Glossa super totam Bibliam*, v (Rome, 1472), fo. 242v.
[188] Rev. 2: 25.
[189] *S. Bernardi Opera*, ed. J. Leclercq and H.-N. Rochais, VII (Rome, 1974), p. 88, lines 5–6 (*ex. inf.* Dom J. Leclercq).

'scitote diabolum soli semper perseverancie invidere, quam solam virtutum ceterarum noverit singulariter coronari'.

Tercio valet ad huius virtutis commendacionem multiplex exemplificacio in sacra scriptura. Primo, exemplum ipsius omnium conditoris (Genesi secundo):[190] complevit deus die septimo opus suum quod fecerat. Secundo, exemplum Christi hominis (Johannis septimo decimo):[191] 'opus consummavi quod dedisti mihi pater ut facerem'. Tercio, exempla sanctorum (Job vicesimo septimo):[192] 'justificacionem meam quam (fo. 41r) cepi tenere non deferam'. Et actuum vicesimo:[193] 'non facio animam meam preciosorem quam me, dummodo consummem cursum meum'. Sic in commendacionem regis Salomonis legitur (tercio Regum nono)[194] quod edificavit domum et consummavit eam[a] secundum artifices edificiorum. In consummacione celsitudinis est totum periculum operis, quia ibi ponitur unus lapis qui tenet totum opus.

Sic, nobilissime Rex, in fine vite est totum hominis periculum, quia nisi Christus qui est lapis angularis et facit utraque unum, ponatur firmiter in edificio cordis, totum edificium corruet et ruinam miserabilem pacietur. Quamvis vero Neemias in edificando multa passus[b] fuerat impedimenta, non tamen ab opere cessavit, donec murus esset totaliter constructus (Neemie quarto).[195] Tobias licet plaga cecitatis esset percussus, 'in timore tum domini continue permansit' (Thobie secundo).[196] Eliachim sacerdos magnus allocutus est Israel, dicens: 'scitote quoniam exaudiet dominus preces vestras, si permanseritis in ieiuniis et oracionibus in conspectu domini' (Judith quarto).[197] Socii Danielis constanter regi dixerunt: 'notum sit tibi, rex, quod deos tuos non colimus, nec statuam tuam adoramus' (Daniel tercio).[198] (fo. 41v) Daniel non permisit propter regis decretum quin deum ter in die adoraret.[199] Susanna constanter perseveravit resistendo duobus senibus, quibus noluit consentire.[200] Eleazarus multa tormenta et mortem perseveranter sustinuit, quia noluit contra legem carnes porcinas manducare.[201] Discipuli Christi cum mulieribus et matre Jhesu post ascensionem eius perseverantes in oracione remanserunt.[202] Principes Judeorum videntes Petri constanciam et Johannis mirabantur.[203] Paulus in confessione nominis Christi in multis tribulacionibus perseverabat, sicut patet in Actibus Apostolorum.[204] Alii eciam sancti martires leguntur in Christi confessione usque ad mortem perseverasse, prout patescit in eorum gestis per mundi climata variis miraculorum fulgoribus perlustratis.

[a] *MS.* eum.   [b] *In the margin* De perseverancia antiquorum patrum.

[190] Gen. 2: 2.   [191] Jn. 17: 4.   [192] Job 27: 6.
[193] Ac. 20: 24.   [194] I Kg. 9.   [195] Neh. 4.
[196] Tob. 2: 14.   [197] Jdt. 4: 12.   [198] Dan. 3: 18.
[199] Dan. 6: 13.   [200] Dan. 13: 23.   [201] 2 Mac. 6: 18, 19.
[202] Lk. 24: 52, 53.   [203] Ac. 4: 13.   [204] Ac. 14: 28.

Quarto, metuendissime Rex et princeps, est perseverancia a suo effectu multipliciter commendanda. Primo, quia a deo potest desiderata secundum voluntatis complacenciam impetrare, sicut Magdalena prius dominum quesivit sed non invenit, perseveravit ut quereret et contigit quod poposcerat inveniret.[205] Anna eciam meruit optinere quia se in eodem mentis rigore continue servavit.[206] Sara in oracione (fo. 42r) persistens et cum lacrimis deum deprecans erat benignius exaudita.[207] Secundo, quia perseverancia bona acquisita custodit sicut imperseverancia destruit (Proverbiorum decimo octavo):[208] 'qui mollis est et dissolutus, frater est eius sua opera dissipantis'. Unde manifestatur perseveranciam magnum esse donum dei, quo dona cetera conservantur. Tercio, quia perseverancia aspera et difficilia suavia facit et facilia. Nam experimur quod subito procedenti de umbra ad solem, de ocio ad laborem, grave cernitur omne quod incipit, sed postquam ab hiis dissuescere et ad illa se ceperit assuescere, usus tollit difficultatem invenitque facile esse quod antea putabatur impossibile. Quarto, quia perseverancia nichil imperfectum relinquit, cum videamus debiles senili etate constitutos, longas peregrinaciones perficere perseverando, cum eciam prospiciamus, operante natura, quomodo ex modica nuce magna*a* arbor efficitur, inperceptibili addicione, et cum tercio speculemur aquam que mollis est, percussione perseverante, durum lapidem excavare. Sic perseverancia non dimittit, donec unumquidque opus perdurat in debitum finem. Quinto, quia perseverancia premium (fo. 42v) apprehendere promeretur. Unde prima ad Corinthios nono:[209] 'unus accipit bravium'. Nam qui currit pro bravio optinendo, omnia sui agonis et cursus impeditiva sollicite devitat et omnia promotiva diligenter procurat. Vita presens est quedam agonizacio contra insultus temptacionum et quidam incursus ad beatitudinis bravium acceptandum. Igitur unus accipit bravium eterne felicitatis, qui fideliter et perseveranter currit per opera fidelitatis. Unde concluditur in textu prefato: sic currite fideliter et perseveranter ut eterne vite et felicitatis bravium veraciter comprehendatis. Si igitur qui sic currunt, hoc faciunt propter premium temporale, multo magis hoc debetis facere, insignissime princeps, propter premium eternale, exercendo vos in premissis, et abstinendo vestram imperialem maiestatem ab omnibus perpetue salutis impedimentis.

Quantum vero ad virtutem constancie,*b* cum scribatur in libro Numeri[210] de filiis Israel, quomodo 'ad imperium domini proficiscebantur et ad eius imperium figebant tabernacula', sic, victoriosissime Rex, est constanter agendum circa illa que sunt deo placabilia et ab

---

a MS. magnus. *b In the margin* De constancia.

[205] Jn. 20: 11, 18. [206] Lk. 2: 36, 38. [207] Gen. 21: 2.
[208] Prov. 18: 9. [209] 1 Cor. 9: 24. [210] Num. 9: 18.

illis recedendum que considerantur summo regi et domino finaliter displicere. (fo. 43r) Unde, laudabilissime Rex et princeps, requiritur ut in principe seu rege permaneat stabilitas intellectus ad constanciam observandam, que variatur secundum diversas species cogitacionum. Aliquando siquidem variatur intellectus in promissione fidelitatis observande, per provocaciones atque consilia malorum ministrorum. Dicitur autem minister qui id, quod superior iusserit, exequitur sine fraude. Unde propheta David:[211] 'oculi mei ad fideles, ut habitent mecum, et ambulans in via immaculata, hic mihi ministrabit'. Ille autem, famosissime princeps, ambulat in via immaculata, qui non fedat spem boni operis macula prave intencionis. Sed heu, quam multi boni reges et principes ministros habent perversos, et pro diviciis pecuniarum, sub palliacione boni, malum enutriunt et maculosum! Heu quod nostris temporibus aversa est veritas et duplicitas sive mendacium labia reserant plurimorum! Heu, quod insignis hominum decor fallaces circuit decepciones et fraude imperceptibili expugnat veritatem!

De qua veritate servanda sic ait beatus Augustinus[a] libro quarto-decimo De Civitate Dei, capitulo quarto:[212] 'cum homo vivit secundum veritatem, non vivit (fo. 43v) secundum seipsum, sed secundum deum. Deus est enim qui dixit: ego sum veritas. Cum vero vivit secundum seipsum, hoc est secundum hominem, non secundum deum, profecto secundum mendacium vivit, non quia homo ipse mendacium, cum sit eius auctor et creator deus, qui non est utique auctor creator que mendacii, sed quia homo ita factus est rectus, ut non secundum seipsum, sed secundum eum a quo factus est viveret, id est illius pocius quam suam faceret voluntatem'. Ideo propheta David, volens se veritati conformari, ait in psalmo:[213] 'viam veritatis elegi'. Sed est advertendum quod cum Christus dixisset 'ad hoc natus sum, ut testimonium perhibeam veritati', Pilatus quesivit 'quid est veritas?', sed ad audiendum responsum noluit expectare, sed statim exivit inter Iudeos.[214] Sic multi querunt quid est veritas, sed eam audire nolunt, et si audierint, offenduntur.

Quia modernis diebus, invictissime Rex et princeps, accidit quod homines sic se habent ad veritatem, sicut ad aquam benedictam recipiendam. Quando vero sacerdos incipit aspergere aquam benedictam, totus populus accurrit et applaudit, approximando ad sacerdotem, deponunt capucia, inclinant capita, manus elevant, ut aquam recipiant (fo. 44r) benedictam. Sed si sacerdos liberalis fuerit, et de aqua tribuerit

---

[a] In the margin De veritate et fidelitate servanda.

[211] Ps. 101: 6.
[212] Augustine, De Civitate Dei, XIV, 4, 7–16, CCSL, 48, p. 418, citing Jn. 14: 6.
[213] Ps. 119: 30.
[214] Jn. 18: 37, 38.

habundanter, statim facies avertunt et abscondunt. Isto modo, serenissime princeps, contingit in hominibus detestantibus veritatem. Multi etenim nobiles, divites, pauperes et simplices volunt de veritate libenter audire, ac eam intimo applausu mirabiliter recommendant, sed si contingat eos in aliquo reprehendi, obstinaciter remurmurant faciem avertantes, confirmante Apostolo:[215] 'a veritate quidem auditum avertent, ad fabulas autem convertentur'. Et ad Ephesios quarto ait:[216] 'deponentes mendacium, loquimini veritatem unusquisque cum proximo suo'. In veteri eciam legitur testamento, quomodo iratus est rex Saul contra Jonathan filium suum, quia David virum innocentem excusavit.[217] Achior itaque, cum dixisset magnalia que fecit deus pro filiis Israel et magnam eius potenciam, 'irati sunt omnes magnates Olofernis, et cogitabant interficere eum'. Et Olofernes indignatus est, ut patet in Judith.[218] Cum legisset utique Baruch verba que scripserat ex ore Jheremie, coram Joachym rege Juda, fecit rex volumen proici in ignem, eo quod dicebatur ibi veritas de civitate Jerusalem (Jheremie tricesimo sexto).[219] (fo. 44v) Herodes Johannem Baptistam in carcere reclusit, quia veritatem dixit et eum postea decollavit.[220] Pharisei cecum a domino illuminatum extra ecclesiam proiecerunt, quia veritatem constanter asseruit.[221] Principes sacerdotum, audientes verba apostolorum de doctrina Christi, cogitabant illos interficere et, convocantes eos, preceperunt ne amplius loquerentur in nomine domini Jhesus (Actuum quinto).[222] Stephanus lapidatus fuit a Judeis propter veritatem quam predicabat.[223] Et Paulus multa sustinuit propter veritatem confirmandam.

Sic, providissime Rex et princeps, exemplacione summi regis et sanctorum eius, diligite veritatem. Primo, sermonis in promissionibus exequendis, providete diligenter et constanter antequam aliqua promittatis quatinus illud postmodum possitis congrue execucioni demandare. Precavete eciam studiose ne rem unam diversis hominibus promittatis, immo habeatis circa vestram insignissimam maiestatem fidedignos et fideles consiliarios, cum quibus possitis deliberatorie communicare, antequam extraneis seu aliis quibuscumque aliqua promittatis. Considerate eciam vigilanter ut vestro insignissimo lateri assistentes tales sint qui diligunt veritatem in sermone, quia verisimile (fo. 45r) comprobatur quod qui veritatem in suis actibus diligit, vestre splendide regalie consilium dabit rectum ad veritatem in promissionibus conservandam. Sic, providissime rex noster, vester honorabilissimus progenitor Henricus quintus, cuius animam possideat Abrahe sinus, a tempore quo sceptrum regalie recipiebat, quicquid subditis anglicis

[215] 2 Tim. 4: 4.   [216] Eph. 4: 25.
[217] 1 Sam. 20: 30.   [218] Jdt. 5: 26 and reference to Jdt. 6: 1.
[219] Jer. 36: 23.   [220] Mt. 14: 8.
[221] Jn. 9: 34.   [222] Ac. 5: 28.
[223] Ac. 7: 57.

seu emulis gallicis promittebat, debito effectui mancipabat. Ideo magna eget discrecione promissio, cum sepius imprevisa et indeliberata promissio de amicis efficiat inimicos, de stabilibus reddat instabiles, ac de constantibus inconstantes.

Secundo, nobilissime Rex et princeps, condecet vestram singularissimam maiestatem affectare veritatem operacionis, que est conformitas operis et sermonis, cuius contrarium est dolus, fraus et simulacio, per quas quis asserit pulcra verba, similans se amicum, et tamen occulte odit et insidias ponit. De qua scribitur prima Johannis tercio:[224] 'non diligamus verbo et lingua, sed opere et veritate'. Sic virtute constancie, universos vestros subditos, qui non veritati sed vanitati coherent, in vestris virtutibus imitandis, reformabitis vana verba (fo. 45v) simulacionis excutere, ac veritatis regulam acceptare. Sic ventus vanitatis verborum superfluorum eradicabitur, veritas domini incarcerata et reclusa manifestabitur, fraudulenta decepcio extirpabitur, et summi regis placencia erit acceptabilius preferenda.

Tercio, Rex strenuissime, acceptate veritatem intencionis, que consistit in eiusdem conformitate ad opus, ut scilicet quod de se est bonum, non fiat sub appetitu laudis humane nec ex quacumque alia intencione, nisi ut honor dei principaliter intendatur. Dicente Johanne:[225] 'veri adoratores adorabunt patrem in spiritu et veritate', id est cum sancta intencione dei, coniuncta cum operacione exteriori.

Sic, preclarissime Rex, infallibili principi placebitis et zelo dei perficiens veritatem, confundetis dolositatem et conculcabitis decepcionem. Sic teste Bernardo Florum septimo:[226] 'qui post hoc seculum vitam promisit eternam, ipse dandum et in hoc seculo centuplum providissima pietate premisit. Consolacio presentis laboris, vita eterna, future felicitatis est consummacio. Sic nimirum huius seculi operariis solet cibus in opere et merces dari in fine'. Hec merces a summo celi cardine dependens, Andream desiderare (fo. 46r) fecit crucem, Laurencium ridere carnificem, Stephanum in morte pro lapidantibus genua flectere ad oracionem.[227] Quam mercedis promissionem quis valeat explicare, cum omne quod desideratur in seculo, ei non valeat comparari! Hec est pax, que exsuperat omnem sensum, pax super pacem, indeficiens exultacio, torrens voluptatis, divine flumen leticie, gaudium plenum, excedens omne[a] cogitatum et omne desiderium sacians. Hec est illa beatitudo ineffabilis, qua vestram regiam maiestatem temporalem

---

[a] MS. omnem.

---

[224] 1 Jn. 3: 18.　　　　　　　　　　　　　　　　　[225] Jn. 4: 23.

[226] Flores . . . Bernardi, pp. 495–6 (Bk VII, c. 74). This sentence occurs in several of Bernard's sermons, such as the Sermo in Dom. I post octavam Epiphan., PL, 183, 318.

[227] There are lives of St Andrew and St Laurence in the works of both Vincent and Voragine. For St Stephen, see Ac. 7: 59.

post presentem peregrinacionem dignetur remunerare, qui congaudet in celestibus regimine eternali.

[*VI.*] *Hic incipit sextus gradus in quo tractatur de morte et resurreccione.*

Sextus gradus ascensivus et ultimus ad thronum vestre amantissime regalie, sollertissime Rex et princeps, poterit resolucio corporis et anime non incongrue vocitari. Et quia de virtute perseverancie in gradu prefato singulariter elaboravi, dicente evangelista[228] 'qui perseveraverit usque in finem, hic salvus erit', igitur, ut primitus ascripsi de ultimo corporis et anime divorcio, (fo. 46v) aliquid adiciam ac de extrema resuscitatione corporis que et anime reunione, necnon leone, timore domini, correspondente cuicumque gradui, operam presentem prout deus donaverit consumabo. Attestante autem Augustino De Civitate Dei, libro terciodecimo, capitulo decimo:[229] 'ex quo quisque in isto corpore morituro esse cepit, nunquam in eo non agitur ut mors veniat. Hoc enim agit eius mutabilitas toto tempore vite huius, si tamen vita sit dicenda ut in mortem perveniatur. Nemo quippe est', illustrissime princeps, 'qui non morti post annum sit propinquior quam ante annum fuit, et cras quam hodie, et hodie quam heri, et paulo post quam nunc proximior erit morti. Quoniam quicquid temporis vivitur, de vivendi spacio demitur, et cotidie fit minus minusque quod restat, ut omnino nichil sit aliud tempus vite huius quam cursus ad mortem ... Quid enim aliud diebus, horis atque momentis singulis agitur, donec ea consummata mors que agebatur impleatur, et incipiat iam tempus esse post mortem, quod, cum vita detraheretur, erat in morte?' O igitur anima humana, quid facies, (fo. 47r) relictis omnibus, quorum tam floridus decor, tam iocunda possessio, tam gratus aspectus? Sola ingredieris in regionem extraneam ac penitus ignotam. Quis te tuebitur a rugientibus preparatis ad escam? Quis tibi in die tante necessitatis occurret? Quis consolabitur? Quis deducet? Quis in tempore temptacionis roborabit? Quis a penis miserie et luto fecis liberabit?

Nudi nascimur et nudi egredimur, nec est cadaverum discrecio nisi quod sepius cadavera diciorum amplius fetent, sicut patet in libro Machabeorum de rege Antiocho,[230] qui cum propinquaret[a] ad ianuas mortis, 'illius fetore totus exercitus gravabatur'. Nichil ideo fetidius humano cadavere, nichil horribilius mortuo homine! Cuius erat in vita gratissimus amplexus, eius erit in morte horribilis aspectus. Quid ergo prosunt delicie? Quid divicie? Quid honores? Divicie non liberant a morte, honores non liberant a fetore, delicie non a verme. O qui

[a] *MS.* proquinquaret.

228 Mt. 10: 22.
229 Augustine, *De Civitate Dei*, XIII, 10, 1–10, 23–6, *CCSL*, 48, pp. 391–2.
230 2 Mac. 9: 9.

sedebat gloriosus in throno, modo iacet vilissimus in sepulcro! Qui
sedebat gloriosus in aula, modo iacet sepultus in tumba! (fo. 47v) Sed
quia illuc ducitur navis quo ducit eam ventus qui est in velo, sic illuc
ducitur homo in morte quo eum dirigit ventus sui amoris. Non enim
potest male mori qui bene vixerit, sicut asserit beatus Augustinus De
Disciplina Christiana.[231]

In signum eciam quod debemus, nobilissime Rex et princeps, de
morte iugitus meditari, secundum statum mortis nostre debemus
dirigere cursum nostrum. Nauta qui regit totam navem, sedet semper in
fine, ut ibi prevideat pericula, que eum a portu salutis poterint impedire.
Causa siquidem duplex quare debemus mortem timere sic a pluribus
consideratur. Una est quia omnia que hic sunt novimus, et illa ad que
transituri sumus non novimus, et naturaliter ignota timemus. Alia
causa, quia naturaliter inest nobis metus tenebrarum, in qua adductura
est mors. Sed contra primum dicit fidelis christianus illud psalmi:[232]
'credo videre bona domini in terra vivencium'. Notandum enim quod
omnes electi et sancti multa bona videbunt in eterna beatitudine, sicut
recitat Hugo de Sancto Claro super eodem versu, scilicet:[233] 'dominum
iusti videbunt in maiestate sua' (fo. 48r) (Ysaie tricesimo quinto). Ipsi
videbunt gloriam domini et decorem dei nostri. Videbunt deum trinum
et unum (Genesis octavo decimo): cum elevasset oculos Abraham,
apparuerunt tres viri stantes prope eum; tres vidit et unum adoravit.[234]
Secundo, videbunt dominum Christum in sua humanitate glorificatum
(Canticorum ultimo):[235] 'quis mihi det te fratrem meum sugentem
ubera matris mee, ut inveniam deforis et deosculer te et iam me nemo
despiciat?' Super quo textu Gregorius presbiter in canticis dicit:[236] 'quis
mihi det sugentem ubera matris mee', scilicet beatissime virginis Marie,
de qua habeo ut frater meus sit? Hinc, inquam, in carnis infirmitate
necessariis sustentatum alimentis, 'ut inveniam foris'. Ac si dicat: non
satis facturum erit mihi quod datus sit, si non ea condicione constet
datum, ut cum me foras necessitas traxerit, foris inveniam quem inter
requiro. Tercio, videbunt aulam celestem (Baruch tercio):[237] 'o Israel,
quam magna est domus dei et ingens locus possessionis eius. Et magnus,
non habens finem!' Quarto, cibos spirituales quibus anime sanctorum
reficientur (Luce vicesimo secundo):[238] 'et ego dispono vobis sicut

[231] Augustine, *Sermo de Disciplina Christiana*, *CCSL*, 46, p. 221 (lines 334–5).
[232] Ps. 27: 13.
[233] Isa. 35: 2. The whole paragraph is extracted from Hugh of Saint-Cher.
See *Domini Hugonis Cardinalis Postilla seu divina Expositio* (Paris, 1539), fo.
lviii. All references, as far as n. 244, come from this work, with the exception of
a reference from Gregory, added by our author.
[234] Gen. 18: 2.   [235] Ca. 8: 1.
[236] This quotation is not found in either Gregory, *Expositio super Cantica
Canticorum*, *PL*, 79, 471–548, or in Gregorius Iliberritanus, *In Canticum Canticorum Libri Quinque*, *CCSL*, 69, pp. 169–210.
[237] Bar. 3: 24, 25.
[238] Lk. 22: 29, 30.

(fo. 48v) disposuit michi pater meus regnum, ut edatis et bibatis super mensam meam in regno meo'. Quinto, mansiones diversas (Johannis quartodecimo):[239] 'in domo patris mei mansiones multe sunt'. Sexto, omnem sapienciam (Johannis quintodecimo):[240] 'quecumque audivi a patre meo nota feci vobis'. Ubi glosa dicit se fecisse quod sit se facturum in resurreccione generali. Septimo, ordines angelorum, dicente Job:[241] 'numquid nosti ordinem celi et pones racionem eius in terra?'. Hoc est: numquid nosti ordines angelorum et pones racionem eorum in terra, idest hominibus terrenis qui ad illos ordines per merita elevabuntur. Octavo, stolam geminam (Proverbiorum tricesimo):[242] 'omnes domestici eius vestiti sunt duplicibus'. Nono, opera omnia que fecerunt sancti, scilicet, hic in terra (Apocalipsis quartodecimo):[243] 'opera enim illorum secuntur illos'. Et quia omnia ista videbimus in gloria, dicit Ysaias septuagesimo:[244] 'time, videbis et afflues, et mirabitur et dilatabitur cor tuum'. Postea, sicut bonus sacerdos ammonet proximum ut non querat hic iocunditatem habere, sed expectet illam eternam que est in terra (fo. 49r) vivencium possidenda.

Est igitur mortifere resolucionis[a] memoria frequencius iteranda propter multa. Primo, quia facit contempni divicias, Ieronimus facile contempnit omnia, qui se semper cogitat moriturum.[245] Secundo, facit contempni gloriam mundanam et ineptam leticiam (Ecclesiasti undecimo):[246] 'si multis annis vixerit homo, et in hiis omnibus letatus fuerit, meminisse debet tenebrosi temporis, et dierum malorum: qui cum venerint, arguentur preterita vanitatis'. Tercio, reprimit superbiam (Ecclesiastici decimo):[247] 'quid superbis terra et cinis?' Unde et in die cinerum dicitur homini: 'memento, homo, quod cinis es, et in cinerem reverteris'. Quarto, timorem incutit (Danielis quinto):[248] 'apparuerunt digiti, quasi manus hominis scribentis in superficie parietis aule regie: et rex aspiciens articulos manus scribentis, facies eius immutata est et compages renum eius solvebantur et genua eius ad se invicem timore mortis collidebantur'. Ecclesiasticus quadragesimo primo:[249] 'o mors, quam amara est memoria tua homini iniusto et delectacionem habenti in substanciis huius mundi'. (fo. 49v) Quinto, est cautela contra omne peccatum (Ecclesiastice septimo):[250] 'in omnibus operibus tuis memorare novissima tua, et in eternum non peccabis', idest iuxta doctorem nunquam mortaliter peccabis. Sexto, est causa disposicionis interioris domus (Ysaie tricesimo octavo):[251] 'dispone domui tue, quia morieris et non vives'.

[a] *In the margin* De memoria mortis.

---

[239] Jn. 14: 2.
[240] Jn. 15: 15.
[241] Job 38: 33.
[242] Prov. 31: 21.
[243] Rev. 14: 13.
[244] Isa. 60: 5.
[245] Untraced reference.
[246] Ec. 11: 8.
[247] Si. 10: 9.
[248] Dan. 5: 5, 6.
[249] Si. 41: 1.
[250] Si. 7: 40.
[251] Isa. 38: 1.

Ait enim Bernardus IX° Florum capitulo VI^to quod due sunt mortes.^a 252 'Prima, mors anime, secunda, corporis. Mors anime separacio a deo, mors corporis, separacio anime a corpore. Hanc operatur peccatum, illam pena peccati. Agi tum potest adiutorio nostri salvatoris, ut saltem primam mortem, scilicet eterne dampnacionis poterimus declinare. Illa enim est gravior et omnium malorum pessima, que non fit separacione anime et corporis, sed in eternam penam pocius utriusque convexu a facie redemptoris'. 'Non ibi erunt homines ante mortem et post mortem, sed semper in morte, ac per hoc nunquam viventes nunquam mortui, sed sine fine morientes. Nunquam autem peius erit homini in morte, quam ubi erit mors ipsa eternaliter sine morte': hec Augustinus.²⁵³ Unde ait beatus Bernardus sexto Florum ca°. XXXIIII°:²⁵⁴ 'o anima insignita dei ymagine, decorata similitudine, desponsata fide, (fo. 50r) dotata spiritu, redempta precioso sanguine, deputata cum angelis, capax beatitudinis, heres bonitatis, racionis particeps, quid tibi cum carne, propter quam non tamen tua sed eciam aliena peccata tibi multociens imputantur. Nichil aliud est caro cum qua tibi tanta societas, nisi spuma, fragili vestita decore, sed erit, quando erit cadaver miserum et putridum ac cibus vermium'.

Attendite igitur, recolendissime Rex et princeps, quid fuimus ante ortum, quid ab ortu^b usque ad occasum, ac profecto quid erimus post hanc vitam? Unde in nobis tanta et tam miserabilis abieccio, ut egregia creatura, capax eterne beatitudinis et glorie magni dei, utpote cuius sit inspiracione condita, similitudine insignita, cruore redempta, fide dotata, spiritu adoptata, miseriam non erubescat sub putredine ac corporeorum sensuum gerere servitutem. Unde recitat venerabilis Bonaventura, in libro De Virtutibus,²⁵⁵ quomodo mortuo Alexandro, cum illi fieret aurea sepultura, ad illum plurimi philosophi convenerunt: 'de quibus unus dixit: Alexander de auro fecit thesaurum et nunc e

---

^a *In the margin* De duplici morte.
^b *Followed by* solis, *cancelled. The author probably had in mind the line* 'A solis ortu usque ad occasum' (Ps. 113).

---

²⁵² *Flores . . . Bernardi*, p. 642 (Bk IX, c. 5). This is *Sermo CXVI, De duabus mortibus et totidem resurrectionnibus* (*Sancti Bernardi . . . Opera Omnia*, ed. Mabillon, III, c. 2571; *S. Bernardi Opera*, ed. Leclercq, VI (Rome, 1970), p. 393).

²⁵³ Augustine, *De Civitate Dei*, XIII, 11, 83–7, *CCSL*, 48, p. 394.

²⁵⁴ *Flores . . . Bernardi*, p. 380 (Bk VI, c. 29), from the *Meditationes Piissimae de cognitione humanae conditionis* (III, 7), *Sancti Bernardi . . . Opera Omnia*, ed. Mabillon, II, i, p. 667.

²⁵⁵ *Gesta Romanorum*, ed. H. Oesterley (Berlin, 1872), pp. 329–30. None of the three works attributed to Bonaventure which could bear this title, the *Summa de Gradibus Virtutum*, the *Summa Conscientiae*, and the *Sex Alis Seraphim* contains this story. On this literature, see M. W. Bloomfield, 'A preliminary list of Incipits of Latin works on the virtues and vices, mainly of the thirteenth fourteenth and fifteenth centuries', *Traditio* xi (1955), pp. 259–379, nos. 155, 699, 993 and 1089.

converso aurum de eo fecit thesaurum suum. Alius dixit: heri non sufficiebat Alexandro (fo. 50v) totus mundus, hodie sufficiunt ei due ulne vel tres linei paumi. Tercius dixit: heri Alexander populo imperabat, hodie populo imperat sibi. Quartus dixit: heri Alexander potuit a morte plurimos liberare, hodie ipsius mortis iacula non potuit evitare. Quintus dixit: heri Alexander ducebat exercitus, hodie ab illis ducitur sepulture. Sextus dixit: heri terram premebat, hodie a terra premitur ipse. Septimus dixit: heri Alexandrum gentes timebant, hodie ipsum vilem deputant. Octavus dixit: heri Alexander amicos multos habuit, hodie omnes optinet coequales'.

Insanus ergo plane labor omittere curam cordis et curam carnis peragere, in illicitis desideriis impinguare, fovere cadaver putridum, quod paulo post esca vermium futurum nullatinus dubitatur. O igitur si cor nostrum sit qualitercumque suspirans in illam ineffabilem gloriam dei, tunc peregrinacionem nostram in gemitu sentiremus, seculum utique non amaremus! O si ad deum qui nos vocavit pia mente pulsaremus, tunc eciam quod nec mundus comprehendit, veraciter apprehenderemus! Nam vincula huius mundi asperitatem veram habent, iocunditatem falsam, certum (fo. 51r) dolorem, incertam voluptatem, durum laborem, timidam quietem, plenam miseriam et inanem beatitudinem.

Ait enim Bernardus IXº Florum:[256] sicut sunt due mortes, ita sunt due resurrecciones.[a] Prima, resurreccio anime. Secunda, corporis. Resurreccionem anime operatus est humilis et occultus Christi adventus. Resurreccionem corporis gloriosus et manifestus perficiet Christi adventus. Sed anima invisibilis est ad ymaginem et similitudinem dei creata. Hominem quidem rectum fecit deus. Unde exterior homo, idest corpus, in forma sua rectus apparet habens vitam et sensum, ut per hunc exteriorem et visibilem hominem illum interiorem et invisibilem intelligeremus, qui rectus factus est in voluntate, vivus in cognicione, sensibilis in amore. Et sicut corpus, idest exterior homo, in resurreccione sua vitam et sensum recipiet, ita in resurreccione sua vitam et sensum anima, idest interior homo, recipiet, idest cognicionem et amorem. Cognicio autem vita, amor est sensus. Homo vero interior, in vita non discernitur in quo membro corporis fuerit, quia in toto corpore suo equaliter vivit vita. In sensu autem discernitur in quinque partes notissimas, visu, gustu, auditu, odoratu et tactu. (fo. 51v) Et sicut homo exterior aliter sentit in oculo, aliter in aure et sic in ceteris, ita interior homo in cognicione quidem non discernitur, sed in amore.

Quia sicut ille in quinque partito sensu dividitur, ita iste circa quinque invisibilia dei afficitur. Que sunt veritas, iusticia, sapiencia, caritas et

---

[a] *In the margin* De duplici resurreccione.

---

[256] See n. 252 above.

eternitas. Aliter enim afficitur anima circa veritatem quam diligit propter libertatem, aliter circa iusticiam quam diligit propter equitatem, aliter circa sapienciam quam diligit propter suavitatem, aliter circa caritatem quam diligit propter virtutem, aliter circa eternitatem quam diligit propter securitatem. Unde veram corporum nostrorum resurreccionem exigit corporis ecclesie conformitas. Si enim Christus, qui est capud ecclesie, resurrexit, totum corpus ecclesie resurgere debet, alioquin non esset corpus ecclesie integrum nec decorum. Unde beatus Gregorius (XXIII° Moralium):[257] 'redemptor noster unam personam secum, sanctam ecclesiam, quam assumpsit, exhibuit. De ipso enim dicitur: "qui est capud Chrustus". Rursumque de eius ecclesia scriptum est: "et corpus Christi quod est ecclesia". Beatus igitur Job,[258] qui mediatoris tipum eo verius tenuit, quo passionem illius non loquendo tantummodo, sed eciam paciendo prophetavit, cum in (fo. 52r) dictis factis que innititur expressioni redemptoris, repente ad significacionem corporis aliquando dirivatur, ut quod Christum et ecclesiam credimus, hoc eciam unius persone actibus significari videamus'. Unde Gregorius (XIIII° Moralium, Ca° XXI°):[259] 'sunt nonnulli qui, considerantes quod spiritus a carne solvitur, quod caro in putredinem vertitur, quod putredo in pulverem redigitur, quod pulvis in elementa solvitur, et nichilominus, ut ab humanis oculis videatur, resurreccionem fieri posse desperant. Et dum arida ossa inspiciunt, rursum ad vitam viridescere posse diffidunt. Qui si resurreccionis fidem ex obediencia non tenent, certe hanc tenere ex racione debuerunt'.

Quid enim, providissime Rex, cotidie, nisi resurreccinem nostram in suis elementis mundus imitatur? Per cotidiana quippe momenta, lux ipsa temporalis quasi moritur, dum supervenientis noctis tenebris, lux que aspiciebatur subtrahitur, et quia cotidie resurgit, dum lux ablata oculis, subpressa iterum nocte, reparatur. Per momenta quoque temporum, cernimus arbusta viriditatem foliorum amittere, a fructuum prolacione cessare, et ecce subito quasi ex arescenti ligno, (fo. 52v) velud quadam resurreccione veniente, videmus folia erumpere, fructus grandescere et totam arborem redivivo vestiri decore. Indesinenter eciam cernimus parva arborum semina terre humoribus commendari, ex quibus non longe post conspicimus magna arbusta surgere, folia poma que proferre. Consideremus ergo parvum cuiuslibet arboris semen, quod in terra iacitur ut arbor ex illo producatur, et comprehendamus, si possumus, ubi, in illa parvitate seminis, tam immensa arbor latuit que ex illo processit. Ubi lignum, ubi cortex, ubi viriditas foliorum, ubi ubertas fructuum? Numquid in semine aliquid tale

---

[257] Gregory the Great, *Moralium Libri sive Expositio in Librum Job*, Bk XXIII, chs. 1 and 2 (citing Eph. 4: 15 and Col. 1: 24), *PL*, 76, 251.
[258] Job, passim.
[259] Gregory, *Moralium*, Bk XIV, ch. 55, 70, *PL*, 75, 1076.

videbatur cum in terram iaceretur? Et tamen, occulto omnium rerum
artifice cuncta mirabiliter operante sive ordinante, in mollicie seminis
latuit asperitas corticis et in teneritudine illius abscondita est fortitudo
roboris, atque in siccitate eius ubertas fructificaccionis. Quid ergo,
si tenuissimum pulverem, nostris oculis in elementa redactum, cum
vult, in homine reformat, qui ex tenuissimis seminibus immensa arbusta
redintegrat?

Quia ergo racionales sumus conditi, debemus ex ipsa rerum specie
et contemplacione spem nostre resurreccionis colligere. (fo. 53r) Sed
quia in nobis sensus tepuit racionis, accesi in exemplum gracie redemptoris. Venit namque conditor noster, suscepit mortem, ostendit resurreccionem, ut qui resurreccionis spem ex racione tenere noluimus,
hanc ex eius adiutorio et exemplo teneremus. Dicit igitur beatus
Job:[260] 'scio quod redemptor meus vivit et in novissimo die de terra
surrecturus sum'. Et quisquis resurreccionis in se virtutem fieri posse
desperat, verba huius gentilis hominis fidelis quisque erubescat et
penset quanto sit pene pondere feriendus, si adhuc non credit suam,
qui iam resurreccionem domini cognovit factam. Sequitur: 'et rursum
circumdabor pelle mea'. Dum aperte pellis dicitur, omnis dubitacio vere
resurreccionis aufertur. Quia non, sicut Euticius Episcopus scripsit,[261]
corpus nostrum in illa resurreccionis gloria erit impalpabile, ventis
aereque subtilius, sed in illa resurreccione erit corpus nostrum subtile
per effectum spiritualis potencie atque palpabile per veritatem nature.

Unde eciam redemptor noster dubitantibus de sua resurreccione
discipulis ostendit manus et latus, palpando ossa, carnemque prebuit,
(fo. 53v) dicens: 'palpate et videte: quia spiritus carnem et ossa non
habet, sicut me videtis habere'.[262] Unde scribitur Luce XXIIII[to]:[263]
'surrexit dominus vere, et apparuit Symoni'. In quibus verbis, secundum Gorram super Lucam,[264] discipuli nunciant quatuor circa domini
resurreccionem: 'primo, resurreccionis veritatem, ibi "surrexit". Non
dicunt resuscitatus est quasi virtute aliena, sed surrexit virtute propria.
Secundum illud psalmi:[265] "ego dormivi et soporatus sum, et exsur-
rexi". Secundo, resurgentis gloriam, ibi "dominus". Non enim surrexit
ut servus, scilicet servitute penalis miserie, sicut Lazarus, sed ut
dominus in plenitudine potestatis. Mathei ultimo:[266] "data michi est
omnis potestas in celo et in terra". Tercio, resurgendi veritatem, ibi
"vere". Non enim fantastice suscitatus est sicut Samuel, nec imperfecte

---

[260] Job 19: 25.
[261] Gregory, *Moralium*, Bk XIV, ch. 56 (on Job 19: 26), *PL*, 75, 1077.
[262] Lk. 24: 39.   [263] Lk. 24: 34.
[264] Nicholaus de Gorran, *In Evangelium Lucae Enarratio*, XXIV. See *In
quatuor Evangelia Commentarius R.P.F. Nicolai Gorrani Ordinis Dominici*,
(Antwerp, 1617), fo. CCCCLXXXIIIv. All references to the Bible, as far as
n. 267, come from Gorran. The following reference (n. 268) is added by our
author, who continues to cite Gorran for a while.
[265] Ps. 3: 6.   [266] Mt. 28: 18.

sicut Lazarus iterum moriturus, quia "Christus resurgens ex mortuis
iam non moritur, mors illi ultra non dominabitur" (Ad Romanos
VI^{to}).[267] Et in psalmo:[268] "propter miseriam inopum, et gemitum
pauperum nunc exsurgam, dicit dominus". Quarto, nunciavit resurreccionis certitudinem, ibi "et apparuit Symoni". Glosa: omnium
virorum primo apparuit (fo. 54r) Petro multiplici de causa. Primo, ut
Petrum, trine negacionis ei indultum, ostenderet ne desperaret.
Secundo, ut eum facto doceret qualiter suis subditis penitentibus
clementer condescendere deberet, quantumcumque pecassent. Tercio,
ut peccatoribus omnibus spem misericordie et venie daret, et quod
peccatores non despiceret, ipsis illum similem ostendendo'. Hinc est
quod oportuit Christum pati et ita intrare in gloriam suam. Ex quo
textu patet quam fatui sunt, qui sine tribulacionibus volunt in celestem
gloriam introire. Fatui enim sunt sicut ille qui nollet intrare palacium
regale per portam per quam rex illud ingreditur. Unde matri filiorum
Zebedei, immo ipsis filiis eius, scilicet Jacobo et Johanni, volentibus
intrare non per predictam portam, dixit dominus: 'nescitis quid
pietatis'.[269]

Oportuit autem, splendidissime Rex, propter multa Christum pati,
mori et postea resurgere. Primo, propter patris preordinacionem
(Marci octavo):[270] 'cepit eos docere quam oportuit filium hominis
multa pati et post tres dies resurgere'. Et Petro adversanti ei dixit: 'non
sapis ea que dei sunt'. Quasi diceret: divina voluntas sive ordinacio
paterna est hec ut (fo. 54v) paciar. Secundo, propter scripturarum
implecionem (Mathei XXVI):[271] 'quomodo implebuntur scripture,
quia sic oportet fieri?' Tercio, propter suam exaltacionem (Ad Philip-
penses II°):[272] 'factus est obediens usque ad mortem. Propter quod et
deus exaltavit illum'. Quarto: propter nostram informacionem, scilicet
ut discamus quod 'per multas tribulaciones oportet introire regnum
dei' (Actuum IIII^{to}).[273] Quinto, propter nostram redempcionem. Unde
Paulus (Actuum XXVII°):[274] 'Christum oportuit', inquit, 'pati, et
resurgere a mortuis: et quia hic est Jhesus', idest salvator. Prima
Petri I^o:[275] 'non corruptibilibus auro et argento redempti estis, sed
preciosissimo sanguine filii dei'. Sexto propter nostram reconsiliacionem
(Ad Romanos V^{to}):[276] 'cum inimici essemus, reconsiliati sumus deo
per mortem filii eius'. Septimo, propter inferni spoliacionem (Zacharie
IX°):[277] 'tu vero in sanguine testamenti eduxisti vinctos de lacu'.
Octavo, propter celi apercionem et replecionem (Michee secundo):[278]
'ascendit pandens iter ante eos'. Et sancta ecclesia canit: tu, demito
mortis aculeo, apparuisti credentibus regna celorum.

---

[267] Rom. 6: 9.
[270] Mk. 8: 31, 33.
[273] Ac. 14: 21.
[276] Rom. 5: 10,

[268] Ps. 12: 6.
[271] Mt. 26: 54.
[274] Ac. 17: 3.
[277] Zc. 9: 11,

[269] Mt. 20: 22.
[272] Phil. 2: 8, 9.
[275] 1 Pet. 1: 18–19.
[278] Mic. 2: 13.

Cum igitur Christus capud omnium christianorum, mortuus fuit propter delicta nostra et tercia die resurrexit, ac postea in (fo. 55r) celos ascendit, evidenter possumus considerare, prestantissime Rex ac regni decor, quod noster salvator, tenens in celestibus elevatissimam monarchiam, sua membra christiana post mortem vivificabit, ac honore sublimis glorie perpetualiter decorabit. Insertis in hoc brevi opusculo, preclarissime Rex, vestre ornatissime regalie sex gradibus, videlicet, humilitatis pro primo, caritatis pro secundo, tranquillitatis et pacis pro tercio, virtuose in regendo ordinacionis pro quarto, virtutis perseverancie pro quinto, corporis et anime resolucionis ac eorum resuscitacionis pro sexto, quibus condecet vestram regaliam thronum ascendere maiestatis iuxta imitacionem regis Salomonis, prout in exordio huius exilis operis ascripsi, restat finaliter condescendere ad declarandum quomodo in quolibet istorum graduum sedet leo hinc atque inde, per quem possumus timorem domini veraciter intelligere, qui pro istis virtutibus observandis necessarius arbitratur.

De hoc leone timoris domini,[a] sic scribit beatus Gregorius, primo Moralium caᵒ XIIIᵒ:[279] 'deum timere est nulla que facienda sunt bona preterire'. Unde per Salomonem dicitur:[280] 'qui Deum timet, nichil (fo. 55v) negligit'. Sed quia nonnulli sic bona quedam faciunt ut tamen a quibusdam malis minime suspendantur, bene Job postquam timens deum dicitur, recedens quoque a malo perhibetur. Neque enim bona a deo accepta sunt, que ante eius oculos malorum admixtione maculantur. Unde Augustinus De Doctrina Christiana:[281] ante omnia opus est dei timori converti ad cognoscendam eius voluntatem, quid nobis appetendum et quid precipiat fugiendum. Timor autem iste memoriam de nostra mortalitate et morte futura necesse est incuciat, et quasi clavatis carnibus omnis motus superbie ligno crucis affigat. Unde scribitur Genesis XXᵒ,[282] quod, cum deus fecisset comminacionem mortis Abimelech regi propter Saram, uxorem Abrahe, et ipse hoc cum timore nunciasse servis suis, 'timuerunt inde omnes viri valde', sicut ibidem dicitur. Si ergo gentiles homines divinam comminacionem tum timuerunt, nos sumus nimis audaces, qui scimus ipsum iustum et veracem, si ipsum non timeamus. Tobias eciam ab infancia docebat filium timere deum.[283] Occasione Cornelii, timentis deum, ait Petrus:[284] 'in omni gente, qui timet deum et operatur iusticiam, acceptus est deo'. De isto timore scribitur (fo. 56r) Ecclesiastici XXVᵒ:[285] 'timor domini super omnia se superposuit'.

Condecet interim, constantissime Rex, propter septem causas ut

[a] *In the margin* De leonibus divini timoris.

---

[279] Gregory, *Moralium*, Bk I, ch. 13, *PL*, 75, 530.
[280] Ec. 7: 19.
[281] Augustine, *De Doctrina Christiana*, II, 9, 1–2, *CCSL*, 22, p. 36.
[282] Gen. 20: 8.   [283] Tob. 1: 10.   [284] Ac. 10: 35.   [285] Si. 25: 14.

hunc dei timorem memorie affigatis, cuius proteccione potestis regnum vestrum nobilissimum debite regulare ac eciam opera summo regi fiducialiter adimplere. Primum ideo divini timoris inductivum, Christi passio comprobatur. Dicente Zacharia XIIIº:[286] 'framea suscitare super pastorem meum et super virum coherentem mihi', ait pater de filio qui coheret ei per essencie unitatem. Framea hec est passio, quam in cruce salvator pertulit, pro generis humani perditi restauracione. Luce XXIIIº:[287] 'filie Jerusalem nolite flere super me, sed super vosipsas flete', et subiungit: 'si in viridi ligno hoc faciunt, in arido quid fiet'? Lira super eodem textu:[288] 'Christus hic dicitur lignum viride faciens fructum, et per consequens indignum abcisione. Populus autem iudeicus dicitur lignum aridum et dignum abcisione per mortem et combustionem Jehenne, que est pena maxima et extrema', in signum quod aridi et infructuosi habebunt eternam mortem et interminabilem punicionem.

Secundum quod inducit timorem dei, est passio sanctorum (Proverbiorum XIº):[289] (fo. 56v) si iustus in terra recipit penam, quanto magis impius et peccator? Scilicet deberent recipere tribulacionem, et quia non hic, in futuro eternam recipient punicionem.

Tercium est obsidio demonum (Job XXXº):[290] 'obsederunt in giro tabernaculum'. Et prima Petri ultimo:[291] 'adversarius vester diabolus, tamquam leo rugiens circuit querens quem devoret', rugiens per seviciam, circuit per maliciam, querens quem devoret, sibi incorporando per mortalem culpam 'cui resistite fortes in fide', formata caritate, que est ad sibi resistendum sufficiens armatura, 'scientes eamdem passionem', idest demonis insultum et temptacionem, 'ei qui in mundo est, vestre fraternitati fieri', in fratribus vestris per mundum discipulis. Ac si diceret: resistite diabolo, sicut et ipsi fratres fecerunt. Et quia talis resistencia divina indiget assistencia, ideo subdit. Deus autem, omnis gracie dator, qui vocavit vos per fidem in eternam suam gloriam finaliter consequendam in Jhesu Christo, idest pro ipso modicum passos, cum omnis pena temporalis sit modica respectu eterne, et eciam respectu mercedis expectate, ipse perficiet illud ad quod nostra virtus non sufficit et vestram fragilitatem confirmabit, vobis que collatam (fo. 57r) graciam solidabit.

Quartum est consideracio ultimi districti iudicii, ubi nulli parcetur (Proverbiorum XVIº):[292] 'zelus et furor non parcet in die vindicte'. Ideo dicit propheta David:[293] 'non intres in iudicium cum servo tuo, domine'. Indignum est cum servo in iudicio districte agere. Nam servus indiget misericordia, et ideo ad dominum fugitivus redit et pacem querit. Ait ergo: 'non intres in iudicium cum servo'. Intrant enim

286 Zc. 13: 7.   287 Lk. 23: 28, 31.
288 Nicholaus de Lyra, *Glossa*, iv, fo. 143.   289 Prov. 11: 31.
290 Job 19: 12.   291 I Pet. 5: 8, 9.   292 Prov. 6: 34.   293 Ps. 143: 2.

iudicium cum domino qui suam iusticiam constituunt ut superbi, quod iste humilis minime facit.

Quintum est incertitudo status (Ecclesiastici IX°): 'nescit homo an amore an odio dignus sit'. Sextum timoris promotivum est finis incertitudo (Ecclesiastici IX°):[294] 'nescit homo finem suum'. Septimum vero et ultimum est consideracio punicionis infernalis, dicente Ysaia XXI°:[295] 'de terra horribili, visio dura nunciata est mihi'. Et Job XXI°:[296] 'ego quando recordatus fuero, pertimesco, et concuciet carnem meam tremor'. De hac pena inferni, sic ait Gregorius (Moralium XXIIII°, Ca° VII°, X°):[297] 'nimirum omnipotens deus inestimabili pietate dispensat ut et iustos flagella cruciant, ne opera extollant et iniusti saltem sine pena hanc penam peragant, (fo. 57v) quia ad tormenta que sine fine sunt male agendo festinant'.

Ideo tantam tam nobilem actam preclaram magnificenciam, primo expendit celestis ac summi regis formidinem mentaliter explorare, atque iuxta preclaram intelligenciam vestre regie maiestati a deo traditam, regni vestri negocia ad perpetui regis placitum ponderare. Ulterius secundo, cum timorem habeatis summi regis immortalis, nullum mortalem habeatis pertimescere, summo rege omnia vestra regimina graciosius regulante, dum nobilissimum regnum vestrum Anglie, cum omnibus principibus, dominis ac subiectis, necnon aliis, terris vestre adiacentibus regalie, perpetuo voluntatis arbitrio, integraliter se submittunt ad vestra imperialia mandata infallibiliter perimplenda. Tercio, cum habeatis, splendidissime Rex, consilium maturitate ingeniosa providissimum, veraciter concipite quod vestram felicissimam regaliam nichil poterit iniuriosum forinsecus molestare, quin ipsorum provida, debita ac matura circumspeccio, pro qualicumque repugnancia congruum remedium adaptabit. Quarto, cum in singularibus, magnis et arduis fabricis collegiorum vestrorum ac aliorum religiosorum locorum renovamine, (fo. 58r) per vestri regni partes dispersorum divini servicii resonancia pulsitet ad aures domini, pro vestre splendidissime regalie ac vestre imperialissime regine perpetua sospitate, potestis iocunda mente gratulari, dum rex ille suppremus, cuius stabili servicio vestre mentis desiderium contulistis, vos ac vestrum regnum in presenti vita plenitudine gracie, et in futura ubertate perhennis glorie sublimitus fecundabit. Quinto, vestre disertissime discrecionis magnitudo ac assidui et benigni regiminis promptitudo, quibus elaboratis regna congrue stabilire, causant ut, divulgata fama vestre regalissime ac insignissime probitatis per regna christiana, pre ceteris regibus resplendeatis titulo honoris ac congrue excellencie prerogativis.

Gaudete igitur, christianissime Rex, inclite plebis Anglie gubernator

[294] Ec. 9: 1, 2.   [295] Isa. 21: 1, 2.   [296] Job 21: 6.
[297] Gregory, *Moralium*, Bk I, ch. 3, *PL*, 75, 313.

ac regulator, congaudeat que terra se talem habere protectorem cuius virtuosa vita, conversacio munda ac prudencia feliciter imitanda, conferunt omnibus virtutum exemplacionem principibus et subiectis. Prosperentur igitur tam victoriosa maiestas et manus sceptrigera, prout cordialissime desidero et exopto, contra adversancium fallacias per secula eternaliter permansura.

[PARS SECUNDA]

[I.] (fo. 58v) *Incipit capitulum primum huius secunde partis in quo tractatur de consciencie puritatis et munda conversacione ac devota et fervida oracione.*

Post exilem manifestacionem sex graduum prescriptorum in presentis opusculi prima parte, iuxta mee parvitatis modulum humillime oblatum vestre splendidissime Regalie, restat iam secundo, nobilissime Rex, sex figurata in Salomonis materiali throno ad verum ac spirit[u]alem sensum trahere virtutum, que sex ordinabiliter declarata, omnipotenti deo placabilia ac vestre regalissime magnificencie utilia ac necessaria arbitrantur. Splendidus autem thronus Salomonis, prout habetur in principio huius operis, fiebat ex ebore, per quod non incongrue consciencia pura ac conversacio munda similitudinarie intelliguntur.

Decet enim quemcumque regem et principem tanto honestiorem induere conversacionem ac vitam clariorem, quanto sibi subditi eius exemplacione traherent mores, summo (fo. 59r) regi ac principi complacentes, teste Blesensi, in libro quem edidit de excitacione hominis ad amorem dei:[298] 'amicicia', inquit, 'huius seculi, aut beneficiis, aut diversis, constat honoribus. Salvatoris amicicia in se et proximos diligendo consistit. Quocienscumque mandata Christi facimus, tociens Christi amici vocamur. Salvator nos amat, et proditor diabolus nos odit. Carior ergo nobis sit qui nos libertati restituit quam qui captivavit et subdidit servituti.' Semper ante oculos cordis ponite, elevatissime ac graciosissime Rex, quod nec amicorum turba, nec familie multitudo, nec auri argenti que congestio, nec gemmarum lapilli fulgentes, non iocunditas nec ulla delectacio huius seculi possunt afferre presidium de corpore anime exeunti. Ideo, diligendus est verus amicus, dominus noster Jhesus Christus: qui presentem felicitatem et eternam beatitudinem vobis tribuet habundanter. Nam redemptor ideo dicitur, quia redemit nos a diaboli captivitate, et salvator, salvando nos a peccatis, adiutor, adiuvando nos in oportunitatibus et tribulacionibus, protector, protegendo nos ut inter inimicos nostros maneamus illesi, ac susceptor, in eterna (fo. 59v) tabernacula suscipiendo. Ideo precepta tanti amici totis viribus adimplete, et nobilitatem ymaginis illius in vobis memoriter

---

[298] Untraced quotation.

retinete. Considerate ergo quam inclitus et gloriosus est imperator et amicus vester, qui a vobis non aliud querit munus nisi spirituale. Cavete ne aliquid in vobis inveniat quod eius oculos offendat. Et si forsitan, ut assolet, humane fragilitatis condicio, aliquam necligencie maculam malignus spiritus in vobis affigat, cicius per confessionem et penitenciam lacrimarum abluere festinate, ne diu sine vestri amici amplexu aliqualiter maneatis. Que maior esse poterit gloria et honor quam eius esse amicum qui super omnes residet gubernator?

Proinde, christianissime Rex, si aliquid in hoc seculo delectamini possidere, deum, qui possidet omnia, qui cuncta creavit, possidete, et in eo habebitis quecumque sancte et mundo corde desideratis. Sed quoniam nemo possidet deum, nisi qui possidetur a deo, fiat vestra regalia dei possessio et vobis deus possessor efficietur! Quid potest in mundo esse felicius, quam cui efficitur suus imperator et redemptor census, et hereditas dignatur esse ipsa divinitas? Omnis enim ex illo fructus recipimus in illo, et (fo. 6or) de illo semper vivimus. Quid homini sufficit, cui ipse omnium conditor non sufficit? Quid ultra querit cui omne gaudium et omnia suus redemptor esse debet? Heu, quam subtiliter ille antiquus hostis et seductor nos fallit decipiendo, et cecitate subtilissima ac nequissima nostre mentis oculos obcecat, ne discernere valeamus gaudia huius seculi et gaudia regis eterni! Gaudet miles terrenus honoribus huius seculi parituris, gaudet de pulcris vestibus et thesauris. Gaudet raptor cum rapuerit desiderata, gaudet ebriosus, gaudet adulter unusquisque de malicia et iniquitate sua. Hec enim gaudia omnino debemus repudiare velud diaboli venena, quia non solum corpora, sed eciam animas perpetualiter necare festinant. Gaudeamus igitur de bonis domini, de consciencia pura, de confessione vera, de penitencia condigna, de comiseracione munda, que secundum deum salutem operantur.

Sed quia, nobilissime ac victoriosissime rex, ad mundam conversacionem primitus requiritur consciencie puritas desiderabilis, ideo in consciencie foro omnia vestra opera examinate, et vestro confessori revelate, ac (fo. 6ov) quantum deus donaverit, vos abilitate ad ulterius resistendum sceleribus antea perpetratis. Huius confessionis septem condiciones assignantur in hoc textu, Luce XV^mo:[a] [299] 'surgam et ibo ad patrem[b] meum, et dicam ei: pater, peccavi in celum, et coram te'. Prima igitur condicio est, graciosissime Rex, quod 'confessio debet esse ordinata, peccatum deserendo, ut ibi: "surgam", et non tardabo in resurgendo, scilicet a peccato. Secunda debet esse amara penitendo, et hoc signatur cum dicitur: "ibo", scilicet et non redibo in peccatis

[a] *In the margin* Septem condiciones de confessione.
[b] ad patrem *repeated and struck out.*

---

[299] Lk. 15: 18. This is followed by a quotation from Gorran, *In Evangelium Lucae Enarratio*, fo. CCCCXVIr.

residivando. Tercia condicio debet esse discreta, bonum et ydoneum confessorem eligendo, cum dicitur: "ad patrem meum". Quarta condicio debet esse vocalis, ore peccata et circumstancias integre exprimendo, ut ibi: "et dicam ei" omnia, scilicet peccata mea, nichil in consciencia retinendo. Quinta condicio debet esse humilis, confessorem et sacerdocium reverendo. Unde sequitur: "pater".' Sic scribitur in Ecclesiastico:[300] 'quam speciosum canicie iudicium, et a presbiteris agnoscere consilium!'

Igitur, illustrissime Rex, estote favorabilis et benignus ecclesie ministris et consiliariis anime vestre, exemplo Constantini,[301] qui 'cum acce(fo. 61r)pisset libellos conscriptos contra episcopos, convocans accusantes, libellos succendit dicens: hii dii sunt et angeli dei, indignum ergo concipio, ut nos deos iudicemus'. Hec ille. Cum igitur ab istis hominibus, divino servicio mancipatis, habetis consilium accipere pro salute anime vestre, illis debitum favorem prout regi congruit exhibete. Sexta condicio erit accusatoria, proprium peccatum condempnendo, dicendo cum David:[302] 'ego sum qui peccavi, ego inique egi'. Et hec condicio assignatur ibi: peccavi. Septima condicio erit integra, graves circumstancias explicando, ut ibi: 'in celum et coram te', id est in ipso consciencie mee conclavi, ubi tui solius oculi potuerunt penetrare.[303] O quam laudabile ac celebri commendacione dignum dinoscitur, ut omnia tempora ac dies preteritos vite vestre memorie integraliter reducatis, et inter vos et vestrum confessorem plenarie discuciatis coram deo, qualiter suam imperialissimam maiestatem sepissime ostendistis, recepta que congrua penitencia, ad eadem peccata postmodum minime prebeatis assensum. Nam uxor Loth[304] (fo. 61v) retro respiciens cum fugeret a Sodomis, versa est in statuam salis, que eos figurat qui gracia vocati retro respiciunt, et ad peccata derelicta redire contendunt. Igitur in salis statuam vertitur, quia constituitur exemplum et figura. Unde peccatores alii residivantes suam inciperent dampnabilem punicionem, iuxta sentenciam evangelii[305] 'ite maledicti in ignem eternum'. Sic enim eritis fundatus in gracia coram deo et hominibus, si peccatum mortiferum in vobis ulterius non coregnet.

Habita igitur consciencie puritate, nobilissime Rex, debetis postmodum munde conversari iuxta statum ad quem vos vocavit deus coniugii matrimonalis. Indecens namque estimatur et agnoscitur, preamabilissime Rex, ut vos, qui estis capud et regimen aliorum, insequamini passiones carnis extraneas et actuum venereorum concupiscencias vehementes, cum in vobis, qui habetis alios regere, intellectus et racio maxime debeant dominari. Igitur per donum consilii

---

[300] Si. 25: 6.
[301] This is taken from John Waleys, *Communeloquium*, fo. 34v, pt I, dist. III, ch. 2. Waleys is here citing Gregory, although the story comes from Rufinus.
[302] 2 Sam. 24: 17.   [303] Lk. 15: 18.
[304] Gen. 19: 26.   [305] Mt. 25: 41.

delectaciones illicitas contempnite, ut caro subdatur discrete spiritui, ac spiritus racioni. Et ne videamini thorum matrimonialem aliquatinus violare, sed inseparabiliter observare, ad ostendendam hancinse(fo. 62r)-parabilitatem inter vos et vestram preclarissimam reginam, duplicem poteritis investigare racionem.

Unam ex parte prolis. Nam licet coniungium aliquando sit sterile, indissolubile tamen debet remanere, quia cupiditas extranea non preponitur fidei coniugali. Attamen, si assit bonum in prole, quia proles est quoddam bonum commune, quo coniunguntur vir et uxor, racione prolificacionis expedit vobis vestre regine graciosissime inseparabiliter adherere. Sicut enim commune bonum, eo quod commune est, coniungit participantes bono illo, prout civitas coniungit et continet ipsos cives ne a civitate recedant, eo quod sit commune bonum eorum et de racione communis est quod vivat et coniungat, prout de racione proprii est quod dividat et disiungat, sic prolificacio eo quod sit bonum commune utrorumque coniugum, debet esse causa inter vestram regalissimam maiestatem et vestram benignissimam reginam mutui amoris et inseparabilis coniunccionis.

Secunda racio est ex parte fidei et amicicie naturalis que debet esse inter virum et uxorem, cum nunquam aliquis alteri fideliter amicatur, si ab eius discedat amicicia. Si ergo inter vos et vestram fidelissimam reginam fidelem servabitis amiciciam, (fo. 62v) que, ut exopto toto corde, continue perseveret ne inter vos sit fidei violacio, oportet vos vestre regine indivisibiliter adherere. Cum igitur non sit naturalis amicicia inter aliquas personas nisi sibi observent debitam fidem, ad hoc quod vestrum graciosissimum coniugium fiat amicicia naturali counitum, oportet quod vestre amantissime regine fidelitatem debitam observetis. Cum igitur, christianissime Rex, omnis actus carnalis, excepto matrimonio, fiat contra rectam regulam racionis, prevideat vestra preclarissima maiestas ut, refrenando carnis passiones refrenandas, vinculo matrimoniali vestre regine indissolubiliter hereatis. Maxime eciam considerandum est et racionabiliter arbitrandum, quod cum dominus ordinaverit matrimonii vinculum inviolabiliter observandum adversus actum fornicarium, adulterium, incestum, molliciem ac contra pessimum vicium sodomiticum, in quibus natura, a deo collata ad prolis procreacionem, nullum sortitur effectum naturaliter exequendo, quid mirum si dominus ab hiis personis matrimonialiter coniunctis qui in huiusmodi actibus illicite exercitantur, retrahat manum gracie sue, ne habeant (fo. 63r) prolificacionem, sicut cetere persone debite matrimonium observantes, quia nullatenus dubitando quin illi qui debite observant matrimonium et in deo firmam fidem habuerint, in prolis proceacione optatum remedium ac desiderium consequentur.

Unde, benignissime Rex et princeps, vigilancius laborate ut nulla

persona suspecta vestre presencie admittatur, nec vestra regalissima
maiestas personas aliquas in servicium admittat, quorum malis mediacionibus poterit scandalum vobis seu vestris aliqualiter suboriri. Et
si tales fuerint ante hec tempora vobiscum commorantes, aut eos
obligatorie astringite ut corrigant suos mores, aut eos et eorum servicia
penitus refutate. Sic vestri nominis fama continue accrescet in melius,
atque ex gracie privilegio coram omnibus principibus et subiectis
laudis et virtutis persencietis incrementa. Sicque secundum nobilissimum statum regie maiestatis, vite presentis mundiciam observabitis, et
incremento celebris gracie perseverabitis in futuro.

Sed quia pura consciencia ac conversacio munda preascripte non
possunt haberi in via huius vite nisi per quatuor^a que requiruntur
(fo. 63v) cuilibet hic viventi, que sunt lumen ostendens ne ambulans
titubet, ductor precedens ne deviet, custodes ne viator pericula in via
incurrat, et cibus ne in via deficiat, sic in via spiritualis ac munde
conversacionis quatuor istis corespondencia requiruntur. Videlicet,
lumen fidei catholice, ductor, dominus noster Jhesus Christus, custodes,
sancti angeli, et cibus spiritualis, oracio continua et devota.

Primo, ad mundiciam vite conversandam, invictissime Rex, requiritur
lumen fidei catholice. Sicut enim ambulans in tenebris cito deviat et
titubat, sic quicumque sine lumine fidei operatur bona, titubat per
infidelitatem nec invenit viam rectam mandatorum dei. Unde venerabilis Anselmus in Libro de Disputacione inter Christianum et Gen-
tilem, cap^o VIII°:[306] quod Christus deus sit qui hanc fidem nobis
tradidit, ex sui operis effectu veraciter manifestatur. Quis unquam
crucem que solebat esse inter omnia tormenta abieccior, non solum ab
omnibus gentibus adorari, verum eciam super capita regum et impera-
torum exaltari fecisse, nisi solus deus? Quis vero alius templa, cultus et
sacrificia ydolorum in omnibus nacionibus evertisset? Aut quis preter
eum, (fo. 64r) tam innumerabiles populos contra voluntatem omnium
potestatum huius mundi suis legibus subdere potuisse, et hec omnia
infideles, pagani et iudei, velint nolint, non videre non possunt? Alia
vero que soli fideles agnoscunt, qui intra domum Christi, idest ecclesiam
catholicam, commorantur, que Christum deum esse testantur, manifeste
infidelibus non apparent, sicut miracula que fiunt solo invocato nomine
Christi. Videlicet omnium egritudinum curaciones et quod semper
impossibile fuit omnibus nisi deo, mortuorum resuscitaciones, hunc fore
dominum mirabiliter contestantur. Quia enim que diximus ita manifesta
sunt et notoria atque soli deo conveniencia, ex hiis infideles licet verbis
Christum negaverint esse deum, hunc tamen corde deum esse coguntur

---

^{a} *In the margin* De quatuor que requiruntur ad consiencie puritatem.

---

306 This is a reference to the famous *Cur Deus Homo* (*Sancti Anselmi Cantuari-
ensis Opera Omnia*, ed. F. S. Schmitt, ii (Rome, 1940), pp. 59–61).

confiteri, si racioni ac gracie admittantur. Sed quid dicemus de illo beato Paulo apostolo, qui dixit nichil se scire nisi Christum Jhesum et hunc crucifixum?[307] Quid amplius nobis desiderandum est scire quam Christum, in quo et ex quo omnium bene credencium fides pendet! In solo enim hoc nomine et expressio est divinitatis et incarnacionis atque fides passionis.

Secundo, illustrissime rex, (fo. 64v) necessarius est ductor alicui viatori ne deviet a via recta. Quamdiu enim quis perseverat in caritate mandata dei custodiendo, utpote servando sabbata, parentes honorando cum ceteris, tamdiu tenet viam rectam versus celum. Si vero quis faciat contra dei prohibiciones, peccatum mortale committendo, ut periurando, furtum faciendo, occidendo vel falsum testimonium dicendo cum ceteris, tunc immediate deviat a via recta et transit versus infernum. Reducendus est ergo quis per semitam penitencie. Mathei III°:[308] 'penitenciam agite: appropinquabit enim regnum celorum'. Sed quis, queso, reducet ab invio peccati mortalis in viam rectam caritatis, nisi ductor noster, dominus Jhesus Christus. Igitur, o christianissime Rex, sequamini vestigia vestri ductoris Christi, ut possitis ad patriam celestem attingere. Nam qui dicit se in Christo manere, debet sicut ipse ambulavit et ille ambulare. Ipse enim transivit per viam spinosam et veprosam tribulacionum et angustie (secunda Petri primo):[309] 'Christus passus est pro nobis, vobis relinquens exemplum, ut sequamini vestigia eius'. Qui ergo desiderat semper ire per pl(fo. 65r)ana, id est delectabilia huius vite, sine aggressione arduorum et tolerancia adversorum, non sequitur ductorem suum Christum. Unde psalmus:[310] 'multe tribulaciones iustorum'.

Modo enim tribulantur tripliciter, et primo ab elementis. Ignis enim urit, terra premit, aqua algore constringit et aer inequalitate sua confringit. Secundo, impugnantur homines a demonibus. Unde ad Ephesios ultimo:[311] 'non est nobis colluctacio adversus carnem et sanguinem tuum; sed adversus principes et potestates, contra spiritualia nequicie', idest contra spiritus nequam, sed in futura pace erunt sancti quieti ab eis. Ad Romanos ultimo:[312] 'Deus pacis conteret Sathanas sub pedibus vestris'. Tercio, impugnantur boni a malis hominibus. Mali enim sunt stimuli, quibus dominus stimulat bonos. Gregorius:[313] 'mala que nos hic premunt ad deum ire compellunt. Dominus enim facit sicut ille qui emit vasa figuli; emens enim huiusmodi percutit ut videat si est ibi aliqua fractura latens, et si cassum reddit sonum dimittit illud. Sic dominus eos qui casse respondent ei per impacienciam, non approbat ad coronam'. Gregorius:[314] 'qualis (fo. 65v) quisque apud se lateat, illata contumelia probat'.

---

[307] I Cor. 2: 2.   [308] Mt. 3: 2.   [309] I Pet. 2: 21.
[310] Ps. 34: 20.   [311] Eph. 6: 12.   [312] Rom. 16: 20.
[313] Untraced quotation.   [314] Untraced quotation.

Ne tamen deficiamus a via recta deviando, dominus Jhesus, noster ductor in celum ascendens, quatuor nobis reliquit per que communiter possumus cognoscere iter nostrum. Primo enim, reliquit nobis precedencium, idest prius proficiencium vestigia, videlicet apostolorum, martirum, confessorum, ceterorumque sanctorum. Unde Augustinus super illud psalmi:[315] 'in laqueo isto quem absconderunt comprehensus est pes eorum'. 'Pes vero anime amor est', quo movetur anima quocumque tendit. Sicut ergo pes in via relinquit vestigium, sic amor anime sanctorum preceptis divinis inherens efficit cum gracia opus bonum. Semper ergo erit oculus noster ad pedem eorum, idest intencio nostra ad affeccionem eorum, quam si nesciamus discernere, vestigium advertamus, idest ipsum opus discernamus, et viam tenebimus versus celum. Secundo, Christus nobis ostendit aggregaciones lapidum, idest conversionem grandium peccatorum, qui per lapides propter duriciam et frigiditatem designantur; cuiusmodi sunt Petrus, Paulus, latro dexter, Maria Magdalene, Matheus publicanus, David, mulier in adulterio (fo. 66r) deprehensa, quorum singularis conversio nos ad viam dileccionis dei adduceret, semita penitencie mediante. Tercio, Christus nobis ostendit ramorum arborum refleccionem, quando Iudei coronam de spinis posuerant super capud eius, ipsius cerebrum preciosissimum perforando. Et quarto nobis crucem ostendit ipsam suis humeribus baiulando, et in eadem mortem finaliter paciendo, in memoriam eiusdem passionis et in signum rectissime vie tenende versus celum.

Ipsum igitur fidelissimum ductorem, excusso torpore, concorditer imitemur, nec nos ullo modo ab amore Jhesus Christi seperet huius seculi miserabile delectamen. Nam omne quod est in mundo, concupiscencia carnis est, et concupiscencia oculorum ac ambicio seculi. Hec sunt que a paradiso deliciarum in hoc miserabile exilium Adam et Evam proiecerunt. Concupiscencia vero carnis ab eis impleta est, quando de ligno vetito gustaverunt. Concupiscencia oculorum, quando sibi aperiri oculos cupierunt. Et ambicio seculi, quando se fieri sicut deus est crediderunt. Et ideo, volens nos Apostolus ab hiis tribus generibus mortis precavere (fo. 66v) dixit:[316] 'omne quod est in mundo concupiscencia carnis, est et concupiscencia oculorum'. Adam et Eva non comederent de ligno prohibito nisi concupiscerent, nec concupiscerent nisi temptati. Quamvis igitur, insignissime Rex, sumus ex Adam carnaliter nati, non ipsum imitari debemus, sed Christum in quo vivimus et per quem in baptismo renati sumus.

Tercio, ambulantibus versus patriam celestem necessarii sunt custodes, ne in via pericula incurramus. Noster igitur dux et princeps, dominus noster Jhesus Christus, cuilibet homini in sua nativitate, ad

---

[315] Ps. 10: 16. The first words of the commentary alone are from Augustine, *Enarrationes in Psalmos, CCSL*, 38, p. 66.
[316] 1 Jn. 2: 16.

sui custodiam bonum angelum delegavit, prout inquit beatus Jheroni-
mus super illo (Mathei XIIII°)[317] 'angeli eorum semper vident faciem
patris'. Homo, inquit Sanctus Thomas, prima parte Summe,[318] in statu
isto est quasi in via quadam, qua tendere debet ad patriam. In qua
quidem via multa pericula iminent, tum ab intrinseco, propter passionum et tribulacionum multiplicem vexacionem, tum ab extrinseco,
propter mundi et demonum multiplicem infestacionem. Et ideo sicut
hominibus viam non tutam habentibus dantur custodes, ita et cuilibet
homini quamdiu viator est, custos angelus deputatur. Effectus ergo
(fo. 67r) custodie angelice principalis duplex est. Unus ut ab inimicis
defendant et eorum potestatem coherceant, et propter hoc dicunter
virga dei. Alius effectus est ut ipsos ad bonum alliciant et promoveant,
et propter hoc effectum dicuntur baculum dei.

Primum enim effectum in nobis operando, nos a mundi blandiciis, qui
velud aspis nos infestant, protegunt et defendunt. Quemadmodum
enim venenum aspidis sompnium causat in homine, ipsum intervenien-
tem ut vult Ysodorus XII° Ethimologiarum,[319] sic, strenuissime Rex,
blandicie huius mundi hominem in talem soporem inducunt ut dei et
vite eterne totaliter obliviscantur. Unde omnis vita mundanorum quasi
sompnus est, et omnis gloria mundana quasi sompnum reputatur. Unde
beatus Augustinus super illo psalmi:[320] 'dormierunt sompnum suum'.
Sepe, inquit, pauper sompniat se invenire multum thesaurum, ad
dignitates et honores se assumi, et delicatissimis cibis et potibus se
enutriri, in quibus gaudet quod suam miseriam evasit, sed eo vigilante,
dum cognoscit quod hec sompnia erant, tantum tristatur de statu in quo
videt se (fo. 67v) esse, quantum, quando dormiebat, de vanitate sompnii
congaudebat. Sic quamdiu mundialiter occupamur, quasi dormimus.
Cum enim assumpti sumus ad honores et dignitates seculi, et habemus
multas divicias et omnem mundi leticiam, et tantum gaudemus de istis
transitoriis, non considerantes nostram infirmitatem et miseriam, quid
aliud facimus nisi veneno aspidis intoxicati quodammodo sompniamus?
Ab isto sompno nos excitant angeli nostri custodes, cum de extremo
iudicio et de racione ibidem reddenda gratifice nos informant. Secundo,
cum diabolus ut leo rugiens hominem infestat, et ipsum ad vicia
manifesta inpellit, utputa ad superbiam, iram, vindictam, luxuriam et
huiusmodi horum maliciam, sancti angeli nostri custodes effectualiter
repellunt, quando nos ad caritatem dei et proximi et mundiciam vite
excitant incessanter.

Quarto, constantissime Rex, ad vite mundiciam conservandam in
ambulante versus patriam celestem, necessarium est alimentum ora-

[317] Mt. 18: 10.   [318] *Summa*, Iᵃ, CXIII, 4, 3.
[319] Isidore of Seville, *Etymologiarum Libri*, Bk XII, ch. 4, 12, *PL*, 82, 443. Here
however, the idea is more likely to have come from Bartholomeus Anglicus.
[320] Ps. 76: 6; Augustine, *Enarrationes in Psalmos*, *CCSL*, 39, p. 1043.

cionis. Nam sicut alimentum corporale refovet et enutrit, ita oracionis sacrificium animam fecundat gracia ac virtutibus mirabiliter (fo. 68r) refocillat. Igitur, christianissime Rex, separatus aliquando a mundi turbinibus, debetis, oracionibus ac sanctis meditacionibus, deo omnipotenti, qui tantum vos dilexit et super populum suum, peculiarem gentem, scilicet anglicanam, ac super omnes alios reges christianos taliter exaltavit, omni vestri cordis desiderio corditer deservire.

O Rex famosissime ac graciosissime, diebus dominicis et festivis vos principaliter applicate ad precepta domini observanda, ac vos et vestram familiam ab aucupacionibus et venacionibus tunc faciatis abstinere et dei servicio adherere. Exemplo Edgari,[321] illustris regis Anglie, 'qui cum die dominica semel ivisset ad venandum, et beatus Dunstanus, sacris indutus vestibus, regem ad altare diu expectasset, audivit ab angelis in celis introitum misse, Kyrieleyson, Evangelium et Ite missa est. Cui dum diceret rex rediens a venacione ut missam inciperet, respondit: non possum, quia audivi magnam missam dei in celis. Et rex hoc audiens ingemuit ac de cetero se et suos a venacione diebus festivis abstinere fecit. Unde venacio que aliquando licita est, ex tempore fit illicita et periculosa'. Et nisi aliquando (fo. 68v) esset licita, profecto Ysaac patriarcha ad tale opus non misisset filium suum, quem benedicere pro venacione disponebat.[322] Unde, excellentissime rex, diebus festivis vos ab omni negocio mundiali extraneate, ac matutinis, missis et vesperis persolvendis devocius ascultate.

Nam ut a vestra regia maiestate et vestris capellanis cordis evagacio ac divini servicii cincopacio totaliter excludantur, habetis exemplum in natura. Nam sicut cibus corporalis non prodest corpori nisi ore masticetur, sic nec cibus divini servicii, nisi corde sit meditatus. Unde Bernardus:[323] 'deus, cui non absconditur quicquid illicitum perpetratur, non querit vocis lenitatem, sed cordis stabilitatem, puritatem et devocionem'. Istud patet figuraliter in Daniele, de statua Belis que extrinsecus erat erea, intrinsecus autem lutea.[324] Cavete igitur, insignissime Rex, ne sitis exterius ereus et sonorus, ac intrinsecus habens affecciones vanas et terrenas, et ideo luteus. Unde Ysidorus de Summo Bono:[325]

---

[321] The story is found both in the *Vita Sancti Dunstani* of Eadmer (*Memorials of St. Dunstan*, ed. W. Stubbs, RS, London, 1874, p. 207) and in John Capgrave's *Vita et Miracula Dunstani* (*ibid.*, p. 345). Here it is cited from John Waleys, *Communeloquium*, fo. 99r, pt I, dist. X, ch. 5, the story being based upon Eadmer. The feast of Dunstan had been given first-class status in England during the reign of Henry V (*The Saint Alban's Chronicle, 1406–1420*, ed. V. H. Galbraith (Oxford, 1937), p. 70).

[322] Gen. 27: 3.

[323] Pseudo-Bernard, *Meditationes de humana conditione*, PL, 184, 501. The quotation is based upon Sermo 62, B of St Bernard (*S. Bernadi Opera*, ed. Leclercq, II (Rome, 1958), p. 160).

[324] Dan. 14: 6.

[325] Isidore of Seville, *Sententiarum Libri Tres*, Bk III, ch. 7, 9–10, PL, 83, 673–4.

'mens que ante oracionem a deo illicitis cogitacionibus abstrahitur, dum in oracionem venerit, confestim ille ymagines rerum (fo. 69r) quas nuper cogitavit accurrunt, aditum que precis obstruunt: ne se mens libera ad celeste erigat desiderium'. Et subdit remedium, dicens: 'purgandus est primum animus et a temporalibus cogitacionibus segregandus, ut acies cordis deo vere et simpliciter dirigatur. Revera tunc impetranda divina munera credimus, quando simplici et puro affectu deo assistimus cum oramus'.

Ideo, insignissime Rex, et michi amantissime, quando nocte intrabitis lectum, dicatis devote ympnum sequentem cum oracionibus que sequuntur. Oraciones sequentes in noctibus sunt dicende:[326]

Christe qui lux es et dies,
Noctis tenebras detegis,
Lucis que lumen crederis
Lumen beatum predicans.

Precamur, sancte domine,
Defende nos in hac nocte,
Sit nobis in te requies
Quietam noctem tribue.

Ne gravis sompnus irruat,
Nec hostis nos surripiat,
Nec caro illi consenciens
Nos tibi reos statuat.

Oculi sompnum capiant,
Cor ad te semper vigilet,
Dextera tua protegat
Famulos qui te diligunt.

Defensor noster aspice[a]
Insidiantes reprime,
Guberna tuos famulos
Quos sanguine mercatus es.

---

[a] aspice *repeated and struck out.*

---

[326] *Christe qui lux est* was edited by H. A. Daniel (*Thesaurus Hymnologicus*, i (Halle, 1841), p. 33) from Cologne Cathedral MS. CVI, a manuscript which may be of English origin (P. Jaffe and G. Wattenbach, *Ecclesiae Metropolitanae codices manuscripti* (Berlin, 1874), pp. 43–4). Daniel stresses that this prayer was, in the old Carthusian breviary, to be sung at compline throughout the year. See also J. Wickham Legg, *Missale ad Usum Ecclesie Westmonasteriensis*, iii (Henry Bradshaw Soc., xii (1896)), p. 1372. It is interesting to compare the programme which follows with the list of prayers to be recited in Henry V's chapel. See *Gesta Henrici Quinti. The Deeds of Henry the Fifth*, trans. F. Taylor and J. S. Roskell (Oxford, 1975), ch. 22, pp. 151–5.

> Memento (fo. 69v) nostri, domine
> In gravi isto corpore,
> Qui es defensor anime
> Adesto nobis domine.

> Amen.

Addens versiculum:[327]

> Custodi nos, domine, ut pupillam oculi, sub umbram alarum tuarum protege nos!

Cum oracione sequenti:

> Gracias tibi ago, omnipotens Deus, qui nos in hac die custodisti, visitasti et protexisti, ac sanos et incolumes ad hanc horam venire fecisti, concede propicius, quatinus sompniando seu vigilando te non offendamus, sed hanc noctem sic pertransire, ut mane consurgentes, gratum tibi servicium cordialiter persolvamus, per unigenitum filium tuum, dominum nostrum Jhesum Christum, qui tecum vivit et regnat in unitate, spiritus sancti, deus per[omnia secula seculorum].

Dicens dominicam oracionem et angelicam salutacionem, consignans que vos in nomine sanctissime Trinitatis ac aliis benediccionibus consuetis. Tunc vero cogitetis, preamabilissime Rex, si tempus permiserit, seu alio tempore oportuno, de illo tremendo iudicio quod sustinebitis in futuro, spiritu a corpore exalato, ac quomodo tunc a spiritibus immundis coram deo et omnibus angelis eius et sanctis, eritis (fo. 70r) terribiliter accusatus. Et invocate ex toto corde vestram mediatricem singularem beatissimam, scilicet virginem Mariam, cum beato Johanne Bridlyngtonie,[328] quibus tam beneficus ac gratissimus extitistis, cum aliis sanctis quibus specialius deservistis, ut sint vobis semper et tunc maxime, coram illo tremendo iudice, fidelissimi adiutores, quatinus per eorum sanctissima merita possitis penis carere et tormentis iuste pro peccatis peccatoribus preparatis, et pervenire cum leticia ad gaudia eterna, omnibus electis ab eterno in celis preordinata. Consurgens vero de lecto, signate vos per totum in nomine sanctissime Trinitatis ut supra, et tunc in fronte et pectore cum hiis verbis:

> Jhesus Nazarenus, crucifixus rex Judeorum, fili dei altissimi, miserere mihi peccatori, et omnia peccata mea dele, obsecro, et dimitte nunc et in tempore mortis mee, propter immensitatem caritatis tue et magnitudinem infinite misericordie tue.

[327] This verse is part of the evening service of compline.
[328] On St John of Bridlington, see introduction, pp. 45–6.

Dicens Pater Noster, cum Ave Maria. Deinde ferventi mentis intuitu considerans coram vobis ipsum beatissimum salvatorem nostrum, dicatis intima devocione oracionem sequentem, oracio mane dicenda:

(fo. 70v) Adora te, clementissime salvator, adiutor et protector, domine mi, Jhesu Christe, et gracias tibi ago ex toto corde meo, qui me peccatorem et indignum servum tuum in hac nocte custodisti, visitasti et protexisti, atque sanum et incolumen ad hanc horam venire fecisti, et pro universis aliis beneficiis tuis, que mihi ex tua sola bonitate et gracia contulisti. Deprecor que, o misericors domine, qui me ad bonum creasti et tuo preciosissimo sanguine redemisti, licet ego peccator nimis longe recessi a te per plura facinora et peccata, iram tuam super me sepius provocando, miserere mihi nunc clementer, qui in cruce pro me graviter pependisti totus sanguineus et dolorosus. Et rogo te, benignissime domine Jhesu, per quinque vulnera tua et per amarissimum dolorem qui de venis tuis perforatis ad cor tuum processit, atque per amorem beatissime matris tue et omnium sanctorum, quatinus conservare digneris me hodie ne cadam in peccata, sed da michi virtutem resistendi telis inimici, et fortitudinem bona opera faciendi, ac in bonis operibus usque in finem stabiliter perseverandi.

Qui cum deo patre et spiritu sancto, (fo. 71r) addens eciam Pater Noster, Ave cum Credo. Tunc etenim vestitus, dicetis primo matutinas de beatissima virgine Maria, deinde diebus festivis omnino, ac aliis diebus quando tempus permiserit, audietis devote divinum servicium diei pertinens, prout superius est expressum. Capellanus igitur vester seu capellani, o Rex clementissime, cum ad vestram regalissimam presenciam venerint in ecclesiam, capellam seu alium locum ad hoc decencius deputatum, audietis ab eis divinum servicium absque festinacione aut cincopacione aliquali.

Nam ut cincopacio in divinis obsequiis tam a vobis quam a dicentibus excludatur, ostenditur sic in experiencia musicali. Si enim canens in cithara sive psalterio medias cordas pertransierit aut certe confuse tangeret, aut a prima ad ultimam saltum faceret, nequaquam bonam perficeret armoniam. In proposito psallentes in cythara ministri dei sunt, quos hortatur Psalmista asserens:[329] 'psallite domino in cithara'. Qui ergo in psalmodia primum et secundum verbum dicunt, necnon penultimum et ultimum, medias dicciones cincopando transeunt, aut certe (fo. 71v) confuse proferunt, quasi medias cordas in cithara tangunt, sed nequam armoniam ac confusibilem deo faciunt et hominibus inacceptabilem. Istud patet figuraliter in Levitico,[330] ubi habetur quod ministri veteris testamenti 'ipsam hostiam in frusta concissam, cum

[329] Ps. 98: 5.   [330] Lev. 9: 13.

capite et membris singulis, optulerunt'. In quo nimirum edocemur historiam divinorum officiorum distinctam cum omnibus partibus, sillabis et diccionibus devote absque subtraccione aliquali deo offerre. Unde ait Sapiens:[331] 'bono animo gloriam redde deo et non minuas primicias manuum tuarum', idest affeccionum. Unde habetur in eodem Levitico de hostia legali,[332] quod si maculam habuerit non erat acceptabilis in oblacione. Que maior macula in hostia divinorum, quam confusio et corrupcio prolacionum? Tales ergo sic in divinis balbucientes et verba breviantes, ad turrem Babel, ubi facta est labiorum confusio, pertinere discuntur.

Ideo, constantissime Rex, diebus festivis ac aliis diebus, quando poteritis divinis obsequiis intendere, vos ab omni negocio mundiali extraneate, exclusa omni(fo. 72r)moda confabulacione protunc temporis cuiuscumque. Aliter autem meritum deperdetis, nec premium assequemini post laborem. Videatis eciam bene ne vestri capellani nimium festinent in dicendo, propter moram diutinam vestri, seu occasionem a vobis collatam, ad evitacionem offensionis nostri beatissimi salvatoris, omnia luculenter aspicientis. Interim, nobilissime Rex, quantum ad missas vestras fervencius audiendas, singulis diebus attendite diligenter, ut in una missa omnia a sacerdote propalata devocius audiatis. Sacerdote vero a dicendo cessante, possitis vestris oracionibus ac fervidis meditacionibus, prout adtunc vestrum desiderium expostulat, domino deservire. In ceteris autem missis audiendis, poteritis eciam oracionibus intendere, exceptis primis collectis Epistolis et Evangeliis in eisdem.

Quantum vero ad oracionum suffragia exercenda, exopto ut omni die dicatis infrascripta. Primo, oraciones et matutinas de beatissima virgine Maria, sub formula suprascripta cum aliquo devocioni dedito et fideli. Ac eciam psalterium beatissime virginis cotidie (fo. 72v) dicatis, vel pro vobis ab aliis devotis personis dici disponatis sub hac forma. Omnibus diebus dominicis, feriis terciis et feriis quintis, dicatur illud psalterium in memoria et veneracione quindecim gaudiorum eiusdem virginis gloriose, venerando videlicet eamdem virginem in quolibet gaudio, cum uno Pater Noster et decem Ave Maria. Secundis autem feriis, quartis et sextis, dicatur predictum psalterium in veneracione et recordacione vulnerum et passionis domini nostri Jhesu Christi, ac compassionis eiusdem virginis in eadem. Diebus vero sabbatis, dicatur semper psalterium predictum in veneracione trium principalium gaudiorum eiusdem virginis beate, que habuit in hoc mundo, scilicet de gaudio dominice annunciacionis, de gaudio nativitatis dominice, et de gaudio assumpcionis eiusdem virginis venerande. Addendo ad finem cuiuslibet psalterii aliquam singularem oracionem eisdem concordantem, cum psalmo De Profundis, et collecta Absolve quamvis domine etc . . ., pro animabus amicorum et omnium fidelium defunctorum. Dicatis eciam,

[331] Si. 35: 10.   [332] Lev. 22: 20.

si placeat vestre devotissime regalie, quolibet die (fo. 73r) quindecim Pater Noster et totidem Ave Maria, cum uno Credo, ob memoriam et veneracionem vulnerum et passionis amarissime nostri beatissimi salvatoris, addendo sequentem oracionem, 'Oracio de passione domini':

Gracias tibi ago, domine mi, Jhesu Christe quod passionem tuam inchoasti potenter, tuam crucem baiulasti humiliter, et huic innexus fuisti pacienter, in hac sancta cruce erectus fuisti misericorditer et pependisti graviter ac vulneratus penaliter, loquebaris inconsolabiliter, flevisti acriter, vociferasti viriliter, universe vene tue confracte sunt integraliter, atque pro me mortem subisti acerbissimam indubitanter. Nunc recommendo me, domine, in hunc amorem qui tu existens predicaris per orbem, atque recommendo me, domine mi Jhesu Christe, in tuarum passionum virtutem et tue ineffabilis misericordie profunditatem, Jhesu Christe, deus pater, et domine, propter honorem tui sancti nominis et propter immensitatem tue ineffabilis pietatis, fac me quod in me*a* molestum fiat, omne quod animam meam maculat. Permitte me reminisci anxietatis (fo. 73v) tue amarissime mortis, tua sanctissima vulnera in me frequenter gerendo, ut sic apud te, domine, inveniam misericordiam et graciam promerendo. Defende me, piissime domine Jhesu, a gehenne miseriis, ut sic protectus tibi semper assim in gaudiis, et animam meam protege tua semper sancta proteccione, quam redemisti, domine, tuo preciosissimo sanguine.

Qui cum deo patre etc . . ., Pater Noster, Ave.

Igitur, christianissime Rex, sciatis certissime quod magis erit deo placabile et acceptabile vos cum devocione paucas oraciones divine maiestati offerre, quam cincopando integrum psalterium seu mille oraciones dominicas sine devocione persolvere. Hinc est, nobilissime Rex, ut diligenter caveatis, ne aliquid orando dicatis cum cordis evagacione seu festinacione aliquali, sed deo donante, hec et omnia alia dicatis semper attento corde et omni qua poteritis devocione, attendens continue in omnibus cum reverencia et honore, beatissimo creatori ac benignissimo nostro redemptori, omnia prospicienti, et de vestro profectu maxime congaudenti. Licet vero hec predicta vestre benignissime maiestati consulam*b* ad dicendum, tamen non nitor in (fo. 74r) aliis dicendis vestram devocionem fervidam extinguere, sed gracia spiritus sancti pocius inflammare. Quia vero primordialiter habita pura consciencia in foro confessionis, affectuosissime Rex, in domino memorate, consequitur munde conversacionis splendidum exemplar in quocumque mortali, ac illa duo tercio connectit fervide oracionis devota pulsacio ad aures domini in supernis.

Igitur, aliquid de oracionis dignitate presencialiter inseram, et huius

---

a Quod in me *is repeated.*　　　　　　　　　　*b* *MS.* consulero.

capituli intencionem sic concludam. Humiliter et distincte, instanter et pie, oravit Abraham dominum pro Sodomitis (Genesis XVIII°).[333] 'Ysaac deprecatus est dominum pro uxore sua, eo quod esset sterilis: qui exaudivit eum, et dedit conceptum Rebecce', ut patet Genesis XXV°.[334] Oravit dominum multociens Moyses, ut plagas ab Egipto amoveret, et licet Egipcii mali essent: eum dominus frequencius exaudivit, ut patet in Exodo diversis capitulis.[335] Post adoracionem vituli videbatur dominus velle populum delere, sed Moyses, per oracionis instanciam, pro illis veniam procuravit (Exodi XXXII°).[336] Maria per oracionem Moysi curata est a lepra (Numeri XII°).[337] Susanna, (fo. 74v) videns auxilium humanum sibi deesse, suspexit in celum et recurrit ad oracionis suffragium, et exaudita est (Danielis XIII°).[338] Dominus Jhesus,[339] ut habetur in serie novi testamenti, in montem ascendit solus orare, ubi ostendit quod orantes debent tumultum turbidum seculi ad tempus declinare, quatinus possent se deo per oracionum suffragia devocius ac fervencius commendare.

Hunc igitur oracionis clipeum, radiosissime ac nobilissime Rex, cordialiter assumite, quo labencia tempora relevabitis, mores vestros Christi preceptis applicabitis, ac defectuosa in melius reformabitis ad placenciam conditoris. Sic infestantis serpentis destruetur malicia venenosa, sic erit deo vestra devocio placabilis et graciosa, sic mundi delicie marcescent cum tempore, ac eterne divicie arridebunt cum decore vestre imperialissime maiestati, quam in presenti, ut ferventissime desidero, corroboret omnium creator, et in futuro eidem maiestati sit sempiterni premii gratissimus retributor.

Amen.

[*II.*] *Incipit secundum* [*capitulum*], *in quo tractatur de virtute prudencie et aliis eidem pertinentibus.*

(fo. 75r) Secundo, graciosissime Rex, mearum precum pervigili cure singularissime recognovisse per aurum quo vestiebatur intrinsecus thronus regalissimus Salomonis, intelligitur prenobilis virtus prudencie, que protegit regiam maiestatem in corpore reipublice ab inimicorum sinistra invasione, et regnum serenat pacifica tranquillitate. 'Rex namque nomen est officii et dignitatis. Est enim regis officium ut suam gentem dirigat in finem debitum. Hoc enim sonat nomen regis quod a regendo sumpsit exordium, unde alios regere et in debitum finem dirigere fit per virtutem prudencie. Unde dicitur VI° Ethicorum:[340] illos estimavimus prudentes qui sibi et aliis bona possunt providere'.

---

[333] Gen. 18: 27, 32.   [334] Gen. 25: 21.   [335] Exod. passim.
[336] Exod. 32: 31.   [337] Num. 12: 13.   [338] Dan. 13: 42, 43.
[339] An allusion to Christ's prayer on the Mount of Olives, recorded in the four gospels.
[340] *De reg. princ.*, Bk I, pt II, ch. 7, quoting Aristotle, *Nicomachean Ethics*, Bk VI, ch. v, 1 (trans. Rackham, p. 337).

'Providencia ergo', providissime Rex, 'est ut quidam oculus quo bonus et debitus finis conspicitur. Et sicut sagittator non potest sufficienter sagittam in signum dirigere nisi signum videat, sic neque rex potest populum suum regere et in debitum finem dirigere, nisi ipsum finem per prudenciam speculetur.' Fuerunt quidam, ut habetur VI° Ethicorum,[341] qui posuerunt (fo. 75v) quod prudencia non se extendit ad bonum commune, sed solum ad bonum proprium, et hoc ideo posuerunt, quia existimabant quod non oportet hominem querere nisi bonum proprium, que estimacio repugnat caritati que non querit que sua sunt. Unde Apostolus de seipso dicit (prima ad Corinthos X°):[342] 'non quero quid mihi utile, sed quod multis, ut salvi fiant'. Repugnat eciam racioni recte qui iudicat quod bonum commune sit melius quam bonum unius. Quia igitur ad prudenciam pertinet recte consiliari, iudicare et precipere de hiis per que ad finem debitum pervenitur, manifestum est quod prudencia non solum se habet ad bonum privatum unius hominis, sed ad bonum commune multitudinis.

Quia igitur, providissime Rex et princeps, prudencia pro bono communi effectualiter commendatur, expedit ut residens in solio principatus tali galea sit protectus. Unde venerabilis Albertus in Exposicione super epistolam 'Mulierem fortem quis inveniet?'[343] 'hec virtus prudencie habet columpnas septem quibus innititur et fulcitur, videlicet, sapienciam de gustu divinorum, scienciam de disposicione mundanorum, consilium de beneplacito dei, in(fo. 76r)tellectum de eloquiis sanctis, providenciam de futuris periculis, memoriam de preteritis et solerciam de hominum versuciis'. Ex quibus septem quatuor omissis, tres columpnas de pretactis in medium adducemus. Teste Bonaventura in Libro de Virtutibus:[344] 'prudens habet memoriam per quam repetit ea que fuerunt, intelligenciam per quam animus conspicit ea que sunt, providenciam per quam conspicit aliquid ut futurum'. Hec autem tria in regibus et principibus antiquitus mirabiliter viguerunt et debent in omnibus deliberatorie comparere. De quibus sic loquitur Seneca in Libro de Quatuor Virtutibus Cardinalibus:[345] 'si prudens est animus, tribus temporibus dispensetur, scilicet presencia ordinando, preterita recordando ac futura providendo. Nam qui nichil de preteritis

[341] *Ibid.*, Bk VI, ch. viii, 4 (trans. Rackham, p. 349).
[342] I Cor. 10: 33.
[343] Prov. 31: 10. See P. Van Loë, 'De Vita et Scriptis Beati Alberti Magni: III', *Analecta Bollandiana* (xxi, 1902), p. 366. This is a quotation from the *Liber de Muliere Forti*, printed in *Beati Alberti Magni Ratisbonensis episcopi . . . Opera Omnia*, ed. P. Jammy (Lyon, 1651), p. 84b.
[344] See above, n. 255.
[345] Seneca, *Liber Annei Senece de formula honeste vite vel de quattuor virtutibus cardinalibus* (Paris, n.d.) fo. 4v. This is from Martin of Bracara, *Formula Vitae Honestae* (*Martini Bracarensis Opera Omnia*, ed. C. W. Barlow (New Haven, 1950), p. 240, lines 37–40). From this point, much of the chapter's plan is taken from *De reg. princ.*, Bk II, pt II, ch. 8, although the work is not actually quoted.

cogitat, vitam perdit, qui nichil de futuro premeditatur, in omnia que poterunt contingere, incautus incidit'.

Nichil igitur, metuendissime Rex, subitum in vobis reperiatur, sed totum primo oculo providencie prospiciatur. Nam qui providencia perarmatur, non dicit: 'non putavi hec fieri', quia non dubitavit, sed expectat, non suspicatur, (fo. 76v) sed cavet. Decet igitur vestram altissimam regaliam memorie preterita reducere, non quia potestis preterita revocare, sed quia ex preteritis potestis cognoscere quid in futuro debeat evenire. Pro secundo, decet vos scire et intelligere leges et consuetudines bonas, et alia que possunt esse principia agendorum. Et tercio, condecet ut habeatis providenciam futurorum. Nam homines providentes futura lucra, vias excogitant per quas illa bona valeant adipisci. Igitur, racione bonorum ad que rex gentem suam habet dirigere, ut facilius ipsa bona valeat procurare, expedit omnino providencia futurorum.

Pro primo,[a] memoria duplex in sacra scriptura reperitur. Una beneficiorum continue possidenda, alia dampnorum penitus relinquenda. Reducantur igitur memorie illa que pro vobis fecit omnium plasmator, vos creando cum non eratis, et redimendo, ac vobis cetera beneficia gratuita conferendo, que affigerent in vobis memoriam beneficiorum dei. Sed hanc memoriam impediunt prosperitas et voluptas mundialis, ut habetur per exemplum figuratum (fo. 77r) Genesis XL⁰ [346] de preposito pincernarum, qui fuit incarceratus cum Joseph, et per ipsum de sua liberacione prophetice informatus, sed succedentibus prosperis 'sui interpretis est oblitus'. Isto modo reperitur in multis qui cum affliccionibus tribulantur, deum habent in memoria, sed quando habent prosperitatem et sanitatem, deum obliviscuntur liberatorem. De quorum quolibet verificatur illud Deuteronomii XXXII⁰:[347] 'Deum qui te genuit dereliquisti, et oblitus es domini creatoris tui'. Nam qui laborant ferventer pro fructu et commodo huius vite, mandata dei frequenter tradunt oblivioni. Unde Augustinus in Florigero capitulo de contemptu mundi:[348] 'o amatores mundi, cuius rei causa militatis, maior ne esse poterit spes vestra in mundo, quam ut amici mundi sitis!' Ibi quid non fragile, plenum que periculo? O miseri perient hec omnia, dimittite hec vana et inutilia, et conformate vos ad solam inquisicionem eorum que sunt eternaliter permansura! Sicut eciam amor immundus inflammat animam, et ad terrena concupiscenda et peritura sectanda vocat (fo. 77v) et in yma precipitat, atque in profunda demergit, sic amor sanctus ad superna elevat, et ad eterna inflammat, atque ad ea que non transeunt neque moriuntur excitat animam, et de profundo inferni levat ad celum. Hanc igitur

[a] *In the margin* De duplici memoria.

---

[346] Gen. 40: 23.   [347] Dt. 32: 18.
[348] This quotation, which probably comes from a collection of *Flores*, is not found in Pseudo-Augustine, *Sermo de contemptu mundi*, PL, 40, 1215–18.

memoriam, christianissime Rex, iterando commendate, ut fiat vobis retributor in celestibus, cuius imperium perpetualiter perdurabit.

Secunda autem memoria iniuriarum et dampnorum est penitus relinquenda. Unde Seneca in proverbiis ait:[349] 'iniurie remedium est oblivio'. Et talis qui iniurias obliviscitur, dicere potest confidenter illud Tobie IIIo:[350] 'domine, memor esto mei, et ne vindictam sumas de peccatis meis'. Sic Jacob mandavit Joseph filio suo, dicens: 'obsecro te ut obliviscaris scelerum fratrum tuorum'.[351] Unde dominus dixit Levitici IXo:[352] 'non queretis ulcionem, nec memores eritis iniurie civium vestrorum'. Ac si diceret: quia ego omnium dominus, propter meum amorem debetis oblivisci iniuriarum.

Secundo, clarissime Rex, presencia studiose intelligite, ut precaveatis detrahencium fallacias, et adulancium blandimen(fo. 78r)ta. Contra huiusmodi detractores exemplum habemus in natura.[a] Sicut enim flatus venti extinguit lumen lucerne, sic flatus detraccionis extinguit caritatem anime. Igitur non veniat anima vestra in consilium detrahencium, quoniam deus odit eos, nec mirum, cum illud precipue vicium, caritatem, qui [sic] deus est, acrius impugnare et prosequi cognoscatur. Nam omnis qui detrahit primum quidem prodit seipsum vacuum caritate. Deinde quid aliud intendit, nisi ut is cui detrahitur, veniat ipsis apud quos detrahitur in odium vel contemptum? Unde Apostolus ad Romanos nono:[353] 'detractores deo sunt odibiles'. Istud eciam ostenditur in arte. Nam detractor peior est fure atque crudelior in arte sua. Nam fur tollit pecuniam, hic autem bonam famam.

Pecunia namque restitui ac recuperari potest, fama autem vix aut nunquam. Cuius vindicta patet de Maria sorore Moysi,[354] que, quia detraxit Moysi servo domini, percussa est lepra. Et merito. Quia sicut detractor destruit hominum societatem, sic cum Maria ab (fo. 78v) hominibus separetur et maneat cum leprosis. Nam qui detrahit alicui, ille in futuro se obligat ad penam, scilicet sempiternam. Item ostenditur detraccionis decepcio in figura Danielis VIIo [355] de bestia simili urso in cuius ore tres ordines dencium videbantur. Cui bestie sic dicebatur: surge et comede carnes plurimas. Per istam bestiam miram et monstruosam, possunt detractores diabolo conformes ac eius coadiutores conveniencius designari. Qui quasi tres ordines dencium in ore portant, cum tripliciter lacerando proximum peccant, sicilicet bona minuendo, mala cumulando et falsa ferociter imponendo. Hinc est quod ferocibus bestiis sunt peiores. Nam cetera animalia parcunt bestiis sui generis, ut

---

[a] *In the margin* Contra detractores.

---

[349] Seneca, *Proverbia secundum ordinem alphabeti cum tractatu eiusdem de moribus* (Paris, n.d.) fo. 3r.

[350] Tob. 3: 3.   [351] Gen. 50: 17.   [352] Lev. 19: 18.
[353] Rom. 1: 30.   [354] Num. 12: 10.   [355] Dan. 7: 5.

leo leoni, lupus lupo, isti autem nequaquam immo statum et famam proximorum et sociorum mortifere reprehendunt.

Quantum vero ad vicium adulacionis detestandum, sic scribitur:[a] nutrix peccatorum est adulacio et magna ira dei, ubi deest correccio. Unde habetur secundo Paralipomenon vicesimo quarto[356] quomodo adulacio traxit Joas regem Israel ad ydolatriam (fo. 79r) in senectute sua. Hec autem adulacio dicitur laude fallaci seduccio, a qua multa mala principantibus inferuntur. Primo, quia adulatores non solum excecant principes sed subiectos (Sapiencie IIIIº):[357] 'raptus est ne malicia mutaret intellectum eius, aut ne ficcio deciperet animam eius'. Secundo, adulatores resipiscere faciunt a bono incepto vel proposito (Ad Galathas IIIº):[358] 'o insensati Galathe, quis vos fascinavit, idest decepit veritati evangelice non obedire, per quam legalia sunt exclusa'. Doctor de Lira:[359] 'licet enim apostolus sciret eos deceptos per pseudo apostolos, tamen querit quis eos decepit, non ignorans, sed admirans eorum instabilitatem . . . Sciendum est quod fascinacio aliquando accipitur pro illusione sensuum, qua aliquis non advertit ea que sunt ante ipsum, et sic erat de Galathis qui non advertebant falsorum apostolorum decepciones'.

Tercio, adulatores alliciunt ad peccatum, sicut syrene ad periculum (Ysaie XIIIº):[360] 'respondebunt ibi ulule et syrene in delubris voluptatis'. Ulule sunt qui ponunt rostrum in (fo. 79v) luto et horrendum sonitum reddunt, sic detractores qui in fecibus aliorum suum ponunt rostrum. Syrena monstrum est marinum, quod sui cantus dulcedine nautas ad loca periculosa pertrahit et submergit. Et dicitur a syren[e] grece quod est tractus, sic adulantes suis blandiciis adulatoriis in mari huius mundi quam plurimos homines trahunt in interitum perdicionis. In novo enim testamento dominus Jhesus absentem Johannem non presentem laudavit, dans exemplum quod laus sine commendacio non debet fieri in presencia alicuius, ne adulacio fieri videatur. Econtra Pharisei volentes Jhesum capere in sermone, ceperunt eum laudare et dicere: 'magister scimus quia verax es, et viam dei in veritate doces'.[361] Super quo textu, quidam egregius postillator dicit:[362] 'mellitis sermonibus dominum circumdant quasi apes mel portantes, vel pocius quasi scorpiones facie quidem blandientes, retro vero venena spargentes'. Magistrum veracem et veritatem dei docentem vocant, ut quasi honoratus ab eis et laudatus sui cordis misterium eis simpliciter aperiret.

Sic igitur, benignissime Rex, (fo. 80r) affectus varios mundane

---

[a] *In the margin* Contra adulatores.

---

[356] 2 Ch. 24: 17, 19.   [357] Wis. 4: 11.   [358] Gal. 3: 1.
[359] Nicholaus de Lyra, *Glossa*, v, fo. 89r.   [360] Isa. 13: 22.
[361] Mt. 22: 16.   [362] This is not a gloss by either Lyra or Gorran.

calliditatis et adulantis favoris, lumine intelligentie presencialiter resecate, ac veritatis scrutamine futura virtuosius previdete. Pro cuius debita consideracione, scribitur Mathei X°:[363] 'estote prudentes sicut serpentes'. Astucia namque serpentis est quod toto corpore capud in quo vita est occultat et protegit, quia non moritur serpens sine capite leso. Ita in omni periculo tribulacionum futurorum, capud vestrum, dominum Jhesum Christum, firmiter custodiatis, et in faciendis fideliter provideatis. Alia proprietas quod, quando serpens aliqua putredine pregravatur, petrarum scissuram ingreditur, ut angustia foraminis sana succedat, veterem tunicam exuendo. Sic vos veterem hominem exuere debetis cum actibus suis, et in futuro novum hominem induere, qui secundum deum creatus est in iusticia et sanctitate veritatis. Tercia proprietas est quod serpens unam aurem obturat terra et aliam cauda, ad voces illorum qui sui capitis venenum desiderant pro medicinis. Sic vos unam aurem (fo. 8ov) plicabitis ad petram, scilicet, Christum, considerando quanta passus est pro vobis, et aliam aurem ad memoriam mortis terrene ad quam finaliter pervenietis. Hec autem mortis consideracio necessaria cuicumque arbitratur principi perpetua pro salute. Unde habetur in vita Johannis Alexandrie patriarche[364] quod antiquitus post coronacionem imperatoris ingrediebantur ad eum edificatores monumentorum dicentes ei de quali metallo iuberet sibi fieri monumentum. Ei scilicet per hoc veraciter insinuantes quod tanquam homo corruptibilis et transitorius curam sue anime gereret, et pie regimen imperii dispensaret. Hec autem meditacio est quasi frenum principem refrenans, ne per latitudines cupiditatum, voluptatum seu libidinum, effluat et discurrat. Igitur hortatur Apostolus prima Petri IIII°,[365] dicens: 'estote prudentes, et vigilate in oracionibus'. Et quia de die iudicii nemo scit, ideo est cogitanda tanquam semper propinqua. Unde doctor de Lira:[366] 'estote ergo prudentes, idest, in futuro vobis providentes, ut ibidem mundati appareatis, et vigilate in oracionibus, ut deus vos (fo. 8ır) dirigat, sine cuius direccione non potestis vivere munde'.

Sic vero, nobilissime Rex, totum reipublice corpus integritate sui roboris vigoratur, tunc optime composicionis spiritu[a] venustatur, et elegantis pulcritudinis decore virescit, si singula queque locum teneant congruentem. Quam congruenciam virtus prudencie prenoscit rectius adaptare. Hanc igitur virtutem prudencie, invictissime Rex, assumite, qua cuncta adversancia per regiones irruencia potestis faciliter prosternere, ac eciam inimicorum repugnancium impetus manu valida debilitare

---

[a] MS. spirite.

---

[363] Mt. 10: 16.

[364] This refers to Johannes Eleemosynarius, bishop of Alexandria, who died in 616. His life is in *PL*, 73, 337–84.

[365] 1 Pet. 4: 7.   [366] Nicholaus de Lyra, *Glossa*, v, fo. 233r.

ad vestre regalie plenariam exaltacionem et probate celsitudinis perpetuum stabilimentum.

[III.] Incipit tercium capitulum in quo tractatur de probabili execucione iudicii.

Tercium requisitum ad Salomonis materialem thronum, christianissime Rex, erat sedile, per quod execucio iudicii presencialiter figuratur. De hoc iudicio sic loquitur sanctus Thomas secunda secunde:[367] 'iudicium in tantum est licitum in quantum est iusticie actus. Unde, ad hoc quod iudicium sit actus iusticie, tria requiruntur. (fo. 81v) Primum, ut procedat ex inclinacione iusticie. Secundum, quod procedat ex caritate vel auctoritate presidentis. Et tercium, quod proferatur secundum rectam prudencie racionem. Si autem aliquid istorum defuerit, est iudicium viciosum et illicitum. Primo quidem modo: quando est contra rectitudinem iusticie, et sic dicitur iudicium perversum, licet iniustum. Secundo modo: quando aliquis iudicat in hiis in quibus non habet auctoritatem, et sic dicitur iudicium usurpatum. Tercio modo: quando deest certitudo racionis, puta, cum aliquis iudicat de hiis que sunt dubia vel occulta per aliquas leves coniecturas, et sic dicitur iudicium suspiciosum'. Dicitur autem iudex, quasi dicens ius, et ideo iudicium importat secundum proprii nominis imposicionem et determinacionem iusti iuris.

Igitur, regalissime Rex, quandocumque accidit iudicium fieri, per vos principaliter, seu iudices alios commissarios adversus perniciosos hominum subditorum, previdete ac diligenter considerate ne contra execucionem iusticie sentencia iudicii pervertatur. Secundo, vigilancius ascultate ne aliquis in regno attemptet absque vestra licencia regia aucto(fo. 82r)ritatem iudicandi presumere, ne talis pomposa presumpcio attrahat secum impios consiliantes ad gravia scelera manutenenda. Et tercio, precavete, graciosissime Rex, ne ex levi coniecturacione procedat execucio iudicantis, adversus veraces per viam rectitudinis infallibiliter incedentes, sed fiat, prehabita matura deliberacione, secundum sentenciam probabilem iuris adversus ordinacionum et statutorum regni transgressores et impiorum sinistra consilia absorbenda.

Non erit autem iudex innocens, si aut puniat eum cui parcendum esset, aut parcat ei qui fuerit puniendus. Impunitas namque ausum parit, ausus excessum. Impunitas eciam incurie soboles est, insolencie mater, radix impudencie, ac nutrix transgressionum. Scribitur namque Johannis VII°:[368] 'nolite iudicare secundum faciem', idest attendentes ad id quod non pertinet ad rem. Quod fit quando amor licet odium attenditur, ex quibus aliter quam secundum veritatem iudicatur, sed iustum iudicium iudicate, idest, facta hominum secundum expressionem veritatis.

---

[367] *Summa*, IIª IIᵉ, LX, 2, 3 and 1, 4.   [368] Jn. 7: 24.

Perversi namque iudices^a figurantur per Nemroth, Pharaonem, Nabugodonosor, (fo. 82v) Assuerum et Antiochum.

Primo, simulantur Nemroth. Erat namque Nemroth potens in terra et robustus venator coram domino, sicut habetur Genesis X°.[369] Quid autem signatur hoc nomine, venator, nisi terrigenarum deceptor, oppressor et extinctor? Tales, nobilissime Rex, sunt iudices iniqui, qui pro pecunie lucro innocentes dampnant, ac iniustos salvant, nec in delinquentes debitam fulminant ulcionem.

Secundo, assimilantur Pharaoni, qui iniqua sentencia ac crudelitate afflixit et oppressit populum dei. Sed considerent tales iudices vindictam dei adversus Pharaonem, qui, dum persequeretur populum domini cum exercitu suo, submersus est in mari rubro, sicut patet Exodi XIIII°.[370] Quomodo ergo credunt tam iniqui iudices evadere manum domini? Quomodo confidunt in brachio forti huius, mundi fluxus evitare? Considerent et agnoscant infallibiliter quia dominus illos, nisi se corrigant, submerget in amaritudinem fluvii infernalis.

Tercio, pro huiusmodi vindicta, suis imprimant memoriis crudelem et irracionabilem sentenciam Nabugodonosor regis in sapientes Babilonis, (fo. 83r) ut patet Danielis II°:[371] qui postmodum decreto celestis ac summi iudicis ab hominibus est eiectus, et quasi in bestiam conversus est, cum bestiis conversatus, ut sequitur Danielis IIII°.[372]

Quarto eciam, memorie deducant crudelem sentenciam ac decretum Assueri regis in Iudeos ad procuracionem magni principis Aman, sed postmodum ipse Aman suspensus erat in patibulo, quod paraverat Mardocheo, sicut patet in libro Hester.[373]

Quinto, patet vindicacio talium iudicum iniquorum II° libro Machabeorum IX° de Antiocho.[374] Qui postquam sentenciam crudelem explere cogitasse, apprehendit eum dolor dirus viscerum et amara interiorum tormenta et quidem satis iuste, quia multis ac magnis cruciatibus iniustis torquebat viscera aliorum.

Sicut ergo facilitas credulitatis frequencius perversum facit iudicium, sicut de principe militum Pharaonis patuit,[375] qui, nimis credulus verbis coniugis nepharie, innocentem Joseph carceri mancipavit; ideo, in causis discuciendis, debent iudices dominum omnium, supernum iudicem, diligencius imitari. Qui, cum omnia cognoscat (fo. 83v) ut deus, tamen dixit Abrahe:[376] 'clamor Sodomorum et Gomorre venit ad me, descendam et videbo utrum clamorem opere compleverint, aut non' (Genesis XVIII°). Quo exemplo instruuntur iudices ut non leviter credant alicui in iudicio exequendo, priusquam probabile

^a *In the margin* De malis iudicibus.

---

[369] Gen. 10: 9.   [370] Exod. 14: 24.   [371] Dan. 2: 13.
[372] Dan. 4: 28, 29.   [373] Est. 7: 9.   [374] 2 Mac. 9.
[375] Gen. 39: 20.   [376] Gen. 18: 20, 21.

testimonium idem valeat confirmare. Istud patet Johannis VIII⁰,[377] ubi Christus diligentissime discussit causam mulieris quam Iudei de adulterio accusabant; primo enim inclinans se deorsum, digito scribebat in terra: ecce quam morosus fuit, et quam diligenter causam mulieris discussit, antequam vellet iudicare.

De hiis pravis ac perversis iudicibus, per munerum accepcionem iudicium verum subvertentibus, diversimode legitur in scriptura. Primo, ut patet figuraliter Judicum VIII⁰ de Gedeone,[378] qui inaures aureas de preda Madianitarum sibi datas accepit, et vestem sacerdotalem inde fecit. Quod tamen factum, Gedeoni et omni domui eius vertebatur in ruinam. Si ergo ruine eius fuerint munera talia et ad talem usum accepta, quanto magis munera perversa dabunt ruine occasionem ad iudicia pervertenda adversus tales iudices! Unde scribitur (fo. 84r) Isaie I⁰:[379] 'quiescite agere perverse, discite benefacere'.

Secundo figurantur IIII⁰ Regum V⁰ [380] per Giezi cui ait Heliseus: 'nunc accepisti argentum et vestes, ut emas oliveta, vineas, oves, boves, servos et ancillas, sed et lepra Naaman adherebit tibi et semini tuo in sempiternum'. Sic, strenuissime ac disertissime Rex, preclarissima dei iusticia, lepra penalitatis percucientur illi iniqui iudices, qui munerum collacione discernunt veritatem expugnare et fallaciam refovere. De talibus iudicibus ait dominus (Deuteronomii XXVII⁰):[381] 'maledictus qui accipit munera, ut percuciat animam sanguinis innocentis'. Et sequitur: 'maledictus qui non permanet in sermonibus legis'.

Tercio, simulantur tales iudices sacerdotibus Belis. Qui, ingredientes per ostiola[a] secreto, omnia cibaria Beli oblata consumebant, ut patet Danielis XIIII⁰.[382] Talia ostiola sunt ipsa secreta donaria quibus in iudicio veritas pervertitur et dampnabilis falsitas exercetur. Quantum vero ad personarum accepcionem, iniqui iudices errant in sentencie prolacione, dum pro prece seu precio intendunt in qualitatem persone et (fo. 84v) sepe eviscerant dampnabiliter iustos, dum improbe defendunt iniquos. De quibus scribitur Jacobi II⁰:[383] 'si personas accipitis, peccatum operamini, redarguti a lege quasi transgressores'. Unde Wallensis[384] in libello, quem edidit ad omne genus hominum, sic ait: iudices in republica sunt loco oculorum. Sicut enim oculi discernunt ea que sunt ad salutem corporis, et servant a nocivis, quia oculi sunt speculatores corporis et ideo in alto ponuntur, ita sunt iudices in republica, quorum est iusta discernere ab iniustis, secundum illud Proverbiorum quarto:[385] 'oculi tui recta videant'.

---

[a] MS. ostiala.

[377] Jn. 8, with quotation from 8: 8.　　[378] Jg. 8: 26–7.
[379] Isa. 1: 16, 17.　　[380] 2 Kg. 5: 26, 27.　　[381] Dt. 27: 25, 26.
[382] Dan. 14: 14.　　[383] Jas. 2: 9.
[384] John Waleys, *Communeloquium*, fo. 61v, pt I, dist. IV, prologus.
[385] Prov. 4: 25.

Caveant[a] igitur iudices ne iudicium pervertant ex nimia crudelitate, ex indiscussione cause, ex timoris pusillanimitate, ex carnali affeccione, seu ex munerum cupiditate. Unde ad verum iudicium exercendum plurime condiciones requiruntur. Primo, ut ordinem iuris iudices non pretermittant (Deuteronomii XVIIo):[386] 'postquam sederit in regni sui solio, describet sibi Deuteronomium legis'. Et post sequitur: 'ut non declinet in partem dextram seu sinistram'. Secundo, ut veritatem cause plenarie inves(fo. 85r)tigent (Job XXIXo):[387] 'causam quam nesciebam diligenter investigabam'. Tercio, ut in iudicio personam non accipiant (Proverbiorum XXVIIIo):[388] 'qui cognoscit in iudicio faciem, non bene facit'. Quarto, ut non cedant favori vel clamori multorum (Exodi XXIIIo):[389] 'ne sequaris turbam ad faciendum malum, nec in iudicio, ut a vero devies, plurimorum sentencie acquiesces'. Quinto, ut propter timorem non declinent a iudicii rectitudine (Ecclesiastici VIIo):[390] 'noli querere fieri iudex, nisi valeas virtute irrumpere iniquitates, ne forte extimescas faciem potentis'. Sexto, ut munera non accipiant (Exodi XXIIIo):[391] 'ne accipias munera que excecant eciam prudentes, et subvertunt verba iustorum'. Septimo, ut ad unam partem per amorem non declinent, et ab alia per odium non recedant.

Patet igitur quales iudices et causarum discussores deceat querere regiam maiestatem. Videlicet, qui sunt humiles, sibi comissam auctoritatem non excedentes, prudentes ac scientes in legibus, propter litigia exorta de veritate discucienda, habentes zelum iusticie, ut non ex parcium odio (fo. 85v) vel amore, sed sentencias proferant ex iusticie dileccione. Sed heu quam misera, dolorosa ac suspiriosa iudicia iudicum iniquorum, cum horribiliter carnes dilaniant innocentum! Heu quam lacrimosa et lamentabilis calamitas aliene cause veritatem agnoscere, et eamdem prece seu precio fallaciter condempnare! Heu quam miserabile innocentem torquere et incarcerare, nec non diu tortum et incarceratum occidere! Inter tot turbines ac tenebrarum procellas, assident iniusticie iudices inique iudicantes. Quali igitur quiete perfrui possunt qui sic innocentes quietant! Quale gaudium inhabitabunt qui simplices ac iustos tam maliciose infestant! Quantam et quam flagiciosam miserie penam incurrent, qui rectos tam inquiete molestant!

Harum igitur inscriptarum pestium dissonanciam monstruosam, deo odibilem, sanctis omnibus implacabilem, ac cum singulis spirit[u]alibus inimicis dampnabilem, prudentissime ac circumspectissime Rex, a regni litoribus effugate, quatinus equo animo ac veritate constanti quilibet iudex iudicium exequens, a iusticia (fo. 86r) non declinet, a caritate et auctoritate regia non deviet, atque a recta racionis semita non

---

[a] *In the margin* De quibus debent iudices precavere.

---

[386] Dt. 17: 18, 20.   [387] Job 29: 16.   [388] Prov. 28: 21.
[389] Exod. 23: 2.   [390] Si. 7: 6.   [391] Exod. 23: 8.

deliret. Sic regalis dignitatis decor ornatissimus, ac exequendi iudicii principalis auctoritas, solaris lampadis splendore fulgurabunt, sic eius splendiferi radii emissi, iudices per regnum dispersos laudabilius informabunt, sic subditi in regno veritatem in iudicio formidabunt, tantam que graciam, vestris regalissimis temporibus rutilantem, commendabilissime exaltabunt. Sic utique cessabunt extortores, sic ociosi et latrocinantes desudabunt ad labores, sic que deprimentur callidi oppressores, atque in federe veritatis regni inhabitatores bona propria possidebunt.

[*IV.*] *Incipit quartum capitulum huius secunde partis in quo tractatur de virtute misericordie.*

Declarato succincius in ultimo capitulo de sedili iudiciario Regum, Principum seu quorumcumque iudicum, restat ordinatim, insignissime Rex, de duabus manibus misericordie et iusticie, iudicantis sedile tenentibus aliqua (fo. 86v) calamo dirigere vestre elevatissime maiestati. Quia igitur motiva misericordie, regalissime Rex, pertinent ad multiplicem hominis miseriam in hac vita, sanctus doctor secunda secunde[392] asserit quod 'illa mala magis efficiuntur ad misericordiam promotiva, que procedunt contra voluntatem cuiusque eleccionis, quia illa mala sunt miserabilia, quorum fortuna est causa'. Dicit eciam illa mala maxime miserabilia, que sunt contra totam inclinacionem voluntatis, ut si aliquis semper sectatus est bona, et eveniunt ei mala. Unde dicit Philosophus in eodem libro,[393] 'quod misericordia maxime redundat super malum eius qui patitur indignus'.

Hec autem misericordia aliene miserie in nostro corde compassio describitur, qua utique, si possumus, subvenire ceteris coartamur. Unde Blesensis, in libello de verbis domini in monte:[394] 'ipsa veritas beatos reputat quos cordis miseria reddit misericordes. Revera dolentibus condolere, miserandis misereri, flere cum flentibus, afflictis compati, [ab] infirmantibus confirmari, periclinantes lamentari, sese et sua omnia necessitatem pacientibus impartiri sunt affecciones et misericordie acciones. Et que (fo. 87r) beatitudo in hiis omnibus! Non bene conveniunt felicitas et affliccio. Ergo ne fallit aut fallitur veritas! Minime. Beati prorsus misericordes, et si non quia miseris compaciuntur, tamen quia per hanc misericordiam consequentur. Ergo beati erunt, sed iam non sunt: immo sunt; non re, sed spe. Immo eciam in re, sed re minus sufficienti. Illud centuplum evangelice promissionis perceperunt, sed cum persecucionibus. Quia non est plena beatitudo cui vel aliqua sociatur affliccio. Videmus igitur quomodo qui miseris miserentur, ipsi misericordia egent. O miserabilis mortalium condicio! Fuerit licet quis

---

[392] *Summa*, IIᵃ IIᵉ, XXX, 1.
[393] *Art of Rhetoric*, II, viii, 16 (trans. Freese, p. 231).
[394] Untraced quotation.

sapiencior Salomone, sanccior David aut Samuele, forcior Sampsone, locuplecior Creso, fortunacior Augusto, nisi fuerit misericordiam consecutus, non tantum miseriam non evadet, sed eciam penam eternam possidebit! Igitur, quantumlibet diviciis affluat et deliciis quasi mendicus dei panem cotidianum necesse est ut exposcat. Si beati misericordes, quomodo non miseri crudeles? Misericordiam non consequentur, quia non secuntur sed persecuntur?

Tales eciam aliquociens apprehendit (fo. 87v) misericordia eciam nolentes.[a] O larga et ineffabilis dei miseracio! Crudeles et impios mutat in viros alteros; hec plane mutacio dextre excelsi. Nostis Matheum et Paulum; hii sunt viri misericordie. Nam ante misericordiam nec viri erant sed bestie feroces. Saulus adhuc spirans et anelans cedes in discipulos domini, quid humanum, immo quid non crudele, quid non bestiale redolebat? Ubi tunc erat, quis infirmatur et ego non infirmor? Profecto in illa abysso, multa de qua divisiones profluunt graciarum. Flumina benediccionum ponunt desertum in stagna aquarum et terram inviam in aquarum rivos. Quid erat illud cor aridum et crudele, nisi desertum? Quid, nisi spinas crudelitatis et tribulos erroris fructificavit? Sed misericordiam percepit, et facta est terra illa deserta, invia et inaquosa, sicut paradisus deliciarum. O magna misericordia salvatoris! Copiosus exuberat Paulus olivis misericordie, vitibus sapiencie, rosis paciencie, liliis mundicie, quam antea aculeis spinarum et tribulis. Matheum quoque diximus in exemplum. Ipse, sectando miseriam, apprehendit misericordiam. Immo ut verius dicam, apprehensus est ab ea. Dictum (fo. 88r) est ei divinitus: "sequere me".[395] Et mox relicta officina facinorum, relicto fraudis commercio, miseriam exuit et induit misericordiam. Adeoque misericordie visceribus subito affluebat, ut sui sceleris consortes miseratus, secum traheret ad salutem. Misericordie participium omnibus optavit, nemini invidit, sicut vas misericordie, sicut vas in sanctificacionem et honorem.

Beati tales, olim crudeles, nunc credentes, olim miseri, nunc misericordie visceribus affluentes! Magna et mira miseracio que de crudelibus credentes, agnos de lupis facit! O altitudo sapiencie et sciencie dei, immo et misericordie dei! Istos prevenit in benediccionibus dulcedinis ex utero matris sue, ac cotidianis promovet incrementis usque in finem, sicut David et Samuelem. Alios miseratur in principio, et in fine deserit, ut Saulem. Alios dimittit secundum desideria cordis eorum, ut eant in adiuvencionibus suis usque in senectam et senium, et tunc demum expandit super eos rethe misericordie, et in funiculis caritatis de miseria trahit ad misericordiam, sicut Matheum et Zacheum. Adhuc quod magis est mirabile, manifeste persequentes obviis suscipit

[a] *In the margin* Exempla misericordie.

---

[395] Jn. 21: 19.

amplexibus pietatis, et (fo. 88v) extractis dimicantibus gladiis oscula porrigit, dicens :[396] "Saule, Saule! quid me persequeris?" Quid infestas amantem? Quid dimicas contra diligentem? Si non parcis pietati, cur non defers potestati? Durum est tibi contra stimulum calcitrare. Sed tolle quod durum est, quod dulce est, offero. Dulce vero lumen et delectabile oculis ad videndum. Sed quare corruis, quare ipso lumine cecaris? Quid faceres ad eternum ignem, qui pavescis ad lumen? An oculus tuus nequam est, lumen horrens et tenebras optans? Sic noctua videt in tenebris, in luce cecatur. Aquila, irreverberata acie, solem aspicit, et degenerem estimat pullum cuius ad splendorem palpitat obtutus. Non tale iudicium meum. Egritudini ascribo, non ignobilitati, teneritudinem tuam, et quod insolito fulgore stupescis, vade in civitatem et recipies oculos non quales amisisti, sed quibus invisibilia speculeris.

O, viscera misericordie dei nostri, immensus est ipse, et immensa eciam eius misericordia! Quippe fermentum est quod mulier illa evangelica, scilicet divina sapiencia, misit in sata tria, donec fermentaretur totum. (fo. 89r) Quid sunt tria sata, nisi tres partes orbis terrarum, Asia, Europa et Affrica? Denique misericordia domini plena est terra, donec fermentetur totum, scilicet, donec plenitudo gencium intret, et omnis Israel salvus fiat. Diversa namque fore genera miserendi poterimus in David rege veraciter considerare. Misertus est David Saul reverenter, eo quod esse Christus domini, misertus est Jonathan ardenter, ut quem super amorem mulierum diligebat, misertus est Absalon naturaliter, eo quod erat eius filius naturalis. De domini Jhesu miseracione quid dicam? Plus quam humana est, sicut ille homo plus homine est. Apostolus hanc nimiam eius appellat caritatem. An non nimia est que omnem excedit modum et racionem? Que racio exigebat ut deus maiestatis tam indigna pro impiis et ab impiis sufferret? Quis modus cum preciosam animam daret, quasi non posset genus humanum solo verbo recreare, qui verbo omnia creavit! Hec igitur miseracio, omnem excedens affeccionem omnem sensum transcendens hominum et angelorum, fundaret, disponeret ac liquesceret, cuiusque (fo. 89v) regis seu principis desiderium ad misericordiam penes subditos multipliciter exequendam. Ideo non solum efficit misericordiam qui dat esurienti cibum, sicienti potum, nudo vestimentum, peregrinanti hospicium, fugienti latibulum, egroto vel incluso visitacionem, captivo redempcionem, debili subvencionem, ceco deduccionem, tristi consolacionem, non sano medelam, erranti viam, deliranti consilium et quodcumque necessarium indigenti, sed eciam qui delinquentem emendat debita correccione, in quem potestas datur. Aceciam qui peccatum eius a quo lesus aut offensus fuerit, ex corde

[396] Ac. 22: 7.

dimittit, vel orat ut ei dimittatur, magnam ei misericordiam cognoscitur prestitisse.'

O christianissime Rex, ecce quam magna multitudo pietatis et misericordie dei, cuius magnitudinis non est finis! Unde Gregorius ait:[397] 'debemus pietatem monentis erubescere, si iusticiam noluimus formidare'. Sic divine munificencie misericordia graciose precedens vestram, preservet ornatissimam regaliam in statu huius misericordie virtuose, ne infestantis adversarii iaculis penam formidabilem videamini introire. Viso igitur, metuendissime (fo. 90r) Rex, qualiter altissimus omnium regum Rex ac plasmator, secundum varias exemplaciones preascriptas, exclusa omnimoda crudelitatis severitate, radiis sue misericordie quam plurimos peccatores suo servicio placidius attraxerit, restat ulterius vestre regie maiestati aliqua alia exemplaria ex parte creaturarum inducere, quibus agnoscere poterit, vestra elevatissima excellencia, quomodo reges, principes et alii iudices, pocius in iudicando fiant misericordes quam crudeles:[398] 'prima igitur occasio huiusmodi[a] concipitur in humana natura pro misericordia proclamante. Nam cum ipsa humana natura de se sit debilis et mutabilis ac in malum prona, si contingat aliquem delinquere, infirmitas nature supplicat pro venia.

Secundum quod inclinare debet iudicem ad clemenciam, est ipse legis lator. Nam forte ipse Rex vel princeps, cuius est leges ordinare, si consideraret peccantis condiciones, indulgeret ei. Quare, si iudex potest hoc opinari, videlicet, quod legislator cum legibus dispensaret, magis deberet in iudicando cum eo agere misericorditer quam crudeliter. Unde dicitur primo Rethorice:[399] (fo. 90v) "iudicans pocius debet aspicere ad legis latorem quam ad legem".

Tercium inclinans ad pietatem est pius intellectus legum. Leges enim, ad terrendum delinquentes, quandam ampliorem continent severitatem. Quare si legum verba, ut terreant peccantes sunt amplioris severitatis contentiva, decet ut per pium intellectum moderetur supplicii magnitudo. Unde dicitur libro quo supra:[400] "iudicans non debet aspicere ad verba legum, sed ad legis intellectum".

Quartum est intencio operantis. Nam licet opus in quo accusatur aliquis sit de genere malorum, fortassis ille qui fecit opus non habuit ita pravam intencionem ut ostenditur. Et quia dubia in meliorem partem sunt iudicanda, si aliquo signo potest percipere iudex peccantem non ex eleccione peccasse sed ex ignorancia, debet ad clemenciam cicius declinare. Unde Philosophus[401] dicit quod iudex non debet aspicere ad accionem, sed ad eleccionem.

[a] *In the margin* Exempla quomodo Reges et principes debent esse misericordes.

---

[397] Untraced quotation.
[398] *De reg. princ.*, Bk III, pt II, ch. 23, which is given in almost its entirety.
[399] *Art of Rhetoric*, I, xiii, 17 (trans. Freese, p. 147).
[400] *Ibid.*   [401] *Ibid.*

Quintum inducens ad misericordiam, est bonorum operum multitudo. Nam forte ille qui nunc delinquit, multa bona opera primitus fecit. Debet ergo iudex (fo. 91r) non ita respicere ad partem, prout ad negocium particulare in quo deliquit, sed ad multa bona opera que primitus perpetravit.

Sextum est diuturnitas temporis retroacta. Nam contingit eciam in pauco tempore multa bona opera facere. Duo ergo debent inducere quemcumque regem aut principem ad alicuius subditi dileccionem. Aut quia multa bona servicia recepit ab eo, vel quia multo tempore ei fideliter deservivit. Hec enim duo licet ut plurimum simul concurrant, contingit tamen hec duo ab invicem separari. Nam homo non servit aliquando, nisi occurrant tempus et opportunitas serviendi. Potest ergo contingere quod in multo tempore occurrunt oportunitates pauce, et in pauco multe. Quare, si contingat aliquem subditorum ut in aliqua parte temporis delinquat, qui toto tempore precedenti bene se habuit, est cum ipso misericorditer agendum, et magis respiciendum est ad multum tempus precedens quo bene se habuit, quam ad hanc particulam temporis in qua deliquit. Unde dicitur libro quo supra,[402] quod iudicans debet (fo. 91v) aspicere non qualis quidem nunc est accusatus, sed qualis fuit in multo tempore precedenti.

Septimum inclinans ad misericordiam est excessus bonitatis supra maliciam. Sicut enim bonum excedit malum et est eligibilius, sic recordari bonorum et graciarum magis debemus, quas suscepimus ab aliquo, quam iniuriarum quas suscepimus ab illo. Unde Julius Cesar[403] in hoc plurimum commendabatur, quod non habuit memoriam iniuriarum, sed obliviscebatur multociens earumdem. Igitur, quando aliquis contra vestram excellentissimam maiestatem deliquit, a quo multa bona servicia suscepistis temporibus retroactis, debetis ipsum ad graciam misericorditer suscipere, et magis memorari boni primitus suscepti quam iniurie illate. Ideo Philosophus,[404] volens iudicantes ad misericordiam inducere erga delinquentes in ipsos, ait quod magis debent recordari bonorum que perpetravit delinquens, quam iniurie quam fecit.

Octavum est paciencia accusati. Nam si aliquis accusatur de aliquo delicto pro quo punitur a iudice, si punicionem pacienter sustineat, et non murmuret de pena sibi imposita, est cum illo misericordius (fo. 92r) faciendum. Unde Philosophus quo supra:[405] indulgendum est homini si contingat pacientem esse, id est si contingat eum qui penam patitur pacienter sustinere.

Nonum est corrigibilitas peccancium. Nam si sint ita corrigibiles

---

[402] *Art of Rhetoric*, I, xiii, 18 (trans. Freese, p. 147).
[403] Colonna probably borrows this story from Augustine, *De Civitate Dei*, IX, 5, *CCSL*, 47, p. 254, quoting Cicero, *De Oratore*, I, xi, 47.
[404] *Art of Rhetoric*, I, xiii, 18 (trans. Freese, p. 147).
[405] *Ibid.*

quod sola increpacione et solo sermone meliorantur et desinunt prava
agere, talibus valde est indulgendum, et tales sunt valde benigne
increpandi. Ideo predictus Philosophus[406] dicit quod iudex debet
cicius indulgere, si credat peccantem magis velle corrigi sermone quam
opere.

Decimum inclinans ad clemenciam et misericordiam est, si subito
delinquens humiliat se et se totum ponit in arbitrio iudicantis, tunc
cum eo misericordius est agendum. Unde predictus doctor primo
Rethorice:[407] semper debet iudex indulgere, si viderit delinquentem
magis velle ire ad arbitrium quam ad disceptacionem. Omnino igitur
contra racionem est humilianti non parcere, cum bestie hoc agant de
natura'.

Patet ergo, clementissime Rex, quomodo magis debetis, in iudicando
et corrigendo, misericordie quam severitati adherere, ut ampliori
bonitate polleatis et laciorem (fo. 92v) misericordiam coram summo
iudice clemencius habeatis. Hac manu misericordie, dignissime Rex,
vestrum laudabilissimum thronum stabiliter supportate, qua a patre
misericordiarum thesaurum immarcescentem thesaurizabitis, ac in
terra vivencium nomen hereditabitis perpetualiter duraturum. Sic inter
principes, dominos atque vulgares, vestre maiestatis benignissima
sapiencia favoris prerogativas multiplices cumulabit, et continua prosperitate longa tempora perlustrabit, ad magnifici vestri nominis
exaltacionem congruentem, ac regni vestri nobilissimi honorificum
stabilimentum.

[*V.*] *Incipit quintum capitulum eiusdem partis in quo tractatur de virtute
iusticie.*

Quinta pars materialis et secunda manus tenens sedile iudiciarium
figuratum per thronum Salomonis, rectissime Rex, potest virtus iusticie
moraliter appellari, que a laudabilibus viris constans et perpetua
voluntas jus suum unicuique tribuens diffinitur. Dicitur autem iustus
qui custo(fo. 93r)dit jus. Cum ergo, eruditissime Rex, omnis iusticia aut
fiat penes divinam magnificenciam, aut penes proximum, ideo primitus
curavi aliqua vestre edoctissime regalie offere, que iusticiam promovent
penes deum, et consequenter alia que in proximo iusticiam manifestant.

Quantum ad primum, scribitur in psalmo IIII⁰:[408] *a* 'sacrificate
sacrificium iusticie'. Legimus enim in veteri testamento, antequam
fieret sacrificium de animali, multa fiebant circa illud. Primo, animal
quod fuit ad sacrificium ordinatum, excoriabatur ad victimam. Hec

---

a In the margin De iusticia ad deum offerenda.

[406] *Ibid.*
[407] *Ibid.*, I, xiii, end of chapter (trans. Freese, pp. 147–9).
[408] Ps. 5: 6.

autem excoriacio potest intelligi vera confessio, per quam quilibet peccator obligatur ex iusto erubescere pro peccatis. Dicitur autem Judith X⁰ [409] quod 'exuit se vestimentis viduitatis sue'. Judith interpretatur confitens, vestimenta viduitatis sunt peccata. Et sicut in excoriacione animalis vivi est dolor, et aliter crederetur animal esse mortuum, sic et in confessione debet esse dolor, aliter crederetur peccator esse mortuus in peccato. Unde beatus Bernardus in Epistola ad Sophiam: [410] 'ama confessionem, si affectas (fo. 93v) decorem, quia confessioni iungitur pulcritudo. Si peccata sunt, in confessione lavantur, si bona opera, in confessione commendantur. Bonum anime ornamentum confessio, que et peccatores purgat. Absque confessione iustus iudicatur ingratus, et peccator mortuus reputatur. A mortuo quippe, tanquam non sit, perit confessio'. Quia vero de vigore confessionis in suprascriptis aliqua tractavi, ideo plenaria de illa perscribere presencialiter reticebo.

Secundo,[a] graciosissime Rex, debet cor lavari ,sicut victima lavabatur, lacrimis penitencie pro peccatis. Ysaie I⁰: [411] 'lavamini, mundi estote'. Debent autem hanc virtutem penitencie tres condiciones comitari. Primo, integritas, secundo, taciturnitas, et tercio, diuturnitas. Que condiciones per tres litteras huius diccionis 'homo' ordinabiliter specificantur. Nam 'h', non est littera, sed aspiracionis nota. Per primum, 'o' significatur penitencie integritas. Integrum vero dicitur quod est plenum, et circularis linea est plenissima, quia non est possibile quod aliquid addatur in linea circulari ut recitat (fo. 94r) Philosophus, II⁰ De Celo et Mundo. [412] Debet ergo penitencia esse integra, ut omnis pars defectiva puniatur, sicut lingua pro vaniloquio virtuosis oracionibus, pedes peregrinacionibus, ac corpus maceracionibus castigetur. Per secundam litteram 'm', taciturnitas designatur, que ad penitenciam requiritur, ne fiat ostentacione seu vana gloria aliquali. Et bene 'm' significat taciturnitatem, quia sola inter alias litteras proferri potest labiis clausis. Tercia littera est 'o', et significat diuturnitatem sive perseveranciam: sic penitencia debet esse diuturna, donec perfecte compleatur. Sed tamen ad hec implenda precedit aspiracionis nota, quia, nisi gracia sancti spiritus precedat, et ad benignitatem hominem moveat, salubrem penitenciam non acceptat, dicente Apostolo ad Romanos II⁰: [413] 'benignitas dei ad penitenciam nos inducit'.

[a] *In the margin* De penitencia.
[b] *In the margin* Exempla de penitencia.

---

[409] Jdt. 10: 2.
[410] *Epistola CXIII ad Sophiam virginem* (*Sancti Bernardi . . . Opera Omnia*, ed. Mabillon, I, c. 308), ending with Si. 17: 26.
[411] Isa. 1: 16.
[412] Aristotle. *On the Heavens*, trans. W. K. C. Guthrie, *LCL* (London: New York, 1939), p. 155 (Bk II, ch. iv).
[413] Rom. 2: 4.

Scribitur namque de hac penitencia[b] Genesis XXXVIIIo [414] quomodo Thamar, audito quod Judas ascenderet in Tempnas, mutato habitu, sedit in bivio itineris quod ducit Tempnas. Deponit (fo. 94v) Thamar habitum suum, et sumit meretricium. Thamar hunc habitum deponit, appropinquante Juda, idest confitente, et sumit meretricium, quia instante confessionis tempore, penitens, quasi deflorata pudoris gracia, gestu incastigato, lingua indisciplinata, quicquid pudendum intus reperit, foris coram sacerdote procaciter ostendit, quasi meretrix impudica. Sedet in bivio : per bivium intelligo timorem, propter respectum duplicem. Qui enim timet, hinc oculum habet ad iusticiam punientem, illinc ad misericordiam remunerantem. Timet ne penam incurrat, timet eciam ne gloriam amittat. Merito in bivio sedet, quia quilibet peccator, ad satisfaccionem veniens, diligenter discutere debet non minus bona que facere contempsit, quam mala que contumaciter perpetravit. Hinc flere graciam quam non habuit, illinc eciam habitam, quam peccando deliquit. Dolendum est ergo penitenti non solum quod peccavit, sed quia virtute se privavit. Sequitur : dedit Judas Thamar armillam, anulum et baculum. Grata quidem sunt hec munera, sed repleta misterio. Preciosa plane que (fo. 95r) Thamar fecundant, et a lege mortis absolvunt. Per armillam, que de auro fieri solet et brachium decorare, caritatem vel opera caritatis designantur. Per anulum, fidem, per baculum, qui corpus erigit et sustentat, spem non incongrue intelligere possumus. Nam sine fide, spe et caritate, est contricio sterilis, confessio inutilis, penitencia, pena, magis saucians quam sanans. Penitencia igitur, ut plena sit et fructuosa, oportet Judam et Thamar confessionem, scilicet et contricionem, si assit facultas, sibi mutuo sociare. Alio quin nec culpa abluitur, nec gracia infunditur, nec pena relaxatur. Nam Pharao,[415] rex Egipti, cum populum dei retinere non potuit, nec omnino voluit dimittere, ait ad Moysen : 'ite et sacrificate deo vestro in terra hac, verumptamen ne longius abeatis'. Ibi sacrificare permisit, ubi sacrificantes non amisit. Non adquievit Moyses, sed nec ungulam quidem que ad dei sacrificium pertinebat, sub manu Pharaonis post terga reliquit. Igitur, ut deo sit nostrum sacrificium acceptum, ut dignos fructus penitencie faciamus, de Egipto totaliter exeamus, nec relinquamus ung[u]lam (fo. 95v) post nos.

Tercio, dividebatur hostia legalis in partes, sic et cor debet dividi, scilicet, ut modo defleat pro peccatis, modo congaudeat de acceptabili gracia dei. Ideo dicitur Ecclesiastice IIIo:[416] tempus flendi, et tempus ridendi. Igitur, illustrissime Rex, sacrificate sacrificium iusticie, et sperate in domino cum propheta. Sic, virtutum multiplici recuperamine, eradicabitis qualescumque necligencias coram deo, ac divine gracie

---

[414] Gen. 38.
[415] Exod. 8: 25.
[416] Ec. 3: 4.

subsidiis, apud summum sacerdotem eternalem, secundum ordinem Melchisedech,[417] indulgenciam impetrabitis salutarem.

Postquam divina favente clemencia, in hoc capitulo pauca inserui congruencia ad iusticiam, summo principi pro nostris excessibus offerendam, restat secundo finaliter alia tria inserere impedimenta, que inter hominem et proximum impediunt iusticie stabilimentum.

Notandum igitur quod tribus modis[a] a iusticia declinatur, videlicet, cupiditate, timore et carnali affeccione, scilicet, odio vel amore. Ideo, quilibet iudex debet notare tria in palma, per que debet retrahi ab huiusmodi perversione, cuius figuram habemus de Ezechiele,[418] quomodo vidit tres portas, unam a parte ori(fo. 96r)entali, aliam a parte aquilonari, et terciam a parte meridionali, in quarum qualibet pingebatur palma. Per portam iudicium significatur, quia antiquitus iudices in portis iudicabant, et ibi ingrediencium et egrediencium causas discernebant.

Per portam igitur orientalem, iudicium perversum racione cupiditatis annotatur. In oriente vero sol oritur, quem propter claritatem oculus directe non potest intueri. Per solem aurum sepe intelligitur, et in oriente sol oritur, quando in iudicibus, qui sunt principales et primi in plebe, regnant auri et munerum cupiditates, nec illum solem aureum possunt directe respicere, quia, teste propheta,[419] munera excecant oculos iudicum. Unde Beda super Marcum:[420] 'abiit, inquid, Judas ad summos sacerdotes, et constituerunt ei pecuniam. Sic multi pro muneribus falsum reddunt iudicium, veritatem vendunt et dominum qui dicit: ego sum veritas'. Igitur, contra istud habemus remedium in palma posita super portam. Palma enim secundum Bartholomeum (De Proprietatibus) est tante pinguedinis et unctuositatis, quod a nullo alio pinguedinem recipit, sed habundanter aliis (fo. 96v) amministrat, et ideo semper floret et viridescit. Tales namque debent iudices esse, ut satis pro se habeant sicut in feodis a vestra regia maiestate eis annuatim concessis, ut ab illis accipere non indigeant,[421] et sic nunquam defluerent folia veritatis et iusticie, sed perseveranti viriditate continuarent.

Secunda porta est aquilonaris, que significat perversum iudicium racione timoris. Ventus enim aquilonaris incutit timores propter ventos, nives, frigora et tempestates. Sic, laudabilissime Rex, ex timore comminacionis dominorum temporalium, timent iudices deponi ab officio, seu perdere feoda vel favorem, aut molestias sustinere. Pro

---

[a] *In the margin* De iusticia erga proximum.

[417] Ps. 110: 4.   [418] Ez. 40.   [419] Dt. 16: 19.
[420] Bede, *In Marcum*, XIV, 10–11, *CCSL*, 120, p. 608.
[421] Bartholomeus Anglicus, *De Proprietatibus Rerum* (Basel, 1475), fo. CLIVra.

quibus causis, verum iudicium iusticie metuunt exercere. Contra hec, secundum in palma remedium possumus reperire. Palma enim, nullo gravi onere imposito, se incurvat a rectitudine, nec ullo ventu cadunt folia eius. Sic iudex nullatinus se flectere debet a rectitudine iusticie et veritatis, sed debet considerare hunc fructum iusticie dulcissimum (Mathie V⁰):[422] 'beati, qui persecucionem paciuntur propter iusticiam, quoniam ipsorum est regnum (fo. 97r) celorum'.

Tercia porta meridionalis est affeccio carnalis, quando scilicet sol est in meridie fervencior, ac magis visum debilitans; eodem modo iudices sunt fervidi, quando per amorem ferventem consanguinitatis aut affinitatis, seu per iracundiam obcecantur et a vero iudicio impediuntur. Ideo antiquitatus fuerat ordinatum quod iudices causas iudicarent oculis velatis, ne quemquam agnoscerent, sed omnes equaliter iudicarent. De talibus iniuste iudicantibus verificatur illud Danielis XIII⁰:[423] 'averterunt sensum suum et declinaverunt oculos suos ut non recordarentur iudiciorum iustorum'. Huiusmodi remedium notatur in palma, que inferius prope terram aspera est, sed in parte superiori suavis et mollis, sic iudex debet esse asper cuicumque terreno delinquenti, protervo et pertinaci, propinquo sive extraneo, amico seu inimico, mollis quoque et suavis bonis et corrigibilibus, ut ex misericordia et iusticia debitum fiat temperamentum. Quomodo autem hoc fieret temperamentum, sic manifeste comprobatur.

Oportet namque considerare[424] 'quomodo severitas et clemencia possunt (fo. 97v) simul stare cum iusticia. Humani namque actus, propter particulares circumstancias et eorum mutabilitates, ut vult Philosophus V⁰ Ethicorum, non possunt mensurari regula inflexibili utpote ferrea, sed oportet quod mensurentur regula plumbea humanis actibus applicanda. Congruit igitur aliquando leges plicare ad partem unam et micius agere cum delinquentibus quam lex dicat. Aliquando eciam oportet applicare ad partem contrariam et rigidius punire peccantem quam lex determinat. Nam particulares circumstancie, que lege determinari non possunt, aliquando alleviant delictum et tunc iuste et secundum racionem clemencius agitur cum delinquente, aliquando tales circumstancie aggravant, et tunc offendens est rigidius puniendus. Inde est ergo quod iudicando aliqua dicuntur esse de equalitate, aliqua de rigore, et aliqua ex clemencia. Nam quamdiu regula legis manet recta et equalis, non plicata ad aliquam partem, iudicia mensurata secundum talem regulam dicuntur ex equalitate procedere. Si vero, exigentibus condicionibus delinquentis, legalis re(fo. 98r)gula plicetur ad partem misericordie, iudicium tunc factum dicitur procedere ex gracia vel clemencia. Sed si dicta regula plicetur ad partem contrariam,

[422] Mt. 5: 10.   [423] Dan. 13: 9.
[424] This paragraph is borrowed from *De reg. princ.*, Bk III, pt II, ch. 29, citing *Nicomachean Ethics*, Bk V, ch. x, 7 (trans. Rackham, p. 317).

demeritis exigentibus, fiet iudicium ex severitate et rigore. Et quia hec omnia iuste et racionabiliter fieri possunt, clemencia et severitas simul cum iusticia possunt permanere.

Si ergo in quocumque iudice iusticia requiratur, quanto magis in rege seu principe debet laudabilius resplendere. 'Justicia enim est quoddam bonum magnum et preclarum, que perficit hominem in ordine ad alium, cuius bonitas tunc maxime clarescit, quando ad alios se extendit'.[425] Hoc enim potest 'probari ex ipsa perfeccione bonitatis, que ex iusticia innotescit. Iusticia namque non est solum perfecta virtus in se, sed si sit in regibus et principibus, ostendit eos esse perfecte bonos. Sic enim videmus in aliis rebus quod unumquodque perfectum est, cum potest sibi simile producere et cum accio sua ad alios se extendit. Et tunc est aliquis perfecte sciens, quando potest alios docere, et suam scienciam ad alios extendere. Ideo scribitur primo (fo. 98v) Methaphisice[426] quod "signum omnino scientis est posse docere". Et ideo a simili, tunc est aliquis perfecte bonus, quando bonitas sua usque ad alios se extendit. Inde est quod non cognoscitur perfecta bonitas hominis, nisi constituatur in aliquo principatu. Nam quamdiu aliquis habet solum regere seipsum, non plenarie apparet qualis sit, nec perfecte cognoscitur bonitas eius, sed quando constituitur in culmine regiminis, tunc melius apparet qualis sit, eo quod opera sua ad exteriora se extendant. Ideo dicitur V° Ethicorum[427] "quod principatus virum ostendit". Et proverbialiter dicitur: si quis cupit cognoscere virum, ponat ipsum in aliquo principatu. Igitur ex iusticia que pertinet ad alterum, eius perfecta bonitas innotescit.

Decet eciam et expedit reges et principes esse iustos ad deprimendum magnitudinem malicie que ex iniusticia consurgit. Nam, ut dicitur quinto Ethicorum:[428] "sicut melior est qui non solum bonus est in se, sed eciam sua bonitas se extendit ad alios, sic peior est qui non solum est malus in se, sed eciam sua malicia ad alios se extendit: (fo. 99r) et quanto ad plures se extendit eius malicia, tanto peior existit". Igitur summa diligencia pro tanto debent studere reges et principes ut servando iusticiam, iniusticiam devitent, quanto ex eorum iniusticia potest prosequi maius malum, et pluribus inferri nocumentum.' Sed quod lamentabiliter referre coartor: ubi iam iusticia Regis Assueri adversum Aman?[429] Ubi imperiale edictum Regis Darii penes eos qui accusaverant Danielem?[430] Num per regni latitudinem notorie fiunt extorciones? Nunc falsi assisores et iuratores cum Achab Naboth iusti vineam destruunt et devastant?[431] Num veritate dampnata, falsitas

---

[425] Here begins a long quotation from *De reg. princ.*, Bk I, pt II, ch. 12.
[426] *Metaphysics, Books I–IX*, Bk I, ch. i, 12 (trans. Tredennick, p. 7).
[427] *Nicomachean Ethics*, Bk V, ch. i, 16 (trans. Rackham, p. 261).
[428] *Ibid.*, 17–18.
[429] Est. 7: 8, 10.
[430] Dan. 6: 26, 27.
[431] I Kg. 21: 9, 10.

palliatur et cautelosa subtilitas commendatur? Ubi modo, potentissime ac validissime Rex, iusticia ducis Fabricii, ad quem, ut fertur in Gestis Romanorum,[432] cum medicus Pyrri, lite pendente inter Fabricium et Pirrum, nocte veniret, promittens se regem Pyrrum occisurum veneno, si aliquid magnum polliceretur? Fabricius hunc vinctum reduci iussit ad dominum suum, Pirro que mandavit, que contra se suus medicus (fo. 99v) spopondisset. Quem ammiratus Rex Pirrus, tale scribitur dixisse responsum: iste Fabricius qui difficilius a iusticia quam sol a suo cursu retrahi potest.

Cum ergo ignari legis divine tales fuerunt in amore iusticie, cupidine glorie temporalis, quales debent esse reges ac principes christiani qui illuminati fide, ordinati caritate, certi spe glorie[sunt], in exequenda iusticia pro republica christiana, pro querendo premio glorie eternalis! Igitur, famosissime Rex, laborate diligencius imitari vestigia nostri Regis invictissimi, vestri nobilissimi progenitoris, cuius temporibus splendidis iuris et equitatis insignia laudabiliter viguerent. Sic, vestris prosperis diebus, a regno adversarie dissenciones exulabunt, sic vere duodene falsitatem et duplicitatem expugnabunt, sic salus et securitas in subditorum vestrorum conscienciis coregnabunt, et, exorta singula litigia, veritatem iusticie sublevabunt.

[*VI.*] *Incipit sextum capitulum et ultimum, et tractat de consiliorum dominorum.*

Sexto, sensatissime et discretissime Rex, (fo. 100r) per rotundam summitatem materialis throni Salomonis potest convenienter intelligi circulare ac perfectum consilium dominorum huius regni. Cum enim deceat quemcumque regem pro causis communibus regni suorum dominorum consilium convocare, eo quod communia regni negocia sunt communi consilio terminanda, ideo primordialiter in presenti processu, aliqua inferam cuilibet consilianti commodifera, cum aliis negociis que sunt in publico consilio declaranda. Quia eciam sunt alia particuliaria negocia specialiter concernencia Regis commodum et honorem, que sunt penes privatum et secretarium regis consilium finienda, illa consequenter subinferam, una cum brevi materia, in qua inseram quales maiestas regia eliget pro tali privato consilio, et sic, auxiliante domino, presentis particule materiam consummabo. Testante namque venerabili Egidio, tercio De Regimine Principum,[433] 'in omni locucione tria sunt consideranda; videlicet, dicens qui loquitur, auditor ad quem loquitur, et tercio res ipsa, de qua eloquium exercetur'.

[432] This story is not found in Oesterley's edition of the *Gesta Romanorum*, but occurs in a slightly different form in Cicero, *De Officiis*, III, xxii.

[433] This is *The Art of Rhetoric*, I, iii, 1 (trans. Freese, p. 33), by way of *De reg. princ.*, Bk III, pt II, ch. 18. Our author makes use of the plan of the chapter, and mixes some sentences derived from Egidius Colonna, together with quotations of his own choice from Chrysostom, Johannes Lemovicensis and Aelred.

Primum igitur, graciosissime Rex, quo inclinantur auditores fidem credulam adhibere (fo. 100v) sermonibus exauditis, est bonitas dicentis. Nam bonis hominibus, eciam si nullas sciant raciones assignare veraciter, creditur, et eorum eloquia pro veritate assumuntur. Nam cum boni mentiri nolunt in suis locucionibus, auditoribus faciunt fidem, que ex parte dicentis assumit originem, quatinus de facili eorum dictis credulitas adhibeatur. Unde Crisostomus in quadam Omelia sic ait:[434] quam utiles sunt boni homines toti mundo! Medulla, inquit, huius mundi sunt homines boni. Ideo quamdiu medulla in arbore sana est, semper arbor floret. Cum autem per aliquid commesta fuerit, tota paulatim marcescendo siccatur. Sic quamdiu boni habundant in mundo, stat firmiter mundus iste. Sed sicut egredientibus Israelitis de Egipto, exterminata est Egiptus,[435] sic, cum boni homines defecerint, est iste mundus ruiturus.

Secundum quo inclinantur auditores ad credulitatem, est exaudicio ex parte ipsarum rerum que proferuntur. Nam expedit cuicumque homini, ut se reddat credibilem, scire de ipsis negociis suis proferre raciones per quas auditores credant illi. Et quia viri prudentes (fo. 101r) hoc sciunt facere, condecet consiliarios esse prudentes, ut non menciantur ex parte rerum de quibus locuntur, sed experimentaliter agnoscant negocia peragenda. Unde Johannes Lemovicensis Epistola IIII⁰:[436] 'racionis rectitudo dictavit et antiquitatis consuetudo prescripsit, ut, cum regalis pondus regiminis, giganteis humeris formidandum, singularis persone strenuitas portare non sufficit, in suscepte partem sollicitudinis subministros vocare studeret. Videlicet prudentes ut serpentes, et simplices ut columbas, prudentes in bono et simplices in malo, prudentes ne fraudentur et simplices ne fraudarent, quos regalis prosequeretur benevolencia speciali favoris prerogativa'.

Igitur, illustrissime Rex, in causis communibus regni congruit vestre regalie dominorum regni consilium advocare pro arduis regni utilitatibus ingeniose promulgandis. Nam quandocumque vestram maiestatem cum illis unanimis consensus annex[u]erit, quibuscumque periculis postmodum immergentibus, eritis coram deo et hominibus excusabilis, eo quod cordiali affectu eorum consiliis adhesistis. (fo. 101v) Tremendissime igitur Rex, in mente sepius revolvite preclara tempora vestre sceptrigere regalie, quibus proculdubio deliciosus sponsus superne suavitatis prelia cuncta sedavit,[a] et vestros subditos anglicos pleniter quietavit. Discurrite ferventer fervore amoris sanctis omnibus gratulari, presertim pro eo quod eorum mediacionibus omnis gracie

---

[a] *MS.* cedavit.

---

[434] Untraced quotation.   [435] Exod. 14.
[436] *Johannis Lemovicensis, abbatus de Zinc, Opera Omnia,* ed. C. Horvath, i, p. 78. It is worth noticing that he was a Cistercian.

collator mirificus vestrorum omnium inimicorum versucias subvertit, astucias depressit, ac insidias potencialiter expugnavit. Sic deo pro victoria gracias cumulando, postmodum laqueos Leviathan in ruine retibus absconsos infallibiliter evadetis, ac summo principi famulando, premium celigenarum procurabitis exoptatum.

Tercium quo moventur homines ad credendum est ex parte ipsorum auditorum, quod contingit si proferens sermones sit auditoribus benevolus et amicus. Siquidem quia amicus reputatur alter ipse, homines credunt amicis sicuti sibi ipsis. Huiusmodi igitur credulitas ex parte ipsorum auditorum sumit originem, ad quos est sermo, qui (fo. 102r) inclinantur ut eis fidem adhibeant, quos sibi amicicie federe copularunt. Hec igitur tria, videlicet, bonitas, prudencia et amicicia sunt in consiliariis requirenda. Dicit enim Alredus:[437] 'ab amore amicus dicitur, ab amico amicicia. Est autem amor quidam anime racionalis affectus . . . Porro amicus ipsius animi custos describitur. Amicicia igitur virtus est qua, talis dileccionis ac dulcedinis federe, ipsi animi copulantur, et unum de pluribus efficiuntur. Unde ipsam amiciciam non inter fortuita vel caduca, sed inter ipsas virtutes que eterne sunt, huius mundi philosophi collocarunt. Quibus Salomon in proverbiis consentire videtur:[438] "omni, inquiens, tempore, diligit qui amicus est", declarans veram amiciciam esse perpetuam et eternam'.

Decet autem regalem maiestatem de proventibus regni consiliari, ne in suis proventibus defraudetur. Expedit enim regis consilium iura regis pro viribus salvare, eo quod huiusmodi bona ad commune bonum sunt ordinata, et ad regni defensionem, necnon eciam ad bonum statum regni laudabiliter continuandum. Condecet igitur (fo. 102v) regis consiliarios scire introitus et proventus regni, quos oportet pervenire ad Regem, ut sciat et fideliter agnoscat qui et quanti sunt, quatinus proventus superfluus et iuste acceptus auferatur. Si quis vero deficit et est diminutus, regia munificencia augeatur. Sic vestra maiestas elevatissima magnaliter per orbem dilatabitur, sic honoris regie sublimitas exaltabitur, sic felicitas prospera augmentabitur, ac regio repausabit laudiflua armonia.

Secundo, ingeniosissime Rex, ut vestra regalissima maiestas agnoscat que sunt in quolibet consilio communicanda, in presenti annecto sex specialiter in consiliis attendenda.

Primo, dignissime Rex, quanto aliquid[a] est magis determinatum, tanto minori indiget consilio. Ymmo si omnino determinatum esset,

---

[a] *In the margin* que sunt in consiliis attendendis.

---

[437] *Aelredi Rievallensis Opera Omnia*, I, I, 19–21, 108–25, CCCM, I, p. 292.
[438] Prov. 17: 17.

nullo consilio indigeret. Ideo dicitur III° Ethicorum,[439] quod circa certas operaciones doctrinarum non est consilium faciendum. Exemplum: non consiliatur scriptor nisi sit omnis ignorans qualiter debeat scribere litteras, quia sufficienter determinatur per artem scribendi. Cum igitur consilium (fo. 103r) sit questio actuum humanorum, est unus modus in consiliis adhibendus, quod, quando aliquid factum regni proponitur, et illud poterit fieri pluribus modis, quanto minus habet certas et determinatas vias, tanto per plus temporis est consiliandum, ut de illis viis melior et facilior eligatur.

Secundo, est in consiliis attendendum, quod non sit consiliacio de quibuscumque minimis, sed de magnis. Qui ergo consiliatur, timere videtur et dubitare, ne aliquo infortunio contingente, deficiat a consecucione optati boni vel incurrat aliquod dampnum. Que ergo sunt ordinata efficere parvum bonum, vel prohibere modicum malum, non sunt consiliabilia. Est igitur modus attendendus in consiliis, ut pro magnis consilium convocetur. Quia igitur magnitudo honoris regni dinoscitur remanere penes vestram regiam maiestatem, attendite, liberalissime Rex, in vestris consiliis, quatinus, temporalibus diviciis vestre regie corone annexis, vestrum domicilium familiare proprium habeat sustentamen. Et sicut Rex in regno pre ceteris quibuscumque possidet principatum, (fo. 103v) sic vestra maiestas regia bonis propriis fulciatur, quatinus veluti fontaris plenitudo suis subditis quasi rivulis suorum bonorum copiam valeat derivare, et non e contrario vendicare. Interim vestri consiliarii elaborent diligenter restaurare in manus vestras regias ea que collata fuerant a corona vestra, comitante non etate. Previdete igitur, sapientissime Rex, si sitis in plurimis indebitatus, ad illa debita persolvenda. Et ne publicum scandalum oriatur, considerate ut vestra domus regia digne et laudabiliter sustentetur, sicut sustentabatur diebus regum predecessorum vestrorum.

Tercio, cum deliberatis consiliare, debetis alios vobiscum assumere, inter quos conferetis de negociis peragendis. Nam licet homo per seipsum posset invenire vias et modos ad aliquid peragendum, attamen imprudencie imputatur cum quis soli suo capiti innititur, et renuit aliorum sentencias exaudire. Magne igitur prudencie est in consiliis hunc habere modum, ut cum aliis conferatis quicquid sit agendum, quod ex duobus patet: nam consilia, ut dictum est, debent esse de rebus magnis. In talibus autem, nullus (fo. 104r) debet omnino credere sibi ipsi, et solum proprio sensui inviti, sed debet alios ad se vocare, sciens quod plura possunt cognoscere multi quam unus. Ideo dicitur tercio Ethicorum[440] quod consiliatores assumimus in magnis, discredentes

---

[439] *Nicomachean Ethics*, Bk III, ch. iii, 8 (trans. Rackham, p. 135). From this point our author adapts freely from *De reg. princ.*, Bk III, pt II, ch. 17, and then starts copying with greater precision.

[440] *Nicomachean Ethics*, Bk III, ch. iii, 10 (trans. Rackham, p. 137).

nobis ipsis. Rursus hoc idem patet ex eo quod consilium est circa particularia agenda, in quibus multum valet experiencia. Ideo cum plures plura experti sunt quam unus solus, decet ad huiusmodi negocia alios convocare, ut per eorum consilium possit via melior et cercior eligi in agendis. Igitur iuxta deliberatoriam sentenciam vestri consilii, fecundissime Rex, feoda et pensiones servientibus quibuscumque diligenter persolvite, secundum congruas convenciones, ne, quod absit, ardua necessitate compulsi fiant pauperum oppressores, exemplo Egipciorum qui filios Israel duris operibus oppresserunt.

Quarto, est in consiliis attendendum, ut secreta habeantur que in consilio publicantur. Nam multa negocia disturbantur ex revelacione consiliorum. Dicitur enim consilium a 'con' et 'sileo', ut illud iudicetur consilium, quod simul aliqui plures silent. Nam maxime (fo. 104v) in consiliis, ubi tractantur negocia communia et facta regni, est hoc attendendum, ut unusquisque consiliarius, abiecta dileccione privati seu proprii boni, solum aspiciat ad communem profectum. Et ut regis ac regni profectus impediri non posset, debent regni negocia silencio operiri. Hoc enim fuit quod romanam rempublicam mirifice exaltavit. Nam quicquid per consilium in eorum auribus dicebatur, adeo secretum erat ac si illud nunquam penitus exaudissent. Videte igitur, christianissime Rex, ne vestri familiares nimiis diviciis seu possessionibus vestre honoratissime corone annexis superhabundent, et vestra regalia gravi inopia deprimatur. Eciam precavete de illo vulgari blandiencium edicto, cum dicunt quod regnum vestrum superhabundat diviciis temporalibus super omnia regna mundi, ne talibus adulatoriis sermonibus dinoscantur vestram maiestatem verborum blandiciis obscurare, suis propriis cupiditatibus confaventes et vestram regalem honorificenciam modicum ponderantes. Igitur, discretissime Rex, quamvis amor inordinatus et diviciarum abusus iuridice pro(fo. 105r)hibeantur secundum mandata regis eterni, cuncta prospicientis in supernis, expedit tamen et congruit vestre preclarissime regalie, pro vestri laudabilissimi status prospera continuacione, divicias possidere. Exemplariter patriarcham Abraham in medium deducamus: hic, qui vere fidei zelator ac inflexibilis columpna fuerat promissionis, multas habuit possessiones, quas, dum legitime expendit, singularis favoris placencia, celesti domino fervidius ministravit.

Quinto, Rex eminentissime, attendite in consiliis, ut vestri consiliarii non loquantur placencia, sed vera. Adulatores namque dum regi placere student, vera silentes et placencia promulgantes, totum exponunt periculo regnum et principatum. 'Unde quidam poeta, nomine Alexander,[441] videns Priamum in consiliis secretarium et veracem, eum commendabat taliter, dicens: iste est qui consulit. Ac si

---

[441] *Art of Rhetoric*, III, xiv, 3–4 (trans. Freese, p. 429). Alexander is probably Paris, son of Priam ?

diceret: alii respectu eius non debent dici consiliatores, sed veraciter adulantes.

Sexto, fiat attendencia in vestris consiliis diuturna, et si assit oportunitas, execucio non morosa. Nam cum adest oportunitas (fo. 105v) operandi, si recte volumus et non facimus, hoc est quia ignoramus an expediat illud facere. Bonum est ergo quodlibet negocium arduum diu discutere an sit ex utili faciendum, sed postquam per diuturnum consilium est racione cognitum quid sit fiendum, si assit operandi facultas, prompte operari debemus. Unde scribitur VI° Ethicorum:[442] consiliamur multo tempore, operamur autem prompte'.

Sed quia, famosissime Rex, difficile percipitur quales regia celsitudo poterit in favorem regium advocare, tum primo quia mores homini indies deteriorantur, tum secundo quia plurimi homines modernis temporibus decepcionibus ymaginariis defraudantur, tum eciam tercio quia nube inconstancie continue involvuntur, hinc est quod in presenti concludam quales et quo ordine in secretum consilium seu singularem amiciciam recipietis. Quatuor namque sunt gradus in secretis consiliariis recipiendis, quibus ad custodiam veri consilii lucide pervenitur. [a]Nam, stabilissime Rex, primo est consiliarius eligendus, secundo probandus, tercio admittendus, et postmodum quarto, ut condecet, laudabiliter pertractandus.

(fo. 106r) Primo, de eleccione tractanda, consonum et conveniens dinoscitur cupidos, iracundos, adulatores, instabiles, suspiciosos atque verbosos excludere a noticia consiliandi. Non tamen omnes tales, sed eos dumtaxat qui has passiones nec ordinare nec moderari possunt. Nam multi hiis passionibus sic tanguntur, ut non solum eorum in nullo ledatur perfeccio, sed eciam virtus in earum moderacione laudabilius augeatur. Nam qui velud infrenes hiis perturbacionibus excitati, semper feruntur inpreceps, in ea vicia inevitabiliter dilabuntur et corrunt, scilicet, in convicium improprium, cupiditatem, secretorum revelacionem, superbiam et dolositatem, quibus consilium leditur et laxatur.

Secundo, probandus est consiliarius. Nam cum nichil sit quo respublica magis ledatur quam consilii prodicione, evangelica teste sentencia,[443] 'qui in modico fidelis est, et in multo fidelis erit', igitur consiliariis credimus necessariam probacionem. In probacione namque cum quis probatur, non sunt profunda committenda illi secreta, sed primo exteriora vel modica, de quibus non magno opere (fo. 106v) est

---

[a] *In the margin* Quatuor gradus pro consiliariis recipiendis.

---

[442] *Nicomachean Ethics*, VI, ix, 2 (trans. Rackham, p. 353).
[443] Lk. 16: 10.

curandum an celentur seu denudentur, cum tanta tamen caucione ac si plurimum obessent, prodita, prodessent autem, celata. In quibus si fidelis fuerit repertus, in maioribus experiendum non dubitamus.

Tercio, est consiliarius post eleccionem et probacionem admittendus. Firmamentum namque stabilitatis et constancie est fidelitas, que causat consiliantis admissionem. Non enim, providissime Rex, fidum potest esse multiplex ingenium et tortuosum. Sic admissus consiliarius amore crescit, affectu concalescit ac caritate roboratur; fit nescius suspicionis, exhorrens verba adulacionis. Sic in consiliariis recta linea gradientibus, nullius sanum consilium, indignacionem, nullius expressa evidencia, culpam parit. Talis periculis se obicit ac scandalis immergentibus obviare non desistit. Ille quasi manus ac reclinatorium spiritus, in tribulacionibus dulce solacium, cuius amabilis sinus recipit laboribus fatigatum, cuius consilium recreat tristicia seu merore demersum. Tali igitur, tremendissime Rex, admisso consiliario, reclinate, quatinus possitis iminencia luctamina (fo. 107r) facilius tolerare.

Quarto, cum consiliarius primo fuerit electus, secundo probatus et tercio admissus, expedit quarto ut sit commendabiliter pertractatus. Nam electus, probatus et admissus consiliarius, vestre regalissime maiestati nichil affectans quod dedeceat, cum renunciaverit lucrum recipere, adulacionem fugere, inventusque fuerit liber cum discrecione, paciens in correpcione, necnon firmus et stabilis in dileccione, tunc, gratissimo federe ipse pre ceteris, vestre regalie arcius adiungatur et familiarius pertractetur. Talis namque consiliarius vel quanto plures, tanto melius, prestantissimo Jonathe[444] veraciter debent similari, qui non regium scema, nec regni expectacionem attendens, fedus iniit cum David et servulum adequans domino, sic fugatum a patre, sic latitantem in heremo, sic adiudicatum morti, neci destinatum, sibi pretulit et hunc, se humilians, exaltavit. O preclarissimi imitacionis exemplum! Rex Saul in David quasi emulum regni totam patriam excitabat, sacerdotes arguens prodicionis pro sola suspicione trucidat, lustrat (fo. 107v) nemora, valles exquirit, montes et rupes armata obsidet manu. Omnes se regie indignacionis spondent ultores, solus Jonathas in tanta adversitate patri consilium adhibuit, dicens: quare morietur David? Quid peccavit? Quid fecit? Ipse percussit Philisteum et tulit de Israel obprobrium magnum. Eu, perfectum consilium, quod invidia non corrupit, suspicio non minuit, temptacioni non cessit et anxietate non corruit! Tot conviciis pulsatus Jonathas cernitur inflexibilis, tot lacessitus iniuriis permansit immobilis. Igitur, o secreti consiliarii regie dignitatis ite, et similiter facite in materiis pertinentibus regie maiestati. Imitamini vestigia fidelis Jonathe in privatis regis negociis expediendis. Exhibete favorem fideli David in omnibus causis pertractandis. Attendite cum fiducia regni commodum et prosperitatem. Regis incommoda

[444] See I Sam. 14 and 20.

detestamini, blandimenta refugite, in verbis veritatem colite, ut omnino dinoscamini duplicitatem expugnare. Magnas res, que vestrum posse (fo. 108r) transcendunt, regie magnificencie revelate, quatinus sua invictissima potencia dampna seu imminencia pericula preveniat et sufficiens remedium adhibeat excessibus quibuscumque.

Sic, Rex iustissime, sedato tumultu inter incolas regni, talibus consiliariis fiducialiter inclinate, qui duplicitatem et omnimodam transgressionem a regno vestro desiderant relegare. Sic placidus favor popularis vestram dignitatem diligencius honorabit, sic fama velocissima tantam excellenciam velocius promovebit. Sic vestra consilia feliciter servabuntur, sic punienda notabuntur et commendabilia condignius laudabuntur. Congaudeat igitur tale decus regium, miserorum solacium, puerorum singulare subsidium ac pauperum relevamen. Sint vobis igitur, o christianissime Rex, pro statu presenti, mens pura in dominum, cor mundum et iocundum, continua prosperitas, nulla adversitas, pacatus animus, et in celo perpetim gavisurus.

[PARS TERTIA]

[I.] *Incipit primum capitulum tertie partis de primo lapide regia corona infixo.*

(fo. 108v) Postquam, favente clemencia omnium plasmatoris, exilem fecimus introductionem de sex gradibus ascensivis ad thronum Salomonis, cum duobus leonibus in quocumque gradu hinc atque inde se vultu mutuo contuentibus, ac consequenter sex partes materiales prefati throni applicavimus sex rebus concernentibus regiam maiestatem: restat iam tercio et finaliter, per quatuor lapides preciosos regia corona infixos, quatuor status in regno ordinarie considerare, et sic in paucis sermonibus de sceptro regio presens opusculum terminare. Sicut enim, christianissime Rex, aurea corona vestro capiti circumponitur ad designandum ex parte vestra singularissimam preeminenciam reverencie et honoris, ac ex parte subditorum subieccionem paratissimam offerendam vestre ornatissime regalie, racione summe potencie, veri imperii, ac in regno dominii principalis; ita congruit vestram splendidissimam coronam, (fo. 109r) quatuor lapidibus preciosis, qui sunt quatuor gradus in regno, lucidius decorari, protegi ac muniri.

Primus igitur lapis affixus in anteriori parte vestre regie corone sunt vestri subditi, principes ac domini temporales huius regni, qui dignitatem regiam ac regnum defendunt ab inimicis visibilibus. Hii possunt assimilari lapidi iaspidi,[445] qui est viridis in colore, et significat viriditatem fidelitatis et obediencie imarcessibilem, quam debent principes ac domini huius regni observare penes vestram regiam maiestatem,

---

[445] Bartholomeus Anglicus, *De Proprietatibus Rerum*, fo. CXXVIIvb.

imitacione Ethei,[446] qui dixit David regi a facie Absolon fugienti: 'vivit dominus, quia in quocumque loco, domine mi rex fueris, sive in morte seu in vita: ibi erit servus tuus'. Talis foret responsio principis seu domini cuiuscumque, ut, irruentibus in regnum seu regni terminos inimicis, seu invadentibus hereditatem regiam in quibuscumque locis, brachio robustissimo ipsos invadant ac prevalida potencia viriliter expugnent et dispergant. Liquet namque, victoriosissime Rex, quod habetis in regno (fo. 109v) principes validos ac potentes, milites ac armigeros prenobiles, qui volunt et possunt crudelitatem invadencium inimicorum dirumpere ac feliciter superare.

Igitur,[a] fortissime ac validissime Rex, considerate ut principes ac domini temporales vestri regni se mutuo favore ac amore prosequantur, necnon ut ad vestra mandata perficienda diligenciam exhibeant singularem. Sic inter spiritus angelicos divina providit sapiencia, ut plurimi in multitudine crearentur. Inter quos grata societas et amor suavissimus eandem voluntatem eundemque causaret affectum, et ita iocunditatem augeret in pluribus communicacio dileccionis et amoris. Sic in homine condito, ut Deus[447] bonum mutui amoris alcius commendaret: 'non est bonum', inquit, 'hominem esse solum, faciamus ei adiutorium simile sibi'; nec de limo terre hoc adiutorium divina virtus formavit, sed, ad amoris et caritatis expressius signum ac evidenciam manifestiorem, de ipsius substancia masculi feminam procreavit. Decet ergo principes ac dominos regni (fo. 110r) temporales naturali amplexu ac cordiali affectu se mutuo diligere ac in adversitatibus consolari, exemplo trium amicorum Job, qui audientes omne malum quod ei accidisset, venerunt singuli de loco suo ut eum visitarent et confortarent (Job IIᵒ).[448]

Ostendite eciam, regalissime Rex, preeminenciam favoris ac singularis dileccionis principibus et dominis regni vestri precipue vero illis qui pro vestro amore se frequencius plurimis periculis ac magnis laboribus exposuerunt. Sic rex in bello non remunerat illos qui de factis militaribus magna locuntur, nisi forte de parvis rebus, sed eos qui faciunt facta militaria et multa adversancia in laboribus paciuntur, non solum remunerat de parvis, sed de adquisitis digniter recompensat. Interim dum totus orbis in malicia ponitur et erumpna, tum quia impunitas defectuum presumpcionis fronte discurrit per provincias, tum secundo quia patens introitus iniuriis ac sceleribus traditur, tum eciam tercio quia iuris cathena dirumpitur, nec remedium pro gravibus excessibus adaptatur: ideo providete, stabilissime Rex, ut principes (fo. 110v) ac regni domini temporales per suos officiarios non sint vestri populi oppressores, eorum bona illegitime extorquentes: qualis fuit officiarius

---

[a] *In the margin* De amore mutuo inter dominos conservendo.

---

[446] 2 Sam. 15: 21.　　　[447] Gen. 2: 18.　　　[448] Job 2: 11.

Aman, superbus et crudelis, qui omnium Judeorum necem a rege
Assuero nequiter procuravit, ut scribitur Hester III°.[449] Tales namque
ministri crudelitatis similes sunt prefectis et exactoribus Pharaonis, qui
preerant populo Israel in Egipto, et affligebant eos laboribus et exaccion-
ibus gravissimis luti et lateris, et eos flagellis durissimis affligebant,
sicut patet Exodi V°.[450] Isti eciam figurantur in novo testamento
Luce XVI°,[451] ubi habetur quod canes divitis lingebant ulcera pauperis,
sed isti mali officiarii, canibus atrociores et in homines severiores, non
solum dolores pauperum non mitigant, sed affligendo et opprimendo
multiplicant ac cruentant.

Diligenter eciam ponderate, o Rex insignissime, ut iudices ac legis
latores non dimittant, propter timorem dominorum, in malefactores
execucionem facere probabilem et condignam. Sed heu, frigescente
caritate ac zelo iuris exequendi, subintrat cupiditas, veritatis splendorem dilanians ac corrumpens. (fo. 111r) Hec namque miserima
cupiditas contenciones, emulaciones ac odia corruptis hominum
moribus invexit ac multipliciter augmentavit. Quid tam mirabiles ac
monstruosos defectus poterit veraciter corrigere, quid tales excessus
valet prosternere, quid super hiis remedium oportunius procurare,
quam ut principes ac domini regni temporales, unita concordia ac
unione concordi, viscerosis affectibus connectantur inter se, una cum
unanimi subieccione oportuna, offerenda vestre regie dignitati. Sic
Moyses cum Josue, Abraham cum Loth, Helyas cum Heliseo, Barnabas
cum Paulo, mutuum amorem delectabiliter confoverunt.[452] Sic principes ac domini temporales, amoris vinculo constricti, quassata malig-
nacium inimicorum multitudine, regni iudicibus iuridice confaventes,
merorem in melodiam, langorem lamentabilem in laudem et invidiosam
transmutabunt amaritudinem in dileccionis dulcorem. Sic aspirantes
rapere bona aliena penaliter punientur, sic gravitas supplicii corriget
transgressores, sic abhominabiliter infecti inordinata cupidatate (fo.
111v) pro scelere arguuntur, ac virtuosi homines, in fecunditate pacis
congaudentes, funeris vulnera non formidant.

Unde, providissime rex, quilibet princeps ac dominus temporalis
debet sapiencia investiri. Igitur Sapiencie VI° scribitur:[453] 'diligite
lumen sapiencie, qui preestis populis'. Nam bonus princeps debet
mundum discernere ab inmundo, ac populum sibi commissum fideliter
regulare, officia disponere et ingeniose ordinare, imitacione Moysi,
rectoris populi Israelitici, qui, consilio Jethro, instituit in populo
centuriones, quinquagenarios et decanos, ut patet Exodi XVIII°.[454]
Ait enim beatissimus Gregorius, IX° Moralium ca° II°:[455] 'etenim qui

---

[449] Est. 3: 13, 14.   [450] Exod. 5: 13–14.   [451] Lk. 16: 21.
[452] Num. 27: 18; Gen. 14: 14; 1 Kg. 19: 16; Ac. 9–12.
[453] Wis. 6: 23.   [454] Exod. 18: 21.
[455] Gregory, *Moralium*, Bk IX, ch. 3, 3, *PL*, 75, 860

cuncta mirabiliter creat, ipse ut creata sibimet conveniant ordinat. In quo ergo conditori resistitur, pacis conveccio dissipatur, quia ordinata esse nequeunt que superni moderaminis disposicionem perdunt. Que enim subiecta deo in tranquillitate persisterent, ipsa se sibimet dimissa a rectitudinis ordine confundunt, quia in se pacem non inveniunt, cum auctori pacis resistere concupiscunt. Sic summus ille angelicus spiritus, qui subiectus deo in culmine stare potuisset, repulsionem patitur (fo. 112r) quia foras, per nature sue inquietudinem, pervagatur. Sic humani generis primus parens, quia auctoris precepto restitit, carnis protinus contumeliam sensit. Et quia subesse conditori per inobedienciam noluit, sub semetipso prostratus, pacem corporis amisit'.

State igitur prosperi, o principes et domini temporales, gradu et ordine ad quos vestram excellenciam vocitavit et disposuit summus princeps, quatinus constanter permaneatis in favoribus regiis, ac occasiones vituperabiles devitetis. Insuper principes ac domini per commitatus regni insurgentes ac rebelles castigarent, ac pacificos, pusillanimes et quietos unanimiter supportarent ac meritorie confortarent, exemplo Moysi qui dixit populo Israel quieto, timido ac pavescenti:[456] 'nolite timere, sed state et videte magnalia dei que hodie est facturus. Egipcianos enim quos nunc videtis, nequaquam ultra videbitis in sempiternum, quia dominus pugnabit pro vobis contra eos'; ut patet Exodi XIIII°. Ordo quippe consolacionis est, ut, cum volumus afflictum quempiam suspendere a merore, studeamus prius merendo eius luctui (fo. 112v) concordare. Dolentem namque non potest consolari qui non concordat dolori, quia eo ipso quo a merentis affliccione discrepat, minus ab illo recipitur, cum mentis qualitate separatur, sed molliri prius debet animus, ut afflicto congruat, congruens inhereat, et inherens trahat. Neque enim ferrum ferro coniungitur, si non utrumque ignis ustione liquetur. Et durum molli non adheret, nisi prius eius duricia temperata mollescat. Sic nec iacentem erigimus, nisi a rigore nostri status inclinemur, quia dum rectitudo stantis discrepat a iacente, eum cui condescendere necligimus, nequaquam levamus.

Igitur, o principes populi, condescendite subditis, multis tribulacionibus fatigatis, ac in mare tumidum malicie precipitatos erigite ac levate, quatinus in subiectis collapsi reformentur et secundum cuiuslibet status exigenciam facienda remediabiliter ponderentur. Debent eciam principes ac domini temporales regni sanctam matrem nostram ecclesiam contra adversantes inimicos et insurgentes oppressores singulari dileccione fortiter defendere, sicut Onyas qui restitit Elyo(fo. 113r)doro volenti templum domini spoliare, secundo Machabeorum III°.[457]

Consurgite ergo, principes et domini huius regni, separati a sceleribus, vocati ad delicias sempiternas, et recolite opera figuralis Onye, videlicet preclarissimi Regis nostri, qui viatricem ecclesiam operibus mirificis

[456] Exod. 14: 13.   [457] 2 Mac. 3: 16, 30.

fundavit et reparavit, ac honorifice sublimavit. Nam proprium est ecclesie militantis, prout recitat Blesensis Epistola LXX⁰:[458] 'ut tunc intelligat cum arguitur, tunc optineat cum superata videtur, tunc liberior surgat cum eius liberacio desperatur. Nam et archa Noe, invalescente diluvio, tollitur in sublime, et archa federis domini humiliata.[459] Dagon confregit et Philisteos in posteriora percussit.[460] Ecce sacratissima mater ecclesia a diu sedet in tristicia, que erat domina gencium, nec fuit qui consolaretur eam ex omnibus caris eius donec speciosum*a* forma pre filiis hominum emisit ad nos ecclesie nostre impreciabilem thesaurum, Regem nostrum, qui ecclesiastice dignitatis precellenciam, primitus oppresam, multipliciter sublimavit ad sui nominis horem, decorem ac gloriam eternalem'.

(fo. 113v) Exurgite gratanter, o principes ac domini, et exuberantem ostendite affectum penes ecclesiam sacrosanctam, loca quecumque vestrarum fundacionum devocius roborate ac vigilancius confirmate, quatinus inter pressuras quas paciuntur, exemplacione vestigiosa christianissimi Regis nostri, lacerata domus domini ac multiplicius attrita, in vestris manibus persenciat consolacionem ac relevamen. De cuius consolacione sic ait beatus Bernardus, septimo Florum capitulo X⁰:[461] 'ecclesiam tempore et loco peregrinacionis sue due res consolantur:*b* de preterito quidem memoria passionis Christi, de futuro autem quod se in sortem sanctorum confidit et cogitat recipiendam. Ambo hec, velud ante et retro oculata, insaciabili desiderio contuetur, et uterque illi intuitus admodum gratus, et refugium a tribulacione malorum et dolore. Integra consolacio, cum non solum quid sibi expectandum, sed unde illud sit presumendum, noverit leta expectacio. Nec dubia, que Christi morte firmata est. Cur paveat ad premii magnitudinem, que precii considerat dignitatem? Quarum libens mente invisit (fo. 114r) foramina per que sibi sacrosancti sanguinis precium fluxit. Quam libens perambulat mansiones que sunt in domo patris multe ac diverse, in quibus habet collocare filios suos pro quorumque diversitate meritorum. Et nunc quidem, quod solum potest, sola in hiis memoria requiescit. Celeste habitaculum quod desursum est, animo induens erit, cum implebit ruinas, cum et corpore inhabitabit, et mente cum vacua domicilia que antiqui reliquerunt habitatores, ipsa sue universitatis presencia perlustrabit'.

- Letamini ergo, o principes ac domini magnifici huius regni, et radioso regie magnificencie spectaculo, prospicite, omnimoda sublata

---

a MS. speciosus.   *b* In the margin duo que confortant ecclesiam.

[458] Peter of Blois, *Epistola CXXXVIII, PL*, 207, 411, quoting Hilary of Poitiers, *De Sancta Trinitate.*
[459] Gen. 7: 17.   [460] Ps. 78: 66.
[461] *Flores . . . Bernardi*, pp. 407–8 (Bk VII, c. 10): *Sermo LXII super Cantica* (*S. Bernardi Opera*, ed Leclercq, II, pp. 154–5).

dilacione ecclesiam militantem, ac vineam domini munifica manu reformate*a* in qua manna angelicum cotidie immolatur patri in celestibus pro manutenentibus eandem ecclesiam in terris. Prospicite eciam quam labilis status huius seculi, quam laboriosa inquietacio humanas occupat mentes, inter quantos turbines virorum prosperitas volubiliter conquassatur, et mentis aciem affigite ubi dulcor deitatis perpetim permanebit, (fo. 114v) quo fervido aspectu suffragante, ecclesiastice excellencie comodum et honorem memorialiter preferetis. Sic, gracia felicitante, coronam regiam hic in terris decenter adornabitis, et in futuro glorie celestis corona perfrui laborabitis, ac summe felicitatis gaudia gustabitis coeterna.

[*II.*] *Incipit secundum capitulum de secundo lapide in eadem regia corona infixo.*

Secundus lapis in preclarissima regia corona infixus sunt episcopi, prelati et doctores qui defendunt regnum ab heresi et erroribus quibuscumque. Causa vero quare primitus affiximus in corona regia principes ac dominos temporales quam pontifices et ecclesiasticos, licet potestas sacerdotalis dignitatis precellat in gradu principum potestatem, potest esse triplex. Prima, quia terrenis principibus pertinet inimicos visibiles expugnare, in fronte corone quasi in loco visibili, debita congruencia collocantur. Secunda causa, quia principum ac dominorum temporalium familiaris assistencia, promptitudine subiectiva obsequii, (fo. 115r) regiam honorificat dignitatem, eos reposuimus in loco regio aspectui preparato. Tercia causa, cum sit quidam singularis connexus, imitatoria subordinacione dominii temporalis ad supereminenciam regie maiestatis, ipsos immediacius applicare disposuimus regali vultui presentandos.

Hii namque episcopi et prelati ac ecclesiastici non incongrue similantur lapidi precioso qui carbunculus appellatur, cuius natura est, ut ait Bartholomeus libro De Proprietatibus,[462] quod superat omnes gemmas in ardore ad veraciter designandum; quod episcopi, prelati et doctores, errores impugnando, sibi iniunctum officium ardencius atque fervencius adimplerent, quorum decora resplendencia digniter irradiat et adornat regiam maiestatem.*b* Horum namque officium primo est subditos verbo et exemplo instruere ac docere. Quod quidem officium optime executus est noster episcopus, prelatus et doctor, Jhesus Christus: de quo scribitur Actuum I⁰:[463] 'cepit Jhesus facere et docere.' In quo instruuntur episcopi, prelati et doctores, ut precedat bona vita et sequatur bona doctrina. (fo. 115v) Unde doctor de Lyra:[464] 'bene

---

a MS. reformare. *b MS.* maestatem.

462 Bartholomeus Anglicus, *De Proprietatibus Rerum,* fo. CXXXVva.
463 Ac. I; I. 464 Nicholaus de Lyra, *Glossa,* v, fo. 177v.

enim dicere et male vivere nichil aliud est quam se sua voce damnare'. Unde Blesensis in libro De Cognicione Propria:[465] subiectos verbo et exemplo ad perfectam, quantum in eis est, sanitatem, debent prelati perducere, ac cum Moyse in monte sedere (Exodi XVIIº):[466] dum populus Israel pugnabat cum Amalech, elevatis manibus Moyses exoravit, quia prelati stabilem sublimitatem et sublimem sancte conversacionis stabilitatem exercerent, ut hostem antiquum et eius membra possent subditi superare, bonorum operum utilitati insistentes. Quas profecto manus, ne ante vesperam fatigentur, Aaron sustentant et Ur. Aaron interpretatur mons fortitudinis et iuxta sensum moralem virtutem designat humilitatis. Quia eo magis fortes sumus et sublimes in oculis divinis, quo magis debiles et humiles sumus in oculis nostris. Ur vero ignis interpretatur et ardorem exprimit caritatis, quia caritas mentem quam replet mirifice incendit.

Manus igitur Moysi, idest prelati, Aaron et Ur sustineant, idest opera prelatorum caritas et humilitas recommendent, quatinus eos virtus humilitatis (fo. 116r) deprimat, ne superbiant, et caritatis zelus acuat ne torpescant, ut rigidam subiectis dulcedinem et dulcem semper exhibeant rigorem. Unde Gregorius, XXº Moralium caº IIIIº:[467] 'in sancta ecclesia, ordo doctorum, quasi rex, presidet, quem suorum turba fidelium circumstat. Que multitudo recte exercitus dicitur, quia in procinctu bonorum operum, indesinenter cotidie contra temptacionum prelia preparatur. Corda quoque merencium sancta ecclesia consolatur, dum per presentis peregrinacionis erumpnam afflictas mentes electorum pensat, et has letificat eterne patrie promissione. Considerat eciam quod cogitaciones fidelium divino sint timore percusse, et quos de deo conspicit districta audisse, ut timeant, angit quoque, quatinus mansuetudinem pietatis eius audiant, ut presumant. Sic namque sancta ecclesia fidelibus suis de pietate et iusticia redemptoris in predicacionis serie spem miscet et metum, quatinus nec incaute de misericordia confidant, nec desperate iusticiam timeant. Nam formidantes refovet, dicens: "nolite timere, pusillus grex, quia complacuit patri vestro dare vobis regnum".[468] (fo. 116v) Atque presumentes iterum terret, dum dicit:[469] "vigilate et orate ut non intretis in temptacionem". Et capitulo consequenti, formidantes refovet, cum dicit:[470] "qui perseveraverit usque in finem, hic salvus erit". Presumentes deterret, dicens:[471] "cum venerit filius hominis, putas inveniet fidem in terra". Metuens confovetur, cum latroni dicitur:[472] "hodie mecum eris in paradiso". Sed et presumens terretur, dum Judas ex apostolatus gracia in tartarum illabitur. De quo per sentencie diffinicionem dicitur:[473]

---

[465] Untraced quotation.   [466] Exod. 17: 10, 11.
[467] Gregory, *Moralium*, Bk XX, ch. 5, 12–13, *PL*, 76, 142, as far as n. 474.
[468] Lk. 12: 32.   [469] Mk. 14: 38.
[470] Mt. 10: 22.   [471] Lk. 18: 8.
[472] Jn. 6: 71.   [473] Lk. 23: 43.

"duodecim vos elegi, et unus ex vobis diabolus est" '. Hec Gregorius:[474] 'sed ve mundo a scandalis, ecce dum pastores querimus, occurrunt censores, raptores et corruptores, quorum non est numerus'.

Quis est hodie qui cum Aaron tollat thuribulum,[475] ut, sumpto igni de altari, mittat incensum et stet inter vivos et mortuos, ac roget pro eis? Pro viventibus, idest iustis ne corruant, et pro mortuis, idest iniustis, ut resurgant, ut sic tandem mitescat ira dei et plaga populi conquiescat. Quis enim filiorum Aaron qui portet iniquitatem sanctuarii et sustineat peccata sacerdocii sui? Ubi sunt qui ministrent in (fo. 117r) tabernaculo testimonii eciam Levite, qui excubent ad omnia opera tabernaculi, et in custodiis sanctuarii et in ministeriis altaris, ne super populum indignacio oriatur? Accedat iam pascualis filius Ysai David,[476] qui eripiat agnum de manibus ursi et molas leonum confringat. Accipiat peram sciencie ac scripture, qua ferocissimum Golyam prosternat.

Sic beato Petro et successoribus eius precipitur ducere in altum rethe, idest profundam sacre scripture intelligenciam in capturam hominum aperire. De talibus prelatis et doctoribus sic scribit moralissimus doctor Gregorius, tricesimo Moralium capitulo V°:[477] 'gallus cum edere cantus parat, prius alas excutit et semetipsum feriens vigilanciorem reddit. Quod patenter cernimus, si predicatorum vitam vigilanter attendamus. Ipsi quippe, cum verba predicacionis movent, prius se in sanctis accionibus exercent, ne in semetipsis torpentes opere, alios excitent voce, sed ante se per sublimia facta excuciunt, et tunc ad bene agendum alios sollicitos reddunt. Prius cogitacionum alis semetipsos feriunt, quia quicquid in se (fo. 117v) inutiliter torpet, sollicita investigacione deprehendunt. Districta animadversione corrigunt prius sua, punire fletibus curant, et tunc que aliorum sunt punienda denunciant. Prius ergo alis insonant, quam cantus emittant, quia antequam verba exhortacionis proferant, omne quod locuturi sunt operibus clamant. Et cum perfecte in semetipsis vigilant, tunc dormientes alios ad vigilas vocant'.

Sed unde hec tanta doctori intelligencia, ut et perfecte sibi vigilet, et dormientes ad vigilias sub quibusdam clamoris provectibus vocet, ut et peccatorum tenebras prius caute discuciat et discrete postmodum lucem predicacionis ostendat, ut singulis iuxta modum et tempora congruat et simul omnibus que illos sequantur ostendat? Unde ad tanta et tam subtilia tenditur, nisi intrinsecus ab eo a quo est conditus doceatur? Quia igitur laus tante intelligencie non predicatoris virtus est, sed auctoris, recte per auctorem dicitur? quis dedit gallo intelligenciam? Ac si diceret: nisi ego qui doctorum mentes, quas mire ex nichilo condidi, ad intelligenda que occulta sunt mirabilius instruxi. Sic

[474] Untraced quotation on Mt. 18: 7.   [475] Num. 16: 17.
[476] I Sam. 17: 17, 50.
[477] Gregory, *Moralium*, Bk XXX, ch. 3, 15, *PL*, 76, 532.

Petrum, Matheum (fo. 118r) Jacobum, Andream cum ceteris condiscipulis radio intelligencie perlustravit, quorum doctrina per mundi regiones, errores et hereses funditus devastavit.

Talis erit doctor ut se Egipciis Moysen ostendat, fornicatoribus Phynees, ydolatris Helyam, avaris Helyseum, blasphemantibus Paulum:[478] qui vulgus non spernit sed docet, divites non palpitat sed curat, pauperes non gravat sed fovet. Qui corda reficit, crimina corrigit, et innocentes diligit et nutrit. Unde venerabilis Ricardus de Sancto Victore in libro de Beniamyn et fratribus eius:[479] 'quid enim sacram scripturam nisi Rachelis cubiculum dicimus, in qua sapienciam divinam sub decenti allegorarium velamine latitare non dubitamus. In tali cubiculo Rachel tociens queritur, quociens in leccione sacra spiritualis intelligencia indagatur. Sed quamdiu adhuc ad sublimia penetranda minime sufficimus, diu cupitam, diligenter quesitam Rachelem, nondum invenimus. Incipimus ergo gemere et suspirare, nostram cecitatem non solum plangere, sed et erubescere. Dolentibus ergo nobis et querentibus unde hanc cecitatem (fo. 118v) meruimus, occurunt mala que fecimus. Quinimmo, divina leccio nobis nolentibus feditatem nostram frequenter ingerit, et corda nostra in eius consideracione compungit. Quociens ergo in leccione divina pro contemplacione compunccionem reperimus, in cubiculo Rachelis non ipsam, sed Lyam nos invenisse non dubitemus. Nam sic Rachelis est meditari, contemplari, discernere et intelligere, sic profecto pertinet ad Lyam flere, dolere, gemere et suspirare'.

Sunt namque plurimi qui scire volunt et intelligere eo fine tantum ut sciant, et turpis curiositas est. Et sunt qui scire volunt ut sciantur, ipsis et turpis vanitas est. Et sunt qui scire volunt ut edificent, et caritas est. Et sunt qui scire volunt ut edificentur, et prudencia est. Hec sciencia vera in primo gradu operatur penitudinem idest dolorem, ut risum in luctum, cantum in planctum, gaudium in merorem convertamus. Et incipiant nobis displicere que vehementer antea placuerunt, et illa specialiter horreamus que specialiter appetebamus. In secundo gradu operatur sciencia correccionem, ut iam non exhibeamus membra nostra, arma iniqui(fo. 119r)tatis peccato, sed coherceamus gulam, iugulemus luxuriam, superbiam deprimamus et efficiamus servire sanctitati corpus quod ante servierat iniquitati. Penitudo enim sine correccione non proderit. In tercio gradu operatur sciencia sollicitudinem, ut iam incipiamus sollicite ambulare cum deo nostro et ex omni parte scrutemur ne ultra, in levissima re, tremende illius maiestatis offendamus aspectum. In penitudine accendimur, in correccione ardemus, ac in sollicitudine interius et exterius relucemus.

---

[478] Exod. 6–13; Num. 25: 7, 8; 1 Kg. 18; 2 Kg. 6: 26, 27; 2 Tim. 6.
[479] Richard of Saint Victor, *De Praeparatione animi ad contemplationem*: *liber dictus Benjamin minor*, ch. iv, *PL*, 196, 4.

Felix consciencia cuiusque prelati, in qua prefatus ordo sciencie indesinenter consideratur, donec quod mortale est absorbeatur, donec evacuetur timor qui ex parte est et hereditarie succedat leticia sempiterna. Habita igitur huiusmodi sollicitudine, consequitur puritas cordis in duobus laudabiliter inquirenda. Puritas cordis in duobus consistit, ut recitat Bernardus ad Henricum Senonensem episcopum:[480] videlicet in querenda gloria dei et utilitate proximi, ut in omnibus actibus vel dictis non querat quod suum est, sed tantum aut dei honorem, aut (fo. 119v) proximorum salutem, aut utrumque. Hec enim agens, non solum officium pontificis, sed et ethimologiam nominis adimplebit. Pontifex utique sic se pontem faciat, ut inter deum et proximum pertingat. Pons iste usque ad deum ea fiducia hanelet, quia non suam sed ipsius gloriam querat; pertingat usque ad proximum illa pietate, qua sibi prodesse desiderat. Offert deo bonus mediator preces et vota populorum, reportans illis a deo benediccionem et gratiam. Supplicat maiestati pro excessibus delinquencium, cuius pietatis beneficia contempnentibus potencie severitatem insinuat.

Tales, laudabilissime Rex, in eminencia pontificatus ac in cathedra prelacie debent eligibiliter presidere. Hii cum Noe[481] archam regere debent inter undas diluvii, sanctam videlicet ecclesiam inter pressuras huius mundi. Hii cum Ysaac tamdiu debent puteos fodere, donec aquam vivam reperiant, idest subiectos sollicite perscrutari, quo usque in eis humorem gracie spiritualis esse cognoscant. Hii cum Jacob oves custodire debent et pascere: custodire, ne luporum morsibus, id est, ne malignorum spiri(fo. 120r)tuum temptationibus strangulentur, pascere, ne fame audiendi verbum dei tabescant. Hii cum Joseph populo, cui presunt, verbi annonam tempore famis ministrando, consulerent, quatinus horrea cordium aperientes, subditis doctrine pabulum prebeant, scientes, ut ait scriptura: 'maledictum esse qui abscondit frumenta in populis et benedictionem domini super capud vendencium' (Proverbiorum, XI°).[482] Hii cum Melchisedech panem corporis Christi et vinum sanguinis eius debent offerre, patrem clementissimum obsecrantes ut super illa sacratissima sacrificia sereno ac propicio vultu respicere dignaretur, et accepta habere, sicuti habere dignatus est munera sui iusti Abel et sacrificium Abrahe patriarche. Hii in culmine cathedralis dignitatis conveniencius situantur, quia se scolares summi magisterii in perimplecione prescriptorum pleniter nunciarunt.

Cuius cathedre quatuor pedes sunt, quatuor virtutes cardinales, scilicet prudencia, fortitudo, iusticia et temperancia. Prudencia namque illuminat, fortitudo roborat, iusticia exornat, temperancia modificat.

---

[480] *Tractatus de moribus et officiis episcoporum ad Henricum archiepiscopum Senonensem* (*Sancti Bernardi . . . Opera Omnia*, ed. Mabillon, II, c. 1108).
[481] Exod. 8: 14.
[482] Prov. 11: 26.

Dileccio vero dei (fo. 120v) super omnia letificat, ac testimonium consciencie integraliter tranquillat. Igitur, pro episcopis, prelatis et doctoribus, in dextra parte vestre regalissime corone, validissime Rex, inseritur lapis preciosus, ut predicitur, carbunculus appellatus, qui secundum naturales, ceteros lapides preciosos superat in ardore.

Sic, invincibilissime rex, convenit episcopis, prelatis ac doctoribus ecclesie dextera parte intelligencie errores et hereses triumphaliter ac scientifice expugnare, et sibi pertinencia officia ardencius et desiderabilius adimplere, ad honorem et decorem vestre regie maiestatis. Quid igitur maioris privilegio dignitatis coronam regiam ac regnum multiplicius condecorat ac laudabilius perornat, quam clericorum dogmata per regni spacia respersa ac multipliciter dilatata? Quid utriusque universitatis stabilius ac uberius firmamentum, nisi magnis sumptibus et arduis expensis varia fundare ac edificia erigere collegiorum ad promocionem fidei orthodoxe? Quid scienciarum liberalium nutrimentum, quid fidei munimentum, quid iuris civilis seu canonici fulci(fo. 121r)mentum, quid theologice facultatis premirificum sustentamen, quid doctorum, graduatorum ac pauperum clericorum perpetualius relevamen, quam prefatorum locorum per universitates ereccio feliciter consummata?

Harum namque universitatum saluberrima[a] fama, ac clericorum innumerabilium inexplicabilis sciencia, regnum vestrum Anglie in Curia Romana ac aliis transmarinis regionibus, per vestros clericos ambassiatores famosissime sublimavit. Sic perpetua gloria tante regalie que sic scienciam superexaltat et elevat in sublime, que in domo domini candelebra lucencia erigere festinat, ad viciorum ac viciosorum tenebras extirpandas. Exaudiat hec regia dignitas, pro universitatum confirmamine ac collegiorum levamine, cum subtrahitur a lubrica presentis vite miseria, chorum angelice melodie in superis taliter intonantem: veniat noster collega speciosus ac regie corone lator condignus, accipere in celico thalamo, a summo rege ac filio summi regis, perpetim duraturas, perlucidas ac iocundissimas (fo. 121v) mansiones. Ubi vera quietacio ac summa iocunditas, ubi letificacio ac grata amenitas, ubi incorrupcio ac fixa stabilitas, pro collegiis hiis terrenis, vestram sublimitatem eternaliter felicitent in collegiis beatorum.

[III.] *Incipit tertium capitulum de lapide tercio in eadem regia corona infixa.*

Tercius lapis in vestra ornatissima corona infixus, christianissime rex, sunt omnes religiosi, curati et simplices sacerdotes, qui regiam maiestatem ac regnum non solum defendunt suis oracionibus ab inimicis invisibilibus, sed eciam visibilibus. Pro hiis namque inseritur lapis

---

[a] *MS.* saluberima.

preciosus in posteriori parte corone qui dicitur saphirus, cuius natura est celo assimulari.[483]

Sic vero sacerdotes quicumque atque curati forent celici in conversacione, quatinus eorum subditi per bonam vitam, eorum vestigiis virtualiter adhererent. Unde sacerdotes et curati angelis comparantur, propter quatuor condiciones in quibus debent angelos imitari. Primo namque sunt angeli immateriales, spiritus (fo. 122r) enim sunt et carnem non habent. Tales enim esse debent sacerdotes, ut motus passionum per inmundiciam non sequantur. Unde beatus Job crimen inmundicie diffiniens ait:[484] 'ignis est, usque ad perditionem devorans'. Super quo textu Gregorius (XXI⁰ Moralium, cap⁰ IX⁰):[485] 'quia nimirum reatus huius facinoris, non solum usque ad inquinationem maculat, sed usque ad perdicionem devorat. . . . Nulla quippe ante omnipotentis dei oculos iusticie pietatis que sunt opera, que corrupcionis contagio monstrantur immunda. Quid enim prodest si pie quisquam necessitati compatitur proximi, quando impie semetipsum destruit, habitacionem dei? Si ergo per cordis mundiciam libidinis flamma non extinguitur, incassum quelibet virtutes oriuntur, sicut per Moysen dicitur:[486] "ignis exarsit ab ira mea, et ardebit usque ad inferos deorsum, comedet que terram et nascencia eius". Ignis quippe terram atque eius nascencia comedit, cum libido carnem atque per hanc omnia bene acta consumit. Nam quicquid prodit ex fruge rectitudinis, hoc nimirum flamma concremat corrupcionis. (fo. 122v) Unde si corrupcionis malo non resistitur, illa proculdubio pereunt, que bona videbantur'. Hec Gregorius:[487] 'hec inmundicie illecebrosa vorago, multis miseriis et dispendiis, interdum fame vel honoris aut eciam vite ipsius periculo, comparatur'.

Cuius appetitur, anxietatis et verecundie actus, abhominacionis et ignominie exitus, penitudinis verecundie plenus esse dinoscitur. Cuius currus quatuor rotis volvitur viciorum, ingluvie videlicet ventris, inquinacione libidinis, mollicie vestium ocii que resolucione. Trahitur equis duobus, prosperitate vite et rerum habundancia, quibus president duo agitantes, scilicet torpor et infida securitas. 'Heu igitur, quam plurimi in adversitatibus pressi, minime in certamine perdurant, quia supernum et spirituale premium de mentis cogitacione tollitur, dum exteriora iam tranquilla appetant, et eterna premia, que cogitare consueverant, non requirant. Capud namque fidelium sacerdotes non immerito appellantur, quia pars membrorum domini prima sunt. Unde per prophetam et capud et cauda exterminari dicitur,[488] ubi capitis

[483] Bartholomeus Anglicus, *De Proprietatibus Rerum*, fo. CXXXra.
[484] Job 31: 12.
[485] Gregory, *Moralium*, Bk XXI, ch. 12, 12, *PL*, 76, 201–2 (as far as n. 487).
[486] Dt. 28: 13.
[487] There are here two passages linked together, the second, beginning 'Heu, igitur' being Gregory, *Moralium*, Bk XIV, ch. 42–3, *PL*, 75, 1061–2.
[488] Dt. 28: 13.

nomine (fo. 123r) sacerdotes, et caude appellatione reprobi designantur. Nam plerumque, ducibus cadentibus, lacius succumbit exercitus qui sequebatur'.

Igitur, o sacerdotes domini, vobis corporis cotidiana castitas iniungitur, sicut vobis data est cotidiana offerendi potestas. Magna quippe sunt sacramenta que conficitis: estote ergo in officio domini devoti et immaculati. Recordamini ubi dominus ante passionem suam paschale sacramentum confecit:[489] 'ostendet', inquit, 'vobis cenaculum grande stratum et ibi parate vobis'. O locus altus, magnus et aptus! In cenaculo notatur altitudo, in grandi magnitudo, in strato aptitudo. Altitudo pertinet ad castitatem, magnitudo ad caritatem et aptitudo ad humilitatem. O sacerdos, castitas te sublimet, magnum efficiat caritas, sternat te humilitas, et digne suum apud te pascha dominus celebrabit. Hoc mode altus, magnus et aptus esto, ut alta, magna et apta conficiens sacramenta, alto, magno et apto domino famuleris, quia altus, magnus et aptus est ipse dominus omnium supervisor.

Igitur, o sacerdotes et curati, omni cura vigilate, ut sitis mundi, (fo. 123v) in opere perutiles, in sermone singulis compassione proximi bene agentibus per humilitatem socii, contra delinquencium vicia zelo iusticie erecti, atque in contemplacione suspensi, imitantes puritatem angelicam. De miseris vero sacerdotibus sic loquitur Wallensis, libro ad omne genus hominum:[490] 'o impudici sacerdotes, recogitate quod Ozias Rex, quia voluit adolere incensum, super altare percussus est lepra. Si ergo tam dire punitus est quia tetigit thuribulum, quam dure punietur qui in peccato mortali tangit verum corpus dominicum? Insuper, si dominus morte temporali percussit Oz[i]a, quia, secundum quod dicunt sancti, tetigit archam post cognicionem uxoris sue, ante legalem mundacionem, quam severe percuciet in fine infelices sacerdotes, conficientes et contrectantes verum corpus Christi post aliquam corporis vel anime coinquinacionem, ante penitencialem lamentacionem et veram confessionem? Insuper ad sacerdotes miseros clamat Johannes Baptista,[491] qui adeo sanctus fuit quod inter natos mulierum non surrexit maior, et tamen contremuit tangere sanctum Christi verticem: et vos, in peccatis involuti, qua fronte, qua (fo. 124r) presumpcione audetis tangere totum Christum et ad dampnacionem vestram incorporare! Qui tales estis, multo minores merito et inferiores estis Johanne sanctissimo, licet maius et mirabilius est quod agitis in sacramento, quam quod ipse fecit in tangendo Christum et baptizando. Ipse enim tantum contrectavit, vos vero sanctificatis corpus domini. Ipse intinxit in Jordanis flumine, et vos in sancto Christi sanguine.

---

[489] Lk. 22: 12.
[490] Here begins a long quotation from John Waleys, *Communeloquium*, fos. 176v–177r, pt IV, dist. I, end of ch. 8 and 9.
[491] Mt. 3: 15.

Quam tamen intinccionem a pollutis Christus fert moleste, dicens per Jeremiam:[492] "recedite, polluti, recedite, abite et nolite tangere".

Quales igitur debent esse sacerdotes, describit Christus sub nomine episcopi, ad Titum primo dicens:[493] "oportet episcopum sine crimine esse, non superbum, non iracundum, non percussorem, non vinolentum". Quando vero ordinantur presbiteri, episcopus, manus ponens super eorum capita, invocat spiritum sanctum super eos et dicit:[494] "accipite spiritum sanctum". Quorum remiseritis peccata et cetera. Et manus eorum iniungit, ut ex hiis sciant se accepisse graciam consecrandi, benedicendi et opera misericordie exercendi. Et super utrumque humerum stolam accipiant, ut intelligant se munitos a dextris et a (fo. 124v) sinistris per arma iusticie, ut nec per adversa frangantur, nec per prospera extollantur.'

Secundo, angeli sunt intellectuales, sic religiosi, sacerdotes ac curati, debent esse prediti sciencia et intellectu. Nam secretorum dei non debent esse ignari, qui ad dei populum eius nuncii ordinantur. Namque cecus, ductus a sacerdotibus cecis, una cum illis cadit in foveam dampnacionis. Qualiter autem potest sacerdos populum informare, ignorans quot sunt articuli fidei, quot precepta decalogi, que evangelii consilia, que et quot mortalia peccata et quot ecclesie sacramenta? Revera nescio, unum scio, quod si mundus plenus sit sacerdotibus, tamen in messe dei rarus operarius invenitur. Quia et si officium sacerdotale recipiant, tamen huius officii ministerium non adimplent Unde Blesensis libro de cognicione propria:[495] 'discurre, o religiose, o sacerdos et curate, festina et suscita amicum tuum, ne des sompnum oculis tuis nec dormitent palpebre tue. Nil vero peius in pastoribus quam desidia et necligencia; nil melius (fo. 125r) quam sollicitudo et zelus animarum'.

Namque nato illo bono pastore, pastores dicuntur vigilare et custodire vigilias noctis supra gregem suum. Et addidit evangelista:[496] 'ecce angelus domini stetit iuxta illos et claritas dei circumfulsit illos.' Angelus virginis partum enunciat pastoribus, nec quidem omnibus sed vigilantibus, nec solum vigilantibus, sed et vigilias supra gregem suum custodientibus. Dormientibus namque imminet periculum magnum. Hinc est quod in perniciem suam dormit Hysboseth secundo Regum IIIIº,[497] qui et vir confusionis merito appellatur, dum hostii sui curam femine committit. Quo dormiente, latrones, domum suam ingredientes, ablatis bonorum operum spicis, eum in inguine feriunt, et morti eum tradunt. Non ergo omnibus, sed vigilantibus pastoribus dominici ortus nunciator apparet. Vigila igitur, o curate, vigila, custos gregis dominici, non solum autem, sed et vigilias noctis super gregem tuum fideliter custodi, et divina te claritas circumfulgebit et nunciabitur tibi gaudium

[492] Lam. 4: 15.   [493] Tit. 1: 7.   [494] Jn. 20: 22, 23.
[495] Untraced quotation.   [496] Lk. 2: 9.   [497] 2 Sam. 4: 6.

magnum. Quod gaudium: 'intra in gaudium domini tui, serve bone (fo. 125v) et fidelis" (Mathei XXV⁰).[498]

Igitur tibi, o curate, angelus apparet cum claritate, sed si vigilaveris, si vigilias noctis custodieris lumine intelligencie supra gregem tuum. Ideo fugiat sompnus ab oculis tuis, sicut fugiit quondam ab oculis sancti Jacob, ut patet Genesis XXXI⁰,[499] cui in pascendo et custodiendo oves dominicas, spiritualiter successisti. Sic te Delbora prefiguravit, de qua in libro Judicum, quarto et quinto capitulis, sic scriptum est:[500] 'erat autem Delbora prophetissa, uxor Japidoth, que iudicabat populum et sedebat inter Rama et Bethel in monte Effraym'. Delbora apes interpretatur, vel loquax. Apes, quia ad bellum erat prompta; loquax, quia, peracta victoria ad canticum erat devota. Hec autem, quia se ad bellum prompte paravit, apes vocabatur, ac quia post triumphum deo laudis ympnum cantare non omisit, eciam loquax meruit appellari. Sic tu, curate, apes et loquax debes vocitari. Apes, propter sedulitatem bone accionis; loquax, propter utilitatem sancte informacionis. Prius apes, postea loquax, quia primordialiter teipsum bona vita commendet, ac deinde sana (fo. 126r) subiectos tuos doctrina instruat et informet. Sic de Christo legitur quod fuit propheta potens in opere et sermone. De Esdra quoque legimus (Esdre VII⁰)[501] quod preparavit cor suum ut faceret et doceret in Israel iudicia et precepta, in signum quod verba informacionis precedere debet bonitas conversacionis.

Illa namque vox libencius auditorum corda penetrat, quam dicentis vita commendat, quia quod precipit loquendo, adiuvat ostendendo. Apes enim duo in se habet, mel et aculeum. In melle dulcedo, in aculeo asperitas, in melle quod sapit, in aculeo quod pungit. Ita tu, curate, habe mel ut, honore suppresso, te subditis bene viventibus deputes coequalem. Habe et aculeum, ut contra perversorum culpas, zelo iusticie excrescas. Sic in te qui apes es, et mel ostendas esse et aculeum, quatinus in te boni subiecti communionem inveniant equalitatis, ac pravi et perversi zelum ulcionis.

Hec namque Delbora, ut dictum est, prophetissa fuit. Quia prophetizantes, dum presencia esse indicant fugitiva, que sunt ventura verius manifestant. Sic tu, curate seu religiose, esto propheta de tuo thesauro, (fo. 126v) proferens nova et vetera, tam futura denuncians supplicia inferni, que tuorum auditorum corda deterreant, quam gaudia celestis regni perpetua que demulcent. Debes ergo Christo coniungi stabili ac dulci amore. Nam Delbora erat uxer Iapidoth qui lampas interpretatur, Christum figuraliter exprimens, de quo Job ait:[502] 'lampas contempta apud cogitaciones divitum, parata erit ad tempus statutum'. Quia iudei veram mundi lucem per incredulitatem respuerunt et gentes recte credendo susceperunt.

[498] Mt. 25: 21 or 23.   [499] Gen. 31: 38, 41.   [500] Jg. 4: 4, 5.
[501] Ez. 7: 10.   [502] Job 12: 5.

Sequitur: sedebat Delbora inter Rama et Bethel in monte Effraym. Rama dicitur excelsa et designat celestis patrie sublimitatem. Bethel domus dicitur dei et significat sanctitatem ecclesie militantis. Effraym dicitur fructificatio, et utilitatem significat bone conversacionis. Vide ergo, o curate, ubi debet esse mansio tua: certe inter Rama et Bethel, in monte Effraym. Quatinus dum in presenti ecclesia degis, que domus dei est, in sublimitate maneas sancte conversacionis, et per desiderium ad altitudinem patrie suspires celestis. Conformiter etiam, o religiosi, elaborate (fo. 127r) diligenter in ternario voluntarie paupertatis, in puritate sincere castitatis, ac in perfectione obediencialis humilitatis, ut sic reprimatur et confundatur mundi ternarius, consistens in questu avaricie, in fluxu carnalis imundicie et in superbie elatione.

In quorum trium figura dictum est Abrahe (Genesis XIIº):[503] egredere de terra tua per abieccionem et renunciacionem proprietatis, et de cognacione tua per affectum perpetue castitatis, et de domo patris tui per abrenunciacionem proprie voluntatis. Hic est funiculus triplex qui difficile rumpitur (Ecclesiastes IIIIº).[504] Sic tria sunt munera que optulerunt magi domino, aurum scilicet terrene possessionis, per voluntariam paupertatem, thus devote subieccionis, per obedienciam, myrram carnalis mortificacionis per continenciam. Isto triplici funiculo permisit se ligari Ysaac, quando debuit per patrem suum offerri deo (Genesis XXIIº).[505] De hiis tribus perfectionibus commendatus est Joseph, sicut patet Genesis XLIº:[506] erat ibi puer, quantum ad vite continenciam, hebreus qui interpretatur transiens, scilicet a mundo isto, non ponens in eo amorem, quantum (fo. 127v) ad voluntariam paupertatem, eiusdem ducis militum famulus, quantum ad obedienciam singularem. Hec tria expressit noster salvator in novo testamento, dicens Petro, ut patet Johannis ultimo:[507] 'alius te cinget quantum ad continenciam, et ducet te quo ad obedienciam, quo tu non vis, quo ad voluntariam paupertatem.' In hiis tribus consistit perfeccio vite: in amoris elevacione ab infimis, in libidinum coartacione a fedis, et in adhesione dei in summis.

Dicitur namque religio carcer, quia ibi prohibetur religiosus ne peccet. Sic Manasse in carcere clausus, plus profecit coram deo quam ante.[508] Sic Jeremias, clausus in carcere, scripsit et precepit Baruch, ut legeret librum legis domini.[509] Sic Joseph, reclusus in carcere, postea factus est dominus Egipti.[510] Sic Christus precipuos apostolos Petrum et Paulum permisit includi in carcere. Sic Johannes Baptista, incarceratus meruit regnis celestis publicam libertatem. Sic, o religiosi, cognoscite statum vestrum, ac preclaro lumine intelligencie deserentes terrena, in contemplacionis culmine studiosius vigilate, quatinus cum

[503] Gen. 12: 1.   [504] Ec. 4: 12.   [505] Gen. 22.
[506] Gen. 41: 12.   [507] Jn. 21: 18.   [508] 2 Ch. 33: 12, 13.
[509] Jer. 36: 18.   [510] Gen. 45: 26.

sacerdotibus et curatis agnoscamini (fo. 128r) regie corone decenciam ac regni stabilimentum decensius sublimare.

Tercio, angeli sunt motores orbium planetarum a quibus generatur et causatur quod in istis inferioribus producitur. Sic officium curatorum ac sacerdotum, seu religiosorum, est movere orbes, id est nobiles et potentes, quorum influencia et virtute subditi regulantur, ut firmiter colant deum. Sed heu, quam plurimi nunc in hoc seculo potentes dissimulant peccata que peragunt, lubricum in quo titubant, tenebras quibus caligant, laqueos inter quos ambulant, locum affliccionis que inhabitant, corpus mortis quod gestant, iugum grave quod tolerant, graviorem conscienciam quam occultant, ac gravissimam sentenciam quam expectant. Cavete igitur, o potentes, in mundanis, quantum poteritis, duriciam cordis, consciencie gravitatem, acquiescite iudici, cedite aculeo perurgenti. Nam in malo perseverare diabolicum est, et digni sunt perire cum illo quicumque per similitudinem eius permanent in peccato.

Quarto, angeli sunt rectores hominum. Sic pertinet sacerdotibus et curatis subditos ac parochianos regere et ad bonitatis graciam ordinare, seu finaliter (fo. 128v) excitare. Cuius figura patet Actuum XII[511], ubi dicitur quod angelus domini astitit et lumen refulsit in habitaculo carceris, percusso que latere Petri, excitavit eum, dicens: surge velociter. Petrus dormiens in carcere est peccator irrititus mala consuetudine peccatorum. Hic iacet, inter duos milites vinctus cathenis duabus, et custodes ante hostium custodiebant carcerem. Duo milites sunt mors et diabolus, mors insidiatur corpori, diabolus anime. Due cathene sunt amor delectandi et pudor revelandi. Duo custodes, ne homo exeat carcerem peccati per hostium confessionis, sunt presumpcio venie et confidencia prolixe vite.

Huic peccatori taliter detento in peccato, debet sacerdos seu curatus diligenter astare, necnon per oraciones adiuvare, ac per salubres ammoniciones percutere et non palpare. Teste namque Sancto Thoma, secunda secunde:[512] 'duplex est oracio, communis atque singularis. Communis quidem oracio est que per ministros sancte ecclesie in persona tocius populi fidelis offertur deo, et ideo oportet quod talis oracio toti populo innotescat pro quo offertur, quod non posset fieri, nisi esset vocalis, et ideo racionabiliter (fo. 129r) institutum est, ut ministri ecclesie huiusmodi oraciones alta voce pronuncient, quatinus ad omnium noticiam poterint pervenire. Oracio vero singularis est que offertur a singulari persona, sive pro se, sive pro aliis exorante. Et illi adiungitur vox triplici racione. Primo, ad excitandum interiorem devocionem, quia mens orantis elevetur in deum. Unde Augustinus dicit ad Probam,[513] quod verbis et aliis signis, ad augendum sanctum

[511] Ac. 12: 7.   [512] *Summa*, II[a] II[e], LXXXIII, 12, 3 (as far as n. 515).
[513] Augustine, *Epistula CXXX ad Probam*, *CSEL*, 44, p. 60.

desiderium nos ipsos excitamus. Secundo, adiungitur vocalis oracio quo ad reddicionem debiti, ut scilicet homo deo serviat secundum totum quod ex deo habet, id est non solum mente, sed eciam corde, quod precise competit oracioni, secundum quod est satisfactoria. Unde Osee ultimo:[514] "omnem aufer iniquitatem et accipe bonum, et reddemus vitulos labiarum nostrorum". Tercio, adiungitur vocalis oracio ex quadam redundancia ab anima in corpus et ex vehementi affeccione', secundum illud psalmi:[515] 'letatum est cor meum et exultavit lingua mea'. Unde Bernardus quinto Florum capo Vo:[516] 'cum profundum nocturnus sopor indicit silencium, tunc plane liberior exit purior que oracio. O quam secreta (fo. 129v) de nocte ascendit oracio, solo arbitro deo, secundo que angelo, qui illam superno altari suscipit presentandam! O quam grata et lucida, quam serena et placida, nullo intus turbata strepitu vel clamore! O quam denique munda et sincera, nullo respersa pulvere terrene sollicitudinis, nulla aspicientis laude seu adulacione temptata!'

Deus namque lux est intelligibilis a quo, in quo, et per quem omnia intelligibiliter relucent. Sic est de bonitate lucis corporalis, quod aperto oculo corporali statim se immittit et eius necessitati subvenit, et quasi condescendit supplens eius defectum. Sic nimirum deus qui est eximie bonitatis et immense largitatis, aperto cordis oculo, quod precipue fit in oracione, confestim condescendit et se specialiter immittit. Unde Apocalipsis IIIo:[517] 'ego sto ad hostium et pulso'. Super quo textu, doctor de Lira ait:[518] 'pulso ad bonum supernaturale, monendo si quis audierit vocem meam, monicioni mee consenciendo, mihi ianuam aperiendo. Per conatum liberi arbitrii ad bonum, introibo ad illum, per graciam gratum facientem habitando cum illo, et cenabo cum illo, et ipse mecum. (fo. 130r) Nam deus in tali homine delectatur, et ipse in deo'. Et Canticorum Vo:[519] 'vox dilecti pulsantis: aperi mihi, soror mea, amica mea'. Fervida namque oracione Ezechias rex vitam, David veniam, Salomon sapienciam, orando et supplicando facilime impetrarunt. Sic Manasses scelestissimus, coangustatus atque vinctus, perductus in Babilonem, oravit dominum deum suum, qui exaudivit oracionem eius, reduxit que eum in Jerusalem, regnum suum.[520] Sic Josaphat rex Juda totum se contulit ad rogandum dominum quando exaudivit quod maxima multitudo gencium venit contra eum et consolatus est[521] (Secundo Paralipomenon XXo Co). Sic Ninivite, qui ex comminacione dei subversioni propinquabant, orando et clamando ad deum in toto corde suo, misericordiam meruerunt.[522] Unde oracionis efficacia magna ac laudabilis reputatur.

[514] Hos. 14: 3.   [515] Ps. 16: 9.
[516] Flores . . . Bernardi, p. 235 (Bk V, c. 5); Sermo LXXXVI super Cantica (S. Bernardi Opera, ed. Leclercq, II, p. 319).
[517] Rev. 3: 20.   [518] Nicholaus de Lyra, Glossa, v, fo. 236v.
[519] Ca. 5: 2.   [520] 2 Ch. 33: 13.   [521] 2 Ch. 20: 6, 12.   [522] Jon. 3: 5.

Intuemur namque exemplariter in bonis servis et doctis cuiusque domini terreni seu magnati, quod illi qui assistunt domino suo, habent oculos quasi semper intentos in eum. Sic viri ecclesiastici, qui dominatori universe terre assistunt, oculos mentis semper debent habere intentos in ipsum. Isti enim sunt in figura de quibus dicitur IIº Paralipomenon (fo. 130v) IXº capº:[523] 'beati viri tui et beati servi tui, hii qui assistunt coram te omni tempore.' Igitur dicat quilibet ipsorum cum psalmo: 'oculi mei semper ad dominum, quoniam ipse evellet de laqueo pedes meos'.[524] Sic Numeri VIIIº:[525] Levite, ex precepto domini, fuerunt a reliquo populo separati et specialiter in ministerium domini deputati, ut pro dei populo exorarent. Sic cum Gedeone electi sunt ecclesiastici, ut in spirituali fortitudine populum sibi commissum de manu Madianitarum, id est de potestate malignorum spirituum liberarent.[526]

Igitur, o viri ecclesiastici, estote solliciti, tanquam racionem reddituri, pro subditis dignos gemitus fundere ac condignos fructus penitencie perimplere. Pervenientis utique ante tribunal Christi, ut audiatur populorum querela gravis, accusacio dura eorum quorum vixistis stipendiis, nec sordes peccaminum abluistis, quibus facti estis deceptorii mediatores. Instate ergo diligencius, studiose labore, mortalem corruptelam peccati, ac immortalis temptamina inimici in subiectis funditus evertere, spem probatissimam in ipsum reponentes, qui lamentum in gaudium, merorem in premium, ac tristicie planctum (fo. 131r) permutat in leticie consolamen.

Igitur consurgite, o religiosi, sacerdotes ac curati, conversacione celestes, terrene habitacionis condicionem exuentes, virtutum fragrancia pre ceteris excellencius redolentes, devotis suspiriis, oracionum suffragiis ac virtuosis studiis, thronum regie dignitatis ac regnum Anglie tuitorie ac armis spirit[u]alibus roborare. Prospicite inimicorum undique adversancium potenciam infestantem, concipite emulorum invadenciam repugnantem et confugite ad oracionem medicantem. Hec namque regiam magnificenciam ac regnum diutine stabilivit, hec annos prosperos enutrivit; hec a deo graciam concupivit, quam dominus familiari semper amore continue exaudivit.

[*IV.*] *Incipit capitulum quartum de lapide quarto in regis corona infixo.*

Quartus lapis in vestra regalissima corona infixus, potentissime Rex, est nobilissima communitas huius regni, que suis viribus corporalibus ac subsidiis temporalibus exornat ac supportat regnum ac vestram regiam maiestatem. Hec autem communitas non (fo. 131v) incongrue lapidi precioso qui dicitur sardonix comparatur,[527] qui lapis niger est

---

[523] 2 Ch. 9: 7.   [524] Ps. 25: 15.
[525] Num. 8: 14, 15.   [526] Jg. 7: 7.
[527] Bartholomeus Anglicus, *De Proprietatibus Rerum*, fo. CLIVra.

inferius, albus in medio, ac rubeus in summis. Sic congruit communitati regni, terrena occupacione inferius denigrari. Secundo in medio, complacencie regie colore albedinis adaptari. Ac tercio in summo erga deum per amorem ardencius inflammari. Situatur autem lapis iste in sinistra parte laterali, quia communitas regni sinistrancia et adversa incommoda tenetur pro viribus expugnare.

Cognoscimus namque evidentia naturali quod ubicumque est regimen naturale, semper illud regimen totum reducitur in aliquod unum principans, ut in eodem corpore sunt diversa membra communa ad diversos motus, et diversa officia ordinata. Unde, sicut naturale est quod multitudo ab unitate procedat, sic est eciam naturale quod in unum aliquod reducatur. Bonum est ergo regimen communitatis populi sive multitudinis sub uno rege remanentis. Nam optima est gubernacio in qua per unum regem perfeccior unitas reservatur. Unde in omni communitate bona debent quinque concurrere ut unitas et concordia preserventur:

'Primo, caritativa affeccio, ut quilibet alium (fo. 132r) diligat opere et veritate, ne fiat tantum amicus et socius mense et non permaneat in die necessitatis (Ecclesiastici VIo).[528]

Secundo, in omni bona communitate debet esse unanimis consensio, ut verificetur illud psalmi:[529] "in domo dei ambulavimus cum consensu".' Nam rectarum voluntatem consensio seu connexus, est quoddam iter ascendendi ad beatitudinem, pravorum ac discordancium voluntatum implicacio, est aliud iter que impii alligantur, ut in tenebras exteriores proiciantur. Nam patriarcha Jacob licet esse in fame in terra Chanaan, et audiret Egiptum habundare frumento, noluit ad Egipcios ire, quia Egipcii fuerunt ydolatre, donec audiret quod Joseph fuit ibi dominus.[530] Sic quilibet debet malam commitivam evitare, et illuc ubi Christi servi sunt pergere, ac cum bonis christianis conversari. Sic beatus Petrus, congaudens societati quam vidit cum domino Jhesu transfigurato, in monte ubi fuerunt ipse Petrus, Jacobus, Johannes, Moyses et Helyas, dixit:[531] 'bonum est nos hic esse'.

Cum igitur, preclarissime Rex, unanimis consensus communitatis huius regni, absque aliquali (fo. 132v) insurreccione, vestra tempora stabiliter exornavit, ubi in diebus regum predecessorum vestrorum, quam plurime horribiles insurrecciones istud regnum molestius perturbarunt, expedit vobis divine magnificencie celsitudini cordialiter regraciari. Insuper cum omnis iniquitas execrabilis ac maliciosa falsorum rebellium a regni finibus excluditur et separatur, ac dissensiones,

---

[528] Si. 6: 10. The five conditions of unity and concord are taken from John Waleys (*Communeloquium*, fo. 132v, pt II, dist. VIII, ch. 3). Our author has suppressed most of the quotations supplied by Waleys, and has added his own commentaries and quotations. A notable exception is the extract from Seneca (see n. 537, below).

[529] Ps. 55: 15.   [530] Gen. 45: 9.   [531] Mt. 17: 4.

humanum sanguinem effundentes, in tranquillitatem permutantur, quid dulcius ac utilius quam meritoriis excubiis ac consensu cordiali collaudare et superexaltare superne patrie pacificum possessorem, omnia virtuosius regulantem, qui mortis suspendia sustulit pro caducis? Nam serpens antiquus, origo nequicie, corruptor seculi ac humani generis inimicus, tendendo laqueos lapsus parat, errores seminando nutrit discordias, pacem turbando, ac dissipat caritatem, emulos excitando. Sed noster redemptor, providissime Rex, cuius fidele servicium devotissime exaltastis, laqueos, errores ac dissensiones, repugnanti brachio bellicoso, per regni confinia diminuit et prostravit.

'Tercio, in omni communitate regni sit boni (fo. 133r) mutua sublevacio, nocivi mutua repulsio, ac adiutorii collacio promotiva'. Nam Abel esse renuit quem malicia Caym non exercet, quia, dum sumus in hoc mundo, adhuc Abel et Caym in uno campo simul persistunt, columba et corvus in archa commorantur, Ysaac et Ismahel simul ludunt, Jacob et Esau unica domus admittit.[532] Sic, quamdiu boni cum malis in multitudine seu communitate sociantur, boni a malis exercitantur, mali a bonis tolerantur, boni malis compaciuntur, ac mali a bonis edificantur. Unde debent gratuita dileccione homines se invicem sublevare, protegere ac fulcire. De quibus Ecclesiastici XXV°:[533] in tribus placitum est spiritui meo que sunt probata coram deo et hominibus, concordia fratrum, amor proximorum et vir ac mulier sibi bene consencientes; caro est mulier, vir est spiritus.

'Quarto, in omni communitate sit mutua veneracio ac familiaris parificacio'. Pro primo ad Romanos XII°:[534] 'honore in vicem prevenientes'. Super quo textu ait doctor de Lyra:[535] 'cum quilibet homo deficit in aliquo bono quod est in altero, potest (fo. 133v) alterum considerare ut meliorem se et eum honorando prevenire'. Sit eciam inter eos familiaris parificacio per colloquium et amorem. Nam amor est desiderium boni alterius quod debet esse in omnibus commitis, et amor iste debet esse verus, quia secundum philosophum, VIII° Ethicorum:[536] 'amicicia bonorum permanens est et stabilis'. Nam illi qui falsificant amiciciam, digni sunt morte. Cum iis igitur est familiaris parificacio possidenda, qui aliquem facturi sunt meliorem vel quos aliquis meliores facere potest. 'Quinto et ultimo, in omni communitate fiant pia compassio et mutua infirmitatum morum ac corporum supportacio'. Unde Seneca in quadam epistola:[537] 'societas nostra similis sit structure lapidum, que casura est nisi invicem sustentetur'. Unde

[532] Gen. 4: 2, 7; 6: 14, 15; 21: 9, 10; 27.
[533] Si. 25: 1.   [534] Rom. 12: 10.
[535] Nicholaus de Lyra, *Glossa*, v, fo. 23r.
[536] *Nicomachean Ethics*, Bk VIII, ch. iii, 6 (trans. Rackham, p. 461).
[537] The quotation, which comes from John Waleys, is from Seneca, *Epistola ad Lucilium, 95 (Sénéque, Lettres à Lucilius*, ed. F. Prechac and H. Noblot (Paris, 1971), p. 105).

dicitur ad Galathas sexto:[538] 'alter alterius onera portate, et sic adimplebitis legem Christi'. Super quod ait Lyra:[539] ' "alter laterius portate", idest infirmitates mutuas et labores, mutuo subveniendo, "et sic adimplebitis legem Christi", que est lex caritatis et mutue dileccionis'. Sic, christianissime Rex, vestri regni communitatem preservet (fo. 134r) in prosperis, qui venit illuminare sedentes in tenebris et umbra mortis.

Finaliter, christianissime Rex, per sceptrum regie maiestatis potest intelligi in decore regio supereminencia magnifice potestatis. De qua potencia sic loquitur Gregorius, XXI° Moralium, c° IX°, dicens:[540] ' "quid enim faciam", ait Job, "cum surrexerit ad iudicandum Deus? Et cum quesierit, quid respondebo ei?" Qui venturum iudicem indesinenter cogitat, cotidie racionum suarum in melius causas parat. Qui eternum deum cordis intuetur tremore, iura temporalis dominii semper compellitur moderari ... Sepe namque transitoria potestas animum per abrupta elacionis rapit. Et quia eo quisque extollitur quo se esse super aliquos videt, illum oportet qui super se est semper aspiciat, ut ex eius metu qui supra omnia est, crescentem intrinsecus anime tumorem premat. Intuetur enim qui sub ipso sunt, sed consideret ipse sub quo sit, ut ex consideracione domini decrescat tumor transitorie dominacionis'.

Igitur, tutissime Rex, cum status disparitas ac gradus sublimitas vestra mandata dilatent in omnibus placabiliter perficienda, attamen, spiritualibus oculis aspectus et affectus conspicite ad superna. Considerate potentissimum omnium iudicem, Christum cuncta prospicientem, singula intuentem ac omnia potencialiter (fo. 134v) regulantem! Hic pauperie pressum amplectitur per amorem, hic devotorum disponit desideria, hic motus superborum submergit in miseria, atque singulis in finali iudicio commercia ponderabit. O inexplicabilem affluenciam conditoris, que in variis gradibus humanum genus ampliavit, dum quosdam in apice regalie, quosdam duces seu comites, quosdam milites seu regni familiares, in ordinaria disposicione posuit inequales, quatinus manus sceptrigera regalis potencie eorum actus virtualiter regulet et disponat!

Sic, invictissime Rex, amorosa odoris redolencia temporalis throni potenciam exequi laborate, ut in throno eternali absque tremore tranquilla quietudine valeatis hereditarie reclinare! Cuius siquidem eternalis throni quatuor pedes supportantes sunt: essencia invariabilis, potencia indelibilis, sciencia infallibilis, ac dileccio acceptabilis divine visionis. Tunc in eterna felicitate, Rex felicissime, eritis sine mutabilitate,

[538] Gal. 6: 2.   [539] Nicholaus de Lyra, *Glossa*, v, fo. 93r.
[540] Gregory, *Moralium*, Bk XXI, ch. 14, 21, *PL*, 76, 202–3 (on Job 21: 14).

habebitis posse sine debilitate, scienciam sine fallaci decepcione, ac fervidum amorem sine offensione. O imperialissimum Regem, quem omnipotencia deitatis sic regulat virtualiter (fo. 135r) in terrenis, quatinus subtracta anima graciosa non supprimatur ab infestantibus inimicis, sed cum spiritibus angelicis laudabili leticia perfruatur! O regum et principum magnificum exemplar, aspirans continue in celice perpetuitatis amplitudine, prospiciens claro lumine intellectus perhennitatem prosperitatis in supernis, ac properans avido proposito ad palacium perpetualiter imperantis! O fervore divinitatis inflammatum, cuius singulare desiderium delectatur in deliciis sempiternis, cuius internum solacium complacencia conditoris, cuius celebris memoria non in transitoriis et flexibilibus, sed in firmis ac celestibus delectabiliter quietatur! Quis ruinosi peccati retibus regalius reluctavit, quis anguis lubrici lapsus liberius supplantavit, quis mundi maculas veracius trucidavit, cuius intencio convolat ad virtutes, cuius solacium celestia secreta rimari, ac flamma radiosi luminis gracie feliciter perlustrare?[a]

Hic decor ecclesie, pontificum favor, prelatorum honor, religiosorum ac omnium ecclesiasticorum fortissimum supportamen ac singularissimum relevamen! Hic est rex noster quem principum (fo. 135v) favor mirifice superexaltat, quem dominium temporale probabiliter recommendat, quem ceterorum militum ac armigerorum famulatus ministerialiter circumcingit, et quem omnes subditi, sub regali dominio famulantes, incessabiliter magnificant ac collaudant. Congaudeat vestra ornatissima maiestas ac regalis dignitas, prolifico germine ramificet et accrescat, quatinus a tam fertili, uberi ac insignissima radice, ramus humore gracie repletus in arborem frondescat et preoccupet faciem regni iure hereditario ac brachio prepotenti. Timeant irreparabili tremore, ac formident ineffabili pavore, qui regale nomen congruis honoribus non honorant! Sunt vestre maiestati splendidissime decus, honor, imperium, subieccio ac servicium subiectum. Interim sint vobis pax vera, unitas et concordia, ac post retraccionem ab hac luce inhabitacio sideree mansionis eternaliter permansura.

Explicit tractatus de regimine principum, extractus per quemdam religiosum, ad christianissimum ac imperialissimum regem Anglie, Henricum Sextum.

[a] *MS.* perlustrari.

TABLES OF TEXTS CITED IN THE 'DE REGIMINE PRINCIPUM'

The quotations in the *De Regimine Principum* are one of the most important features of the text. The author was so conscious that he had borrowed most of the matter from other works that he explicitly stated, in his last sentence, that he had 'extracted' his *De Regimine*, that is to say that he had combined extracts from other works.

Among these, two are pre-eminent: the *Summa* of Aquinas (to which many of the quotations may be traced), and the *De Regimine Principum* of Egidius Colonna, two chapters of which are quoted in their entirety. The tables which follow are intended to assist the reader to obtain an idea of what the political culture in fifteenth-century England consisted of. Their limitations must, however, be emphasised. For instance, Aquinas and Colonna are cited not frequently but at some length; Aristotle, on the other hand, while being cited very often, usually exercises his influence through the works of Aquinas and, above all, through those of Colonna. Hugh of Saint-Cher is quoted but once, but to the extent of more than ten lines. One may conclude by saying that it is necessary to refer to the notes themselves in order to correct certain impressions which may be drawn from reading the tables.

I. BIBLICAL QUOTATIONS

Old Testament

Genesis	33
Exodus	19
Leviticus	3
Numbers	10
Deuteronomy	8
Joshua	1
Judges	4
1 Samuel	9
2 Samuel	3
1 Kings	12
2 Kings	7
2 Chronicles	5
Ezra	1
Nehemiah	1
Tobit	4
Judith	4
Esther	3
1 Maccabees	1
2 Maccabees	4
Job	12
Psalms	18
Proverbs	11

Ecclesiastes	5
Song of Songs	3
Wisdom	5
Sirach	11
Isaiah	9
Lamentations	1
Jeremiah	2
Baruch	1
Ezekiel	1
Daniel	17
Hosea	1
Joel	1
Jonah	1
Micah	1
Zechariah	2

Total: 234

New Testament

Matthew	28
Mark	2
Luke	21
John	17
Acts	13

Romans	8	2 Timothy	2
1 Corinthians	5	Titus	2
2 Corinthians	1	James	1
Galatians	4	1 Peter	4
Ephesians	5	1 John	6
Philippians	2	Revelation	3
Colossians	2	Total:	127
1 Timothy	1		

II. CLASSICAL ANTIQUITY

ARISTOTLE

Art of Rhetoric	18—	16 from Egidius Colonna
		2 from Aquinas
		(3 untraced in Aristotle)
Nicomachean Ethics . .	10—	9 from Egidius Colonna
Politics	6—	5 from Egidius Colonna
		1 from Aquinas
		(1 untraced in Aristotle)
Metaphysics	2—	1 from Egidius Colonna
De Caelo	1	
Total	37—	31 from Egidius Colonna
		3 from Aquinas

CICERO

De Officiis	2—	1 from John Waleys
		1 from the *Gesta Romanorum*?
De Re Publica	1—	1 from John Waleys
De Inventione	1	
De Oratore	1—	1 from Augustine and Egidius Colonna
De Legibus	1—	1 from Augustine
Total	6	

SENECA (and PSEUDO-SENECA)

Epistola ad Lucilium . .	1—	1 from John Waleys
De Clementia	1	
Proverbia	1	
De Quatuor Virtutibus . .	1—	1 (from Martin of Bracara?)
Total	4	

Total 47

III. PATRISTIC QUOTATIONS

AUGUSTINE

De Civitate Dei	7
Enarrationnes in Psalmos	3
De Doctrina Christiana	2

Sermones de Verbis Domini (spurious) . . 2
Contra Faustem . . . . 2 (from Aquinas)
Liber Quaestionum in Heptateuchum . . 1 (from Aquinas)
De Verbis Domini (dubious) . . . . 1 (from Aquinas)
Sermo de Contemptu Mundi (dubious) . . 1
Epistola ad Probam 1
Sermo de Disciplina Christiana . . . 1
Tractatus de Creatione Primi Hominis
  (spurious) 1
                              Total . . 22

JEROME
Epistola . . . . 1 (from Aelred)
Unidentified quotation 1

JOHN CHRYSOSTOM
Homelia (unidentified) 1

GREGORY THE GREAT
Moralium Libri 11
Homiliarum in Ezechiel Libri . . . 1
Homiliarum in Evangelia Libri . . . 1
Epistola . . . . 1 (from John Waleys)
Unidentified quotations 5
                              Total . . 19

ISIDORE OF SEVILLE
Etymologiarum Libri 1
Sententiae (*De Summo Bono*) . . . 1
                              Total . . 2

BEDE
Super Marcum 1

                              Total . . 47

IV. MEDIEVAL AUTHORS

AELRED OF RIEVAULX
Omelia Sancti Edwardi Regis (lost work) 2
De Amicitia 2

ALBERTUS MAGNUS
Liber de Muliere Forti 1

ANSELM
Cur Deus Homo 1

BARTHOLOMEUS ANGLICUS
De Proprietatibus Rerum 5

BERNARD OF CLAIRVAUX
- *Tractatus de gradibus humilitatis et superbiae* 1
- *Tractatus de moribus et officiis episcoporum* 1
- *Sermo LXII Super Cantica* 1
- *Sermo LXXVI Super Cantica* 1
- *Sermo CXVI de duabus mortis* 2
- *Sermo in Dom. I post octavum Epiphanie* 1
- *Homelia I in laudibus Virginis Mariae* 1
- *Meditationes de Cognitione Humanae Conditionis* 2
- *Epistula CXIII ad Sophiam Virginem* 1
- *Epistula CXXIX ad Januenses* 1
- *Flores* ('In quibusdam Dictis') 1
- Unidentified quotation 1

Total . . 14

BONAVENTURE (?)
- *Liber de Virtutibus* 2

BRIDGET OF SWEDEN
- *Liber Revelacionum* 1

EGIDIUS COLONNA
- *De Regimine Principum* 12

GESTA ROMANORUM . . . . (?)2

GREGORIUS PRESBYTER (?)
- *In Canticis* 1

HILARY OF ROITIERS
- *De Trinitate* 1

HUGH OF SAINT-CHER
- *Postilla* 1

JOHANNES LEMOVICENSIS
- *Morale Somnium Pharaonis* 1

JOHN WALEYS (WALLENSIS)
- *Ad omne genus humanum Liber* (*Communeloquium*) 6

NICHOLAUS DE GORRAN
- *In Evangelium Lucae Enarratio* 2

NICHOLAUS DE LYRA
- *Glossa in Totam Bibliam* 8

PETER OF BLOIS (?)
- *Liber de Cognicione Propria* 2
- *Libello de Verbis Domini in Monte* 1
- *Liber de excitatione hominis ad amorem dei.* 1
- *Epistola* 1

Total . . 5

RICHARD OF SAINT-VICTOR
  De Preparatione animae ad contemplationem I

ROBERT GROSSETESTE (LINCOLNIENSIS)
  Dictum LXXII (Sermo LIII) I

THOMAS AQUINAS
  Summa Theologiae 9
  Summa contra gentiles I
                                        Total . . 10

WILLIAM OF AUVERGNE (PARISIENSIS)
  De Virtutibus I
                                        Total . . 80

IV

THE III CONSIDERACIONS RIGHT NECESSERYE
TO THE GOOD GOVERNAUNCE OF A PRINCE

INTRODUCTION

The III Consideracions right necesserye to the good governaunce of a Prince is the English translation, made in the middle of the fifteenth century, of a French tract written in 1347. The English text does not have the two poems which form the introduction and conclusion of the French tract; they are printed here as appendix I and II.

The manuscripts and their contents

Three manuscripts contain the text, or part of the text, of the English translation; only two copies of the French original have been found.

1. University College, Oxford, MS. 85 [U][1]
   This beautiful manuscript of the mid-fifteenth century was written by a well-known scribe, Ricardus Franciscus, probably a Frenchman, who worked for Sir John Fastolf, and is known to have collaborated with the Fastolf Master on at least three occasions.[2] It contains the following items:
   1. An English translation of the *Quadrilogue Invectif* of Alain Chartier, pp. 1–69.[3]
   2. *The booke of the governaunce of Kings and Princes, called the*

---

[1] This manuscript probably came to University College with several others in the seventeenth century. Some of them (but not U) have a table of contents made by Obadiah Walker, Master of the College from 1676 to 1689 (R. W. Hunt, 'The Manuscript Collection of University College, Oxford. Origins and Growth', *The Bodleian Library Record*, iii (1950), pp. 13–34).

[2] O. Pächt and J. J. G. Alexander (*Illuminated Manuscripts in the Bodleian Library, Oxford*, i (Oxford, 1966), pp. 54, 57, and iii (Oxford, 1973), p. 98) indicate that Ricardus Franciscus wrote three other Oxford manuscripts: Laud Misc. 570; Ashmole MS. 764 (both illuminated by the Fastolf Master); and Ashmole MS. 789. Mrs Kathleen Ross has kindly informed me that he also wrote Huntington Library MS. 932, containing the Statutes of London, written in 1447. (See K. L. Scott, 'A mid-fifteenth century illuminating shop and its customers', *Journal of the Warburg and Courtauld Institutes*, xxi (1968), p. 170.) Most of these manuscripts contain English translations of French texts by Christine de Pisan, Honoré Bonet and Alain Chartier, or Latin texts such as Aeneas Sylvius, *Exercitia Notaria*. Franciscus also wrote B.L., Harley MS. 2915 (*Horae*). (See J. J. G. Alexander, 'A lost Leaf from a Bodleian Book of Hours', *The Bodleian Library Record*, viii (1967–72), pp. 250–1.)

[3] *Fifteenth-Century English Translations of Alain Chartier's Le Traité de L'Espérance and Le Quadrilogue Invectif*, ed. M. S. Blayney, i (*E.E.T.S.*, Ordinary Series, vol. 270, 1974). The editor (p. ix) states that 'U is the only known MS. of this translation'.

secret of secreet, an English version of the *Secreta Secretorum*, pp. 70–135.[4]

3. *The III Consideracions right necesserye to the good governaunce of a Prince*, pp. 136–79.

4. *Two French poems*, written on pages 2 and 180, apparently by Dr Michael Other, for the duchess of Somerset (widow of the Protector); one of them is dated April 1565.

The manuscript is magnificently illuminated and decorated, although only two of the three miniatures originally planned were executed. The scribe scattered his own devices and mottoes among the pages: 'Belle la Vigne': 'Prenes en gré, je ves en prie': 'Ave Maria, Gracia plena'. The manuscript is also decorated with the motto ('Oublier ne doy') and the crest (two arms embowed vested azure, holding between the hands proper a garb or)[5] of the manuscript's owner, whom I have been unable to trace.[6]

2. Trinity College, Cambridge, MS. O.5.6 [T][7]
This is a carefully written manuscript, which contains some rough pictures. Three works are found in it:

1. *Sidrake*, fo. 1.[8]
2. *Dictes and Sayings of Philosophers*, fo. 38.[9]
3. Part of the *III Consideracions*, fo. 68.
   The text of [T] begins just before the end of chapter IX of the tract.

3. Houghton Library, Harvard University, English MS. 530 [H][10]
Most of the manuscript was written by John Shirley, the well-known scribe who made famous collections of the writings of

[4] Dr Manzalaoui ('The *Secreta Secretorum* in English Thought and Literature', i, pp. 352–4) suggests that the flourishes of the *explicit* represent a date, 1481 or 1451: this seems very doubtful. He also finds that the style and language of the work point to a date of writing around 1450, and that there are northern and eastern forms in the text.

[5] Hunt, *op. cit.*, p. 26, n. 3.

[6] This crest may be only a riddle, to designate somebody called Whitfield, or some similar name. A Thomas Whitfield rented a room in University College in 1437–8 and became a canon of Lincoln (*B.R.U.O.*, iii, p. 2038). It bears no resemblance to other crests in which garbs are found, such as that of William Baron, owner of Douce MS. 322 and St John's College, Oxford, MS. 208 (*ex. inf.* Mrs Ross), or that of bishop Kemp. The motto 'Oublier ne doy' differs significantly from that of the lords of Colville of Culross, 'Oublier ne puis'.

[7] M. R. James, *Trinity College Cambridge. Descriptive catalogue of the Western Manuscripts*, iii (Cambridge, 1902), pp. 310–11, contains an accurate description of the manuscript.

[8] See K. D. Bülbring, 'Sidrac in England', *Festgabe für Wendelin Foester* (Halle, 1902), pp. 443 seq.

[9] *The Dicts and Sayings of the Philosophers*, ed. C. F. Bühler (*E.E.T.S.*, Original Series, vol. 211, 1941).

[10] S. de Ricci and W. J. Wilson, *Census of Medieval and Renaissance Manuscripts in the United States and Canada*, i (New York, 1935), pp. 966–7.

Chaucer and Lydgate. He died c. 1456, and probably wrote this manuscript about 1440. Item 4, however, is not in his hand, and is probably a later addition to Shirley's volume.[11] It contains the following items:

1. *The Compleynt of Cryst* of William Lychefelde, fos. 1r–4r.
2. *Guy of Warwick*, in Lydgate's translation, fos. 4v–12v.
3. *The story of the kings of Coleyne*, fos. 13r–33v.
4. *The III Consideracions*, fos. 34r–48r.
5. *The serpent of division*, attributed to Lydgate, fos. 49r–57v.
6. An incomplete *Brut* to 1440, with Lydgate's translation for the reign of Richard II, fos. 59r–211v.

4. Rouen, Bibliothèque Municipale, MS. 1233 (Y. 26) [R]

This is a composite manuscript, chiefly of the end of the fourteenth century, which was in the library of the abbey of Fécamp before the Revolution, and certainly by 1725 at the latest.[12] In it are written the names of several owners of the sixteenth and seventeenth centuries, apparently merchants of Rouen: Jacques Briffault, Guillaume Veuldey (1578–),[13] Guillaume Duval, Jean Cheminel le jeune (December 1616). It contains the following items:

1. *Chronique de Normandie*, fos. 6r–155v.[14]
2. *L'estat et le gouvernement comme les princes et seigneurs se doivent gouverner*, fos. 165r–182r.

Two The title is on fo. 156v, but as further pages were inserted later, the text begins on 165r.

3. *L'Arbre des Batailles* of Honoré Bonet, fos. 183r–212v.

Two poems were added later:

4. Historical poem, without title, on the events which took place in France between 1214 and 1409.[15]

[11] F. N. Robinson, 'On two manuscripts of Lydgate's *Guy of Warwick*', (*Harvard*) *Studies and Notes in Philology and Literature*, v (1896), pp. 177–222, in which he cites a letter of Henry Bradshaw, who confessed his ignorance of the origins of the *III Consideracions*. On John Shirley, see A. I. Doyle, 'More light on John Shirley', *Medium Aevum*, xxx (1961), pp. 93–101. It is noteworthy that Shirley was a friend of William Baron (see n. 6, above).

[12] H. Omont, *Catalogue général des Manuscrits des Départements. I, Rouen* (Paris, 1886), pp. 309–10; E. Frère, *Catalogue des Manuscrits de la Bibliothèque Municipale de Rouen relatifs à la Normandie* (Rouen, 1874), pp. 85–6.

[13] 'Le présent livre appartient a Guillaume Veuldey. Qui le trouvera sy le rapporte. Et on luy donnera bon vin, ou s'il ne le rapporte pas, toutz chaussez et toutz vetuz les grandz diables les emportent par en sont toutes les portes' (fo. 182v).

[14] F. Michel, *Les chroniques de Normandie* (Rouen, 1839), pp. lxviii–lxx.

[15] Printed from this manuscript in the *Revue Rétrospective Normande*: A. Pottier, *Chronique rimée relatant divers évènements de l'histoire de France* (Rouen, 1837). The same poem is also found at The Hague, Koninklijke Bibliotheek, MS. 71 C. 23 (a copy made by Gérard in the eighteenth century from a manuscript at the court of Burgundy (A. Jubinal, *Lettres a Monsieur le comte de*

5. *La ressource de Normandie*
   The first poem is written in a good fifteenth-century hand, the second in another hand, perhaps later.

5. Paris, Bibliothèque Nationale, MS. francais 15352 [P]
   This manuscript was described by Paul Viollet.[16] It is written in a hand of the mid-fourteenth century and contains:
   1. *Les Etablissements de Saint Louis*, pp. 1–150.
   2. *L'estat et le gouvernement*, pp. 151–208.
      The manuscript is without title and the end of the final poem is lacking (it ends on line 40). On the cover is part of a contemporary copy of the first page of the introductory poem to *L'estat et le gouvernement* which is, however, too damaged to be of value.

The text, its author and its translation

At the beginning to the introductory poem to the tract, the author states that he once heard 'un prince de royal noblesse' ask in his council for a book which would describe 'l'estat et le gouvernement de seigneurie temporelle', whereupon some of those present set to work and wrote the present tract.[17] In 1347 there were only two men to whom such a statement could have referred. One was Charles (known to history as 'the Bad'), son of Philip III, count of Evreux and king of Navarre, who was only fifteen years old at this time, and not yet a political leader. The other was John, duke of Normandy, son and eventual successor to King Philip VI, who, very recently, had been estranged from his father, but had then become reconciled to him.[18]

His come-back to the political stage was to be associated with some changes in the methods of government. One such change was the resumption of popular consultation with the provincial estates, a development which gave duke John the public image of one who was

---

Salvandy sur quelques manuscrits de la Bibliothèque Royale de La Haye (Paris, 1846), no. 1315, p. 33)) and MS. 71 H. 13; in B.N., MS. fr. 14416 (where it is entitled *Chronique de Flandres*); and in Bibliothèque Royale, Brussels, MS. 7259. It has been wrongly attributed to Chastellain (*Œuvres de Georges Chastellain*, ed. K. de Lettenhove, i (Brussels, 1863), p. lxiv).

[16] *Les Etablissements de Saint Louis*, ed. P. Viollet, i (Paris, 1881), pp. 411–13. It is the P manuscript of his edition. The manuscript was in Toulouse in the seventeenth century, and came into the library of Charles de Montchal, archbishop of Toulouse (see Montfaucon, *Bibliotheca Bibliothecarum manuscript. nova*, ii (Paris, 1739), p. 904).

[17] See Appendix A, below, p. 210.

[18] For the political background, see R. Cazelles, *La Société politique et la crise de la royauté sous Philippe de Valois* (Paris, 1958). The best portrait of John is by Cazelles, 'Jean II le Bon: quel homme? quel roi?', *Revue Historique* (1974), pp. 5–26, and especially pp. 13–15, where the author insists on the intellectual interests and literary tastes of the king who had books, and who ordered the translation of Livy by Pierre Bersuire, as well as the French version of Jacques de Cessoles by Jean de Vignay.

anxious to bring about *reformatio*. Another change was the promotion
and emergence as members of the ducal council of a number of the
duke's political friends, men such as Geoffroy de Charny, Jean de
Marigny and Robert le Coq, who were to attain further influence when
their patron became king in 1350.

Of these three men, Marigny was a cleric who became archbishop of
Rouen in 1347. It is possible, if unlikely, that he may have written the
Liber Informatione Principum,[19] dedicated to prince Louis, son of Philip
the Fair; that he could have been the author of another *Miroir*, the one
under consideration, is also possible. Le Coq was certainly very active
in politics, but his library reflects his interests as a lawyer, whereas
L'Estat is poor in legal quotations.[20] Of Charny, it is known that he
stood high in the favour of Duke John, and that he was a practised
writer, being the author of two tracts dealing mainly with chivalry and
the art of war: *Le Livre de Chevalerie*[21] and *Le Livre Charny*.[22] The
first of these includes several passages focused upon political problems;
but Charny made no allusion to another work which he had written,
and the style of his *Livre* bears no resemblance to that of *L'Estat*.

Here, too, it is impossible to reach any firm degree of certainty with
regard to the authorship of this tract. The conditions in which it was
written, however, are well known, although references to these conditions are found more in the poems of introduction and conclusion than
in the text itself. This is certainly due to the fact that the author tried
to compose a classical *Miroir*, and therefore avoided all apparent in-
volvement in the political quarrels of his time. He none the less em-
bodied in his work many of the ideas of the reformers of the middle
years of the fourteenth century: the passage on taxation[23] and on the
selection of officers (with a charming anecdote on St Louis)[24] are in
this respect particularly noteworthy. This certainly explains why in the

---

[19] This work (cited by Berges, *Die Fürstenspiegel*, no. 28) was written c. 1300
by a Dominican (J. Quetif and J. Echard, *Scriptores Ordinis Praedicatorum*
(Paris, 1719), i, p. 478). A barely legible note scribbled in a margin of B.L.,
Royal MS. 12 B xviii ('et creditur episcopi Bellvacensis') has led to the belief
that Marigny, who was bishop of Beauvais from 1312 until 1347, was its author.
The note is more likely to refer to his predecessor, Simon de Clermont-Nesles.

[20] R. Delachenal, 'La bibliothèque d'un avocat au XIVe siècle. Inventaire
estimatif des livres de Robert le Coq', *Revue d'Histoire du Droit* (1887), pp.
524–37. It is striking that Le Coq's enemies should have made no mention of his
writings, if any were known to exist (L. Douet d'Arcq, 'Acte d'accusation contre
Robert le Coq', *Bibliothèque de l'École des Chartes*, ii (1840–1), pp. 350–87).

[21] *Oeuvres de Froissart: Chroniques*, ed. K. de Lettenhove, i, pt 3 (Brussels,
1873), pp. 463–533.

[22] A. Piaget, 'Le livre Messire Geoffrey de Charny', *Romania*, xxvi (1897),
pp. 394–411. Charny was also the author of *Les demandes pour la jouste, les
tournois et la guerre*, questions on difficult technical problems addressed to the
knights of the Order of the Star, recently established by King John (B.N., MS.
nouv. acq. fr. 4736).

[23] See below, p. 183 seq.

[24] See below, p. 203.

fifteenth century the text appealed to an English aristocratic readership who took a genuine interest in these questions and enjoyed the moral didacticism of French writers; the work was obviously translated for the same public who read Alain Chartier, Christine de Pisan and the *Secreta Secretorum*. This may also explain why the poems were neglected; they reflected a partisan spirit which suited the France of 1347, but not the England of the mid-fifteenth century.

Editorial principles

The *III Consideracions* were translated from the French in the middle of the fifteenth century, as may be inferred from the style of the English text and from the dates of the manuscripts. U is perhaps the original manuscript of the English translation; it is noteworthy that the other two translations, other than the *III Consideracions*, contained in U are extant only in this single manuscript. The texts of T and H differ from U in one chief respect: they abandon words and forms which have a too distinctly French flavour. While this process is not very marked in T, in H the emendations are many, and the final result is a text quite different from U, as will be seen from the variants printed in the present edition.

The choice of U as the manuscript to be used for this edition has, consequently, been made for three reasons: it is the only truly complete manuscript (although it must be said that that the lacunae in H are of small importance); it is the earliest version of the text (because of its gallicisms); these gallicisms give the text its proper quality and are of considerable lexicographical interest. I have tried to modify the work of Ricardus Franciscus as little as possible; orthography and contractions have not been modified, and in this I have used slightly different principles from those adopted by Mrs Blayney.[25] Capital letters in the course of sentences have been suppressed, with the exception of the words Prince and Princewyke.

For the Appendices, the text of R, the only complete one, has been used. Although the P text of the tract itself is older and as complete, I have also used R for comparisons with the English translation.

[25] *Fifteenth-Century Translations*, ed. Blayney, p. ix.

THE III CONSIDERACIONS RIGHT NECESSERYE TO THE GOOD GOVERNAUNCE OF A PRINCE[a]

(I. PROLOGUE)

(p. 136) Considerith thopynyons, sentences and diffinicions of wyse Philosophers and other sage persoones auncient and autentike, that is to sey in the bible the Wise Parables of Salamon, in the booke of Ecclesiastes, Ecclesiasticus and divers othir, the Politiques and Ethiques of the ffamows Philosophre Aristotle, thadvertisement of Vegecyus in his trety made of the ffeete of Chivalrye, and prudent counseylle of Gyles in his tretyse of Regiment,[b] and governaunce of Princes,[26] and many othir writinges of souffisaunt autorite, wher ynne bethe shewyd parfyte reules and notable conveyes by the whiche kynges, Princes and othir lordys and estates[c] may condue theire estatz, and how the seid grete lordys of this world may knowe and sette good governaunce in their owne persoones, in their peeple and in theire Seinieuryes and lordshippes.[d]

(II) *These III consideracions beth right necesserye to the good governaunce of a Prince*

(p. 137) It is convenient and reson requireth that every Prince, estate or greete lord have and will observe III profitable consideracions yf he will entende and purpose stablyssh[e] in good governaunce his lande, his lordshipes and his subgites, which III consideracions ben full necessarie, eche of hem full expedient and full vailaunt for othir; the whiche, yf they be concurrent and fermely assembled to gedyr in a sage persoone, they profiteth and availeth the more effectuely as the booke of Politiques in sentence raporteth.[27]

[a] *H and U have no title at the beginning.*
[b] the Politiques and Ethiques of the famous Philosophre, Aristotle in his tretie made of the feet of Chivalrye, thadvertisement of Vegecius and prudent counseill of Giles in his tretie of Regiment, *H.*
[c] *and estates is omitted in H.*
[d] *Space for an illumination is left in U.*
[e] *purpoose to stablyssh, H.*

---

[26] Namely, in the Bible, the Book of Wisdom, the Book of Ecclesiastes, and the Book of Sirach (Ecclesiasticus); from Aristotle, *The Politics* and *The Nicomachean Ethics*; Vegetius, *De Re Militari*; Egidius Colonna, *De Regimine Principum*.

[27] This refers to *The Politics*, Bk I, in which Aristotle examines the differences between the ruler, the householder, the master of an estate and head of a family, and the individual.

(III) The first consideracion of good governaunce of a Prince[a]

The first consideracion that the Prince or lord above seid shulde have is to knowe the state of him self and his owne persoone sagely to dispose, ordeyne and governe.[28] And it is right covenable and accordinge that a Prince or a grete lord, to thentent that he may souffisauntly be governyd aftir his estate, chiefly and first have consideracion and knowlege of him self as it is in party towched affore. That is to sey that he considre what matere vel manere[b] he is, and the condicion of his owne nature, the fraltie of man that is in him. And how he is comyn into this worlde, ffor he aught to knowe, advertyse, and well considre that he is borne and come into this worlde in such maner as othir men beth, as well the pover as the riche whiche into the worlde beth borne and comen. And lyke as othir men, as well pover as riche, shall departe from the worlde by force of deeth, whan they wote [never], ne knowe nat [in] what wyse[c] ne whanne deeth shall come.

(p. 138) Right soo in sembleable wyse shall passe from the worlde the moost mighty and puissaunt wordly lorde, in so moche that litle difference or ellys none there is as in regarde of entrye into this worlde or departire from thens betwixt the high and mighty princes and othir grete estates, and the othir pover subgett smale folke of this world, nouthir in birth ne in deeth, as it is pleynly and expressely conteyned in the booke of Sapience.[29] And right soo the Princes and othir greete lordys have no greete suretye of helth and long lyf[d] than have the pover subgectes. Wherfore the Princes and othir grete lordys, yf they wolde feele and considre well what they been and the condicioun of their awne frealte, they ne shuld be prowde nor orguleux ne ovyr hawteyn ne sett to moche be their owne estate in any wise, but rathir applie theym and dispoose unto the vertues of debonairtee and humylitee, whiche is the grounde, the beaute and begynner of alle good and of alle grace, and is the wardeyne and sauf garde of alle othir vertues, ffor with oute humilite no man may atteyne to savacion ne be loved of God nor parfytely of any resonable creature. And who that in him self hath verry humilite may nat be with oute charite, the which is souvereyne of all vertues. Ffor charite is verray love of God and of his creatures to him sembleable, and yf the Princes thus will doo, they shall doute and

---

[a] The first consideracion, *H.*   [b] vel manere *only in U.*
[c] whan they wote never ne know ne in what wise ne whan deth shal come, *H.*
U is damaged and partly illegible here.
[d] have no grett surete from deth ne other bodily maladies ne no more surete, *H.*

---

[28] This follows exactly the pattern of Colonna's *De Regimine Principum,* the three books of which correspond to our three considerations: the government of self, the government of the family and of the household, and the government of the state. See L. J. Daly, *Political Theory of John Wyclif,* p. 110.
[29] Wis. 18: 12.

love god, well they shall be governyd. And they shall cheryse and love the good and vertuous peple, and theym that beth yvell and hawnteth vice and synne malicieusly they shall hate, rebuke and correct[a] aftir the request of alle good governaunce. Humilite, that all Princes and lordys shulde have and observe (p. 139) in theym self, is thus considred: the Prince or[b] the greete lord shuld nat sett by him self to greete appryse, he shulde love and cheryssh wise folke and good, he shulde sagely, plesauntlye and wisely speke unto his subgettes, his peeple and his servauntz,[c] and to all persoones he shuld answere curteyslye and duely to supplicacions and requestes of justise or of grace, as the matere will require. And it is right good honesti and faire whan the prince or the greet lorde spekith and answerith of his owne mowthe wysely and sagely to suche maters as the peeple meevith unto him, for thanne is the peeple full joyefull, gladde and well content whan theire Prince or lorde seith or answerith unto them of his owne dowce, plesaunce and covenable worde of[d] langage. And yf he doo nat in this wyse, the peeple[e] will arrette it and deeme it defaute of wytte, or ellys they will ascribe it to disdeyne.[f]

(IV) How it is necessary and full expedient a Prince to knowe hym self

Thus, by these that beth above seid, it may appiere pleinly[g] that Princes and lordys, yf they doo grete diligences to knowe theym selven, they shall be wyse and sage and vailaunt to konne reule theym self and othir as they aught to be reuled and governyd, ffor as the Philosophre seith in his boke clepid and entitled *De Sensu*, 'yf a man well can knowe himself of alle othir thinges in grete partie, he shall have the bettre and more parfytely knowlege'.[30] And reson therfore is this: ffor man is a comyn creature (p. 140) that hath a maner of participacioun and resemblaunce with alle thing, ffirst as anenst God for as moche as he is made to his resemblaunce, with aungelles, for he hath reson and undirstandinge and is perpetuelle as aftir the soule with theyme, with beestys, for bicause of the sensible, mortell and corruptible corps that he hath sembleable unto beestes, with the frutes of the erthe,

---

[a] they shall *omitted in H.*   [b] of, *U.*

[c] Et font volentiers bonnes œuvres et haient les mauvaises et fuient péchiez et vices. Et cest ce que requiert bon gouvernement, humilté que touz princes et grans seigneurs doivent avoir est en soy non prisier, et sages et bons amer, et sagement et doulcement parler a ses subges et sergens, *R.*

[d] and, *H.*

[e] et se il ne la faisoit, aucuns le pourroient repputer pour nonsens ou a desdaing, *R.*

[f] *H is here closer to the French original:* the peeple will arrette and deeme it defaulte of witte or els disdeigne.

[g] and evidently *added in H.*

---

[30] Untraced in the *De Sensu et Sensato*; it is perhaps a quotation from Themistius, *In De Anima.*

trees and plantes, with the whiche and lyk whan he hath bodily qwyk-
nesse and growinge,[a] and also with the IIII elementys, that is the fire,
aire, watyr, and erthe of whiche and whos qualitees man is formyd
naturelly. And for that cause in his boke of VI principles the Philosophre clepith man the lesse worlde[31] by cause, as it is seid affore, he
hath a maner of participacion with all thinges conteyned in the worlde.
And in the booke above rehersyd the Philosophre clepith the worlde
Machrocosme, that is to sey the grete worlde. And he clepith man
Michrocosme, that is to sey the lesse worlde. And so it will well folowe
that yf the prince or greete estate will consi[d]re and knowe him self
as it is affore rehersyd, he shall knowe God in his werkys, he shall love
him and doute him, sith he that well knoweth God will love him, and
he that will love hym will dreede hym for there is no verray love with
out dowtaunce, as from the subgiet unto the souvereyne extendinge.[b]
But the contrarie it seemith and oft is seyn as in wordly love and the
maner therof, for who that it well considreth the cure and desire therof
is sett upon adulacion, bobaunce, orgeule, hawtesse, covetyse and other
fallible vanitees transitorye that beth but dysceyvable and small (p. 141)
thinges litle while tendure and causeth to be in povertie and miserye
aftir departire of body and soule in the othir world that evyr shalle
endure.

(V) The secunde consideracioun of good governaunce of a Prince

The secunde consideracioun apperteynyng unto the good governaunce of a Prince or greet estate of this worlde is to see that his
householde, his demaynes, his meynee and servauntz and alle his othir
menage[c] ben well rewlid and governyd. And to that entent, it is good
and necessarie that he know as ferforth as he may thammowntenaunce of
all his yerely rentys and the verry revenues of his annuell lordshippes,[d]
the certeynte of his ordinarye rentys that by estimacion and liklynesse
faileth nat, and this[e] extraordynarye rentys and revenewes that growith
nat yerely ne comyth nat yn certeynly ne egally, but som tyme beth
lasse or more as casuelly it betydeth, he shall peyse by estimable
consideracion. The whiche revenewes alle, as well extraordynaryes as
ordinaries, shuld ben ordeyned and sagely dispoosid, the Prince or the
lord to maken with his dispenses for the good governaunce of his estate,

---

[a] *The French text has a quite different meaning*: aveques les fruiz de terre parce
que il en vit corporellement.
[b] *The last part of the sentence seems added in the French text.*
[c] son hostel, son demaigne, ses familliers, ses servans et son mesnage, *R.*
[d] lordpippes, *MS.*   [e] his, *H.*

---

[31] Untraced in the *Liber Sex Principiorum* (*Aristoteles Latinus*, ed .L. Minio-
Paluello, I, 6–7 (1966), pp. 35–59), but found in the *Physics*, trans. P. H. Wick-
steed and F. M. Cornford, *LCL* (London: Cambridge, Mass., 1935), II pp.
287–9 (Bk VIII, ii).

and for the defence of his reame, of his Princewyke, of his landes and also of his subgites in tyme of werre yf it be necessite. And therfore shuld the seide rentys be ordeyned and assigned in to III parties finally to III speciall ententys.

(p. 142) (*VI*) *The first ordynaunce of the revenwes and rentys of a Prince*

The first partye of the seid rentys and revenwes shal[a] be ordeyned and ministred to make chiefly thexpenses of the lord for his owne persoone, for the lady and for there children naturell yf they eny have, and for alle the[b] housholde and maynee largely and honeurerablely, aftir the state of the seid Prince or lorde, as neede is and reson requireth. And how be it that the seid dispenses[c] shuld be grete, honeurable and large, yit they aught to be made by reson and by mesure, ffor oure lorde God that is allmighty ne wolde no thinge make in this worlde but that he doth it be made[d] and ordeyned by certeyn peis[e] and undre certeyn mesure, as it is conteyned in the Boke of Sapience.[32] And soo ought Princes and greete lordys to maken theire expenses by peyse of reson and of mesure. And they most have stywardys of housholde and othir offices requisyte[f], nat to fewe ne moo in numbre than needith, which officers shulde be wise, sage and circumspect and with oute waste or owtrage to make parveaunce and provision for the disposicion of thexpenses above rehersyd. And to ordeyn and answere for the state and governaunce of the housholde, the Prince or greete lorde shuld make grete and bysy diligence to enserche well and knowe his peeple and his servauntys, but in especiall his officers, theire good attendaunce, theire trouth and providence. And he shuld yive theym thankes and rewardes after their merite and as they hym availeth and dooth good and true servise. Ande these expenses above seid most be taken and made of the first part of the rentys and revenwes, as it is affore (p. 143) divided, so that sovereynly above alle othir thinges it be seyn and well considred that his officers take no thinge of the goodys of the subgites othir wise thanne at a just and covenable prys and with oute longe creaunce or delay of payment, ffor it is full good and grete honeure to every lord whan he paith truly and well that he dispendith, and whan he norysshith nat him self ne his meynee ne liveth upon the goodys of his pover subgites.[g] And verely greete blame and hate of God, greete synne, cursyng and malediccion is yiven ayenst alle the Princes and lordys and grete estates that dooth the contrarie of all the pover peeple.[h]

[a] shuld, *H.*   [b] their, *H.*   [c] expenses, *H.*   [d] hath it made, *H.*
[e] Peis *stands for the French* point, *and* peyse *for the French* poids.
[f] et doivent avoir mestres dostel et gens doffice de lostel, *R.*
[g] et quil ne se nourrit pas de lautrui, *R.*
[h] Et vrayement grant blame, haine de Dieu, grant pechie et maledictions de peuple contre le seigneur viennent du contraire, *R.*

[32] Wis. 12: 13.

And yf the lord be nat just ne loveth nat equite but dooth wronge to the peeple[a] and nat ryght, justise may nevyr endure ne be well kept in his lande, for that that faileth in the heede or in the chief is nat well kept ne susteyned in the membrys; for eche Prince and lorde upoun his propre rentes and revenwes covenable to mayteyne his estate and for to kepe duly his landes and his subgites ought to halde him souffisauntly content. And soo well and wisely he shulde acheeve, ffor it is a right, faire and profitable thinge whan the Prince kepith and observeth in his owne persoone, in his lynage and his maynee the lawe which he will have kept amonge his subgites and in his lande. And soo seith the right writynge of the lawe Civile, and therto directly accordeth the lawe naturell and also lawe dyvine which yevith decree and[b] commaundith[c] that every man shall doo to othir as he will desire othir shall doo to him, and that noo man to othir shall doon othir wise than he will be doon too with oute trespace or synne.[33] And so the lorde what evyr he be and of how grete (p. 144) estate shulde noon othir wyse doo unto his subgites than he wold the lorde to whom he is servaunt and subgite[d] shuld doo unto him, wherfore alle Princes and lordys shuld principally considre that yf they other wise doo, they doth ayenst God, ayenst right naturell, ayenst lawe civile and lawe dyvyne, and also ayenst the counseyll and preceptys of alle holy chirche.[e] And there is noon erthly thinge that the Princes and greete lordys of the world beth bounde to susteyne and tendrely[f] shulde defende, cherise and kepe thanne the[g] pover subgites by whos greet labours they lyve and reioice greete worshippes in their estatz.[h]

(VII) The regarde and consideracion of the secunde partye of the landes and revenwes of a Prince

The secunde partye of rentys and revenwes appartenaunces unto a kinge, Prince or grete lorde shuld duely be ordeyend, reservid and dispent in deedys of charite, good and cotidiane allmesse, by the which they shall adquyre and geete the love of God, sauvacion of the soule and also grace by moyan bi the whiche[i] there shall [g]rowe[j] peas and prosperite to the Prince, to his subgites and to the lande, for souvereynly the deedys of charite purchaceth grace of God and love of the peeple by the prayers and intercessions of holy chirche and of pover folke, in

[a] si quil ne fasse tort à autrui, *R.*
[b] And *is repeated in U.*
[c] *R has only* qui commande.
[d] *R has only* a qui il seroit subget.
[e] tout droit naturel et divin de Saint Eglise, *R.*
[f] more tendrely, *H.*
[g] theire, *H.*
[h] *H:* they lyve and reioyce greete worshippes and lordshippes in their estat,.
which is closer to R: leurs subges, desquelx il ont grans seigneuries et honneurs.
[i] of whiche, *H.*
[j] *U has* rowe.

---

[33] See H. Walter, *Lateinische Sprichtwörter*, ii, no. 11002. The proverb is also quoted in the *De Quadripartita Regis Specie*: see above, p. 36.

especiall of theym that [t]he^a almesse receiveth. And also of this
secunde partye of the seid rentys and revenwes, the Prince or greet
lorde shall doo curthasies and yive rewardes to alle good vertuous
persoones for theire merites, discertys and servises, (p. 145) and for
othir deedys allowable and commendable that thei have doo. And
Princes shulde yive suche yiftes and rewardes liberally and largely,
aftir the qualitees of the deedys, and aftir the state, the condicion and
the valeure of the persoones; whiche circumstaunces all shulden be
discreetly had in consideracion, for, as seith the booke of Ecclesiastique
and many othir of auctorite appreevid,³⁴ Princes shuld of high dis-
crecion take heede and greetly have in regarde to wham they yave,
what they yave, wherfore they yave, and also to what fyn or conclusion
they shuld yive. And who that othir wyse yiveth than with these
circumstaunces, he ne is no liberalle yiver but rathir a verry sparpoyler
and wastoure by foole largesse, which^b is a greet defaute, unfitting in a
kynge or Prince or any other greet lorde or estate. And suche foly
yiving as causeth the yiver to be halden and rapute as for unwise,
shuld every Prince be well advised to eschue, for it is full needfull that
the Prince clierly considre him self and his deedys by the whiche he is
halden wyse and sage, douted and honeured, preysed and loved of his
subgites, and radouted of his enmyes and of his enviers, which beth
wilfull and gladde to have him in awaite and meene ayenst the Prince,
yf they can take any occasion, or yf they can finde the tyme that the
Prince ne is nat halden ne hadde in reputacion for wyse and sage, as
longeth a Prince to be. And also of the seid rentys and revenwes of this
secunde partie above rehersid, a Prince may and oweth to doo make
othir necessary werkes covenable for the honeure of him self and for
the profyt and sauf garde of his peeple,^c fortresses (p. 146) and othir
good and stronge edifying, and also repaire the auncient ffortresses and
strengthes with ynne his lande, as neede requireth necessarye for the
conservacion of the comyn profyte of the kynge or Prince and of the
subgites. And this shuld be doon by good advise and wisdome, and
by the true counseil^d that the Prince shuld have aboute him to mynystre
him true counseyl for the good estate of his owne persoone and for the
well weele of his peeple.

(*VIII*) *The consideracion of the thridde parte of the revenwes and rentys
of a Prince*

The thrydde partye of the rentys and revenwes above seid apper-
tenauntes to a kinge or Prince shulde be ordeyned to be putt in sauf garde

---

^a *U has* he.   ^b the whiche, *H.*
^c pour le profit et l'honneur du prince et des subgez, *R.*
^d *R ends with* et par le bon conseil (du prince).

³⁴ Si. 10: 31.

and in treaserye of the Prince, for like as habundaunce of wytte and wisdome is necessarye unto a Prince, soo it is necessarye in maner to have richesse and treasire,[a] as witnessith the wise man in the boke of Ecclesiastique seying in this wise: 'it is full profitable to have science, sapience, witte and kunnyng, with habundaunce of richesse, for right soo as sapience, witte and kunnyng defendith and maynteyneth him that theym hath and useth diligently, soo defendith and maynteyneth habundaunce of richesse theym that have theyme and will dispende theym and use visely and discreetly'.[35] [b] And for that cause, whan Salamon, kinge of the reaume of Isr[ae]l, demawndyd and askyd of allmighty God science and kunnynge, God yave him habundaunce of science and nat (p. 147) oonly that but also[c] greete habundaunce of richesse as it is towched in the begynnyng of his boke.[36] And truly science with richesse beth to gedre right goode, in especiall whan richesse is used and dispoosed by good wysdome, and like as hygh thing that beth faire and good, how be it they beth hye, yit it is right[d] necessarye that thei be stablissht well and fermely grownded and assured for the greet wyndes and wedyrs that may assaile theym and hurt theyme, and for divers othir perillys that may be tyde. Right soo the kynges, Princes and greete lordys, that beth high and puissaunt and oft tymes beth putt in parties[e] and perillis, have greete neede to be well stablyssht and grownded[f], apparailed and encurned with science and richesse, with love and largesse, justise and prowesse and othir divers vertues unto Princes apparteynyng. And in conclusion for this cause, it is covenable that the Prince have treasire convenient by the whiche, yf werrys shall be made ayenst him, he may purveye him in tyme of men of armes and of all[g] ablementis for his werrys necessarye, with oute taking or encroching of the goodys of the porayll[h] and his subgites forsiblely and ayenst theire good will, in caace they will aventure, with good free will, theire bodies into the werre with theire lorde for the defense of theym, of the londe and also for the honeure of the Prince. And to this entent shuld every Prince have covenable treasire, nat by wey of covetise ne of avaryce, but for the saufgarde and defence of himself, of his lande and of his subgites and for othir thing skilfull and behoofull, which, whan they betydeth the Prince, may by disposicioun of his treasire and

[a] lui est nécessaire abundance de chevance, de richesse et de pecune, *R.*

[b] Et ce dit la Sage ou livre de Ecclesiastes et la Bible, qui dit ainsi moult est profitable science avecques abundance de richesse et de pecune, quant on la acques sens et len en veult user et ouvrer sagement. Et pour ceste causes . . . , *R.*

[c] but also therwith greete, *H.*

[d] Right *repeated in U.*   [e] to greet jupardies, *H.*

[f] *The passage* assured . . . apparailed *is omitted in the French text in R, which is completely incoherent at that point.*

[g] alle othir, *H.*   [h] Added to the French text.

[35] Ec. 7: 12.   [36] Wis. 2: 13.

richesse in many divers wise be suppoweld. And it is to*a* be supposed
(p. 148) that there nys no wyse Prince that he ne wol make due provision
and diligently ordeyne for*b* good purveaunce upoun suche thinge by
liklynesse may betyde and fall. So that a Prince shuld make wysely and
largely his dispenses so as it apparteyneth to his estate of the oon
party of his rentys and revenwes, and of the othir partye doo allmesse
deedys and yive covenable yiftes and rewardes, and of the thrydde
partye make his treasire to thentent above seid. And yf the Prince in
this wise condwe him self, that he be wyse in governaunce, riche and
large in havire*c* and in yiving, he shall be halden a good Prince and he
shall be loved and douted of alle his subgites, radouted and drad of
othir. And soo noon of his enmyes*d* shall be souffisaunt ne of power to
meeve gretly ayenst him. And in adventure they wolde entende to
transverse or meeve ayenst him, yf he will so be governyd and dispoosid
as it is above seyde, he shall at alle tymes be well garnyssht as well of
wytte as of good, and also specially of love of his subgites, by whiche he
shall atteigne to honeure and love, and also have victorye upon his
adversaries and enmyes.

(IX) *Here foloweth the thrydde thinge necessarye to a Prince for his good*
governaunce

The thridde consideracion of good governaunce that shuld be in a
kinge or Prince or in any greete estate stondith in this, that aftir he hath
chiefly and principally considred hym self and to him self hath had
due regarde so that he hath verray knowledge of his owne condicion
and of his owne fragilitee, by whiche he can knowe that he ne is (p. 149)
but a mortall man as othir ben, that he have good will to doo good
deedys and that he be sage as apperteyneth to his estate, which*e* is the
first consideracion of a Princes governaunce above seyde, and also
aftir that he hath consideracion unto the secunde good governaunce of
[a] Prince, that is to knowe thextent of his rentys and revenwes, well to
ordeyne and dispoose hym self, his hous and his meynee in making
expenses honorables and convenables, and to doo allmesse and othir
charitable werkys and yive largely and resonablely, and aftirwarde that
is reserved to be putt in treasire and be kept for the bosoignes and
casuelties radoutables as it is afore seide. These thinges considred
dulye and ordeyned wysely, the Princes ought to entende diligentlye
and of all theire cure in the IIIde. consideracioun of good governaunce
whiche is the principall consideracion longing to the state of a Prince
for the good governaunce of his reame or of his Princewyke and of his
subgites,*f* for to that entent is the Prince or the greet lord establissht in

---

a to *omitted in* U.   *b* so, H.   *c* havoir, H.
d ne of his enviers, H.   *e* in which, H.
f pour bien gouverner sa princey, sa terre et ses subges, R.

his estate and reigne in this worlde principally to governe the peeple his subgites well and justely. And verrily be it a kinge,[a] or Prince, or greet lorde espirituell and[b] temporell of this worlde, there ne is noone but that he is in office undyr God to governe dulye his creatures; and the wise man[37] seith that alle the benefice of this worlde is for encheson of office, and he that hath any office, what evyr he be and of what condicioun, and dooth nat duly that apperteyneth unto the seid office, the benefice of the seid office ne is nat ne aught nat to ben his, ne he shuld nat aftir God and right take ne have the frutes and the profites of the seid office ne of the benefice fownded ther upoun. And therfore the (p. 150)[c] kynge or the Prince, or any othir greet lorde shuld considre sovereingly that there nys no segnyeurye in this worlde ordeynd oonly for thaccomplysmentys of theire aise and of theire delytes and theire[d] honeure, but they shuld have seignuries and suche thinge as to theym apperteyneth to governe and to doo well and duly as well[e] in theire owne persoones as by othir good and true deputees to se the just governayle of Goddys peeple. And all the lordys aughtyn right well to knowe and have in remembraunce that thei beth but officers and commyssaryes undir God, and all theire commyssions[f] ben kept and reserved to be reward aftir theire meryte and deserving to the poynt and houre of theire deeth, at which poynt they shall departe from this worlde charged to yilde accompte of theire governement at the streight jugement affore God, affore whom they ne may no thinge myscompte. And right as the pastoure or the heerde man is bownde of ditee to yilde good accompte and rekenyng to his maistre of his sheepe or othir beestes commysed to his keeping, in sembleable wyse the lordys above said shall yive streyt accompte to God of his peeple how they have theyme governyd. And yf they yeeldyn good accompte, they shall have, aftir that worldly seigneurye and lordshippe, abiding with God in lordshippe and seigneurye of moost greete good and honeure that shall nevyr faute but be evyr perdurable. And they that have nat so well reuled and governyd shall cruelly be casten and reiect in to perpetuell myschief, sorowe and povertye, where ynne evyrlastyng[g] they shall abide. And as the (p. 151) philosophre Boece seith in his Boke of Consolacion,[38] the moost horrible and wrecchid manere of fortune is whan a man, aftir that he hath ben riche, bonchevous and a greete

---

[a] be it kinge, H.   [b] or, H.
[c] The beginning of the sentence is repeated in U.   [d] and for theire, H.
[e] and as well, H.   [f] commissions, offices and ministracions, H.
[g] everlastingly, H.

---

[37] Si. 29: 9.
[38] Boethius, *The Theological Tracts and the Consolation of Philosophy*, trans. H. F. Stewart and E. K. Rand, *LCL* (London: New York, 1918), p. 189 (Bk II, ch. iv).

lorde, bycomyth a pover caytyf and in right grete miserie, and may nat
from that poynt recuver: and of this ought to have greete feere and
doute the mighty and grete lordys of this worlde. And for this doutaunce
and especially for the greete love and devocion that they shuld have
anenst God, they shuld be right curious and diligent to governe well
theym self and the peeple of God, for no man may ben good governeure
of the peeple with outen he dreede him and love fermly. And that is
well preevid in the gospell, where it is conteyned that whan God wolde
commyse or*a* bytake to Seynt Petyr the governaunce of his peeple and
of holy chirche, he demawnded Petyr in this wyse: 'Petre, lovest thou
me?' To whiche demawnde Seynt Petre answerd affermyng and seyinge:
'Sir, yee. And thou well knowest that I love the'. And it is well to knowe
that God knewe well that Petre loved hym.[39] Nevyrtheles, it may be
supposid that Criste askyd that demawnde of Petre to the fyn and entent
that Petre, by hys answere soo affermyng, was more astreyned to love
his lord God. And whan Seint Petre had soo answerd, God commysed
and bytoke unto Petre the reule and governaunce of his peeple and of
holy chirche, seying to him in this wyse: 'Petre, yf thou love me, feede
and norissh my shepe, that is to say my peeple'.[40] And her by God
wolde that men shuld undirstande that no man shulde be governeure of
his peeple but yf he love God, and also but yf he will pasture and
(p. 152) noryssh his peeple in peas, love and good justise. And so it
verryly apperith that a good lorde shall, like unto a good heerdman or
pastoure, kepe the peeple of God and feede in his warde, soo that he
ne they be nat noysaunt ne grevous ne doon noon hame but that they
live in peas, love and justise. And they shall soo have greete cause to
thanke and doo curthasyes unto the lorde as the cace shall require. The
lord shuld in no wyse ovyrleye the peeple*b* ne lowge amonge his peeple
to make theyme bareyn of suche thinge as they shulde lyve upoun, for
he ne is good keper that distroyeth the thinge that is putte in his
garde;*c* for God that lyst of his moost chierte by theffusion of his owne
bloode raunnsom and save his peeple will nevyr be pleasid ne have
greable the lorde the which shewith grevaunce and crueltee unto the
peeple that he shuld have in his kepinge and governaunce, takyng from
theym that they shulde lyve upoun. And reason shewith that God
loveth the peeple greetly whiche he hath so deworthyly rawnsomed,
that is to sey by deeth and by effusion and shedinge of his owne bloode.

a and, *H.*
b peeple *omitted in U.*
c *This sentence is shorter in T*: The lorde shulde in no wise overlaie the peple
to make them barein of soche thinge as thei shulde leve upon.

[39] Jn. 21: 17.
[40] *Ibid.*

(X) Of the IIII vertues necessarye for the good governaunce of a Prince[a]

In this III[de] consideracion of good governaunce that the kinge or Prince shulde have for the sauf garde and good governaunce of his reaume, his Princewyke, his lande and the peeple of God, it is convenient[b] that the lorde above seid have and be endued with IIII vertues (p. 153) principally in hym self in his will and in his entendement,[c] and that he doo diligently the feetys and the operacions that these IIII vertues requireth, of the whiche the first is science, the secunde providence, the thryd is justise, the fourth is misericorde; the II first, that is to say science and providence, yiveth knowlege how a prince shall well wirche, and the othir tweyne, justise and mercy,[d] wircheth and dooth the seyd werkys.

(XI) How the vertue of science is necessarye to a Prince[e]

Of[f] the vertue of science that shuld be in a kinge or Prince for to governe his peeple, his lande and his subgites well and justely affore God shuld every Prince be endued,[g] the which vertu and othir[h] comyth of God with out wham no good may come. And therfore the kinge or Prince, to that ende[i] and entent that he may have wytt and kunnyng to governe well, shuld devoutly and humblely beseche God that at his requeste he wolde largely mynystre him grace, like as thapostill seith,[41] and oure lord God will yive him of his grace more habundauntly and plentivously than he can require or desire, as it is well shewed at the begynnyng of his trety of the wyse king Salamon. And as the prophete David seith: 'the dreede of God is the verry begynnyng of sapience'.[42] And there is no thing that a kynge or Prince shuld so moche dreede and love as God, for the greete swetnesse and mekenesse[j] (p. 154), debonairetie, love and charite and perdurable habundaunce of all good that is in hym, ne noone othir thing shuld he love but God and that is ordeynyd of him, by him, and for him. Soo that all thinge that the Prince will purpoose to doo, he shuld well see and considre that the seid thinge[k] were to Goddys pleasire and that it were with oute cryme or synne, and he shulde well awaite that by stiring of no cownseill he did the contrarye. Yf the kinge or the Prince will wysely governe he

---

[a] Hic loquitur de quatuor virtutibus cuilibet regi sive principi necessariis, *T*.
[b] full convenient, *H*.
[c] *The passage from* self *is omitted in T*.   [d] misericorde, *H*.
[e] Hic loquitur de virtute sciencie que est prima quatuor virtutum, *T*.
[f] If, *H*.
[g] A kynge or a prince for to governe his peple, his londe ande his subiettis, well and justli shulde be endued with the vertu of science, *T*.
[h] all othir, *T*.   [i] ende *omitted in T*.
[j] the greet meeknesse, *T and H*.   [k] that that thinge, *T*.

---

[41] 2 Cor. 8: 19.   [42] Si. 1: 16.

most love, cherise and have aboute him good, true, wyse[a] counseylours.[b] And so shall he be halden for sage and wyse,[c] for right as good peeple will be and abide amonges the good, and the perverse and wykked will be with evyll and maliciouse, as seith the prophete David,[d] [43] in sembleable wyse the good and sage men loveth the wyse and true[e] and will that they abyde with theyme. And the philosophre[f] [44] seith that naturelly every thinge loveth his like resemblaunce and desireth to abide ther with. And verrily yf a Prince have willfull desire to have aboute hym unwyse and yonge counseillours or servauntz which he will gladly heere and yive to theym credence, it is a good and certayn argument that thilke[g] Prince is nat wyse ne will be wyse. And that suche a kynge or Prince is nat wise ne sage, we have pleyne ensample and good in the booke of kynges,[45] of Roboam the sonne of kynge Salamon, the which, aftir his fadirs discees, was kynge of the reaume of Israell. The whiche Roboam, for as moche as he yave gladly audience and credence unto counseyll of yonge peeple that were aboute him, ne wolde[h] beleve ne yive credence unto the wyse auncient that yave true and holsom counseyll how he shulde content (p. 155) his peeple. And the seid Roboam, by counseyll of the[i] unwyse yonge peeple aboute him, answerd his subgites folily and felly,[j] so ferforthly that the peeple departed from the obeisaunce of Roboam and summysed theym to anothir kynge, and nevyr aftir wolde obeye unto Roboam, the which in that wyse lost the X part[k] of his reaume with out recuver. And in this wyse, it apperith that it is full good and necessarye to a Prince to have aboute him good and auncient, sage, true[l] counseillours, and to theyme yive credence. And also it is good reson, fittyng and covenable that the greete lordys have with theym attendaunt yonge peeple to bere theyme companye for theire honeure and for theire othir pleys, disportys and recreacions convenient, how be it that[m] it is nat greable ne according to resoun that Princes ne grete lordis make suche yought priveye[n] to theire counseill, ne disclose unto theyme theire secrees of suche grete thinges as they have to doo, in as moche as they have yit no greete wysdome ne sadde experience of verrey true providence. For as the Philosophre seith in this boke of Topiques,[46] they shuld nat chese ne

---

[a] and wyse, _H._
[b] councell, _T._
[c] _T omits the beginning of the sentence._
[d] as the prophete David seith, _T._
[e] the trewe and wise men, _T._
[f] le sage, _R._
[g] that, _T._
[h] and wolde nat, _H._
[i] his, _T._
[j] and felly _omitted in T._
[k] the parte of parte, _T._
[l] sage and trewe, _T._
[m] _Supplied from T and H._
[n] purveye, _H;_ soche yonge peple prevei, _T._

---

[43] Ps. 125: 4, 5.
[44] _Nicomachean Ethics,_ Bk VIII, ch. i, 6 (trans. Rackham, p. 453).
[45] I Kg. 12: 8–10.
[46] Untraced in modern editions of the _Topica_; the same idea is developed in the _Ethics._

take suche to office of governaunce ne of counseill in greet matiers, for youthe naturelly is dissolute and of reson is nat so acqueynted[a] ne accustumed with sadnesse and wysdome, as auncientz beth that beth expeert in many and greete thinges. And for soo moche [as] no wyse man oweth ne may contynuelly be laboured in grete besiness and by all wey studious, it is necessarie, right good and accordinge[b] that in tymes accordinge[c] Princes and lordes have convenable dispoortes and re-creacions, after the sentence of (p. 156) the[d] sage Caton.[47] Therfore, it is necessarye that a kyng or Prince, aftir that he hath had greet thought and entendaunce of[e] the charges and bisinesse of his gover-naunce, have also pley, disporte[f] and recreacioun, accompanyed with goodly, faire and honeste peeple with all softnesse and easinesse, and that he have[g] with him in suche dispoortes yonge peeple, covenable and honest, and well condiciond, that can be youis, pley[h] and dispoort honestly as it apperteyneth to doo in the presence of a Prince, for all nature farith the bettre and is bettre dispoosid[i] whan it hath due recreacion aftir labour necessarye. And in suche dispoortys shall nat a Prince shewe him self outrageously ne pley childysshly and with dishonest countenaunce wherthurgh men may have cause of mokkerye of the Prince, but he shuld pley or behalde the pley demeurly and easly in faire maner and softly and [nat] over long so to pley ne noyously or disordinately[j] but he shuld make the pley to cees and the dispoort whan the tyme requireth to yive attendaunce to othir maters covenable, for in all thinges a Prince shuld have mesure and attemperaunce. The vertue of witte and of science, whan a Prince hath it in hym, it shuld be putte in feet and in effect by good werkys doon by counseill and by good providence,[k] and nat to hastly but by good and adviseable maner; and that to perfourme longeth unto the vertue of providence, wherfore of the propretie of providence it is to sey now sywyngly.

(*XII*) *Of the vertue of providence and how it is necessarye to a Prince*[l]

(p. 157) Providence is a vertue comyng and growing of science, by the whiche men knowe what they shall doo, whanne and how they shall doo. And this vertue is necessarye and convenient with science:

[a] for youth of reson is not so acqueynted, *T.*
[b] wel acordinge, *H.*
[c] convenient, *T.*
[d] the *supplied from H.*
[e] to, *T and H.*
[f] that he have disporte, *T.*
[g] have *repeated in U.*
[h] joieous in play, *T.*
[i] bettre is disposid, *H*; the bettre is disposed, *T. The sentence ends there in T.*
[j] inordinately, *T.*
[k] by good counseill and good providence, *T.*
[l] Iam sequitur de virtute providentie regis vel principis et quid sit providentia, *T.*

---

[47] This is perhaps a reference to Dionysius Cato: 'Interpone tuis interdum gaudia curis/Ut possis animo quemvis sufferre laborem' (M. Le Roux de Lincy, *Le Livre des proverbes français* (2nd ed., Paris, 1859), ii, p. 450).

for science withoute she be annext unto providence, which she may
diligently use,[a] may nat souffyse unto the good governaunce of wordly
lordshippes. And therfore it is greet necessite[b] to a kinge or a Prince
that he be wyse and use good purveaunce[c] and oweth to have aboute
him good counseyllours, true and wyse. And the wiser that the kinge or
Prince be, the gretter peyne shuld he doo to have wyse and sage folk
counseillours[d] aboute him, for to heere and have good and just[e]
opynions and[f] true advise upon suche thinges as he will purpose to doo.
For ther nys no man soo wise that shuld be soo sirquydous and presumptuous of himself[g] and of his owne wytte but that he ought to aske
thadvise and the counseyll and wytte of othir. And whanne he heerith
theym and seeth theyme of divers oppynions, than most he doo greete
diligence and peyne[h] to see and conceyve[i] whiche opynion is moore
hoole and moore agreable. And he most doo to be argued and traversid
by reson upon alle opynions, to feele and knowe whiche is the most
seure partye. Sovereignly and chiefly a kynge and a Prince shuld have
in his counsaill wyse folke, good and true, and with oute the spotte of
covetyse and suche as by reson shuld love, cherissh and tendre the
profite and also the[j] honeure of the kynge and of his reaume, or of the
Prince and of his Princewyke. And a kynge or Prince shulde eschwe
and right welle be ware he make[k] nat of his conseyll suche persoones as
(p. 158) beth of the foreyne parties of his Pryncye, or straungers[l] that
willfully will be rebelles and beth accustumed to disobeisaunce, for
naturelly every man will be desirous to enclyne himself[m] to the maners,
custumes, usages and condicions of the cuntre where he was borne.
And for that cause, no Prince ought to take by favoure, preyere or
instaunce of any persone any counseilloure with oute that he have[n]
true enformacion or certeyn knowlege that he have good[o] condicions
affore raportyd, and that he be come of good kynne with oute servile or
bonde condicion, and that he be borne in lawfull matrymonye and
mariage, for of the contrarie hath full moch harme and myschefe[p] and
by liklinesse may falle in tyme comynge. And yf ther be any of the
Princes counsellours to whiche the Prince yiveth moore credence and
whos counseyll he will rather doo aftir than othir, it is no harme though

[a] *The passage* which . . . use *is omitted in T.*   [b] right necessarie, *T.*
[c] providence, *T.*
[d] the more shulde he desire to have wise and sage counsellors, *T.*
[e] and just *omitted in T.*   [f] in, *T.*
[g] qui se doie sourquider ou si presumer de soy, *R.*
[h] and peyne *omitted in T.*   [i] and well conceyve, *T and H.*
[j] also the *omitted in T.*   [k] that he make, *T and H.*
[l] as ben of sundri parties or straungers, *T.*
[m] et quilz ne soient mie de dehors ne daucunes parties de la princey qui
volentiers sont rebelles et acoustumes ace. Car naturelment chacun sacline
volentiers . . . , *R.*
[n] that he have *omitted in T.*   [o] the good, *H.*
[p] greet myschief, *T and H.*

it so be, how be it that right necessarie it is in all wyse that the Prince
be certeyne and have verray knowlege that suche persones ben good,
true, well borne and wyse, for elles the prince may be deceyved and
blamed and[a] the peeple will sey[b] that the kynge or Prince is counseyled
and governyd by thadvise of[c] evill and unsuffisaunt persones, and aftir
theym[d] conditeth the matiers of his reaume. At alle tymes, whan the
Prince will be counseyled and speke of any greete matier towchinge the
worshippe of his awne persoone, of his lande and of his comyn[e] profite,
he shall will and desire of his counseillours and charge[f] theyme streitly
that they yive him no flateryng counseill and colourable counseill of
plesaunce, but that they shall[g] sey pure verite and trouthe.[h] And he
ought to yive theyme in (p. 159) commawndement to sey unto hym that
reson and trouthe requireth, for he may never well counseill that seith
nat trouth ne loveth nat to heere and doo trouthe. And ther is no
gretter noysaunce[i] ne myscheef unto a Prince than to heere wilfully
and gladly the counseill of flaterers, losengeours and liers, for whan he
yiveth unto theyme credence and heerith theyme, he putteth hym self
in greete jupertye and perille, ffor he may nevyr soo knowe his owne
estate ne[j] the trouth of his chargeable matiers, in soo moche as he[k]
yevyth credence and heerith more wilfully the foole than the wise
man, the liere than the sooth seyer. And what Prince that soo dooth
schewyth well that he is unwyse and shall nat be halden sage, and his
werkes shall be yvell and nat vailaunte, and he shall never be loved of his
subgites ne of othir that knoweth him. The Prince, whan he assembled
his counseill for any greete and chargeable maters, he shuld yive in
streyte commaundement to alle his counseillours, upoun theire surement
and feith, that they shall kepe secree, with oute disclosynge to any othir,
all that shall be seid or meevid in his counseill. And yf it so[l] be, the
maters beth soo peisaunt and chargeable that they aske longe counseill
and advise, than suche counseilles most have resonable leyser tyme and
respite, the more veryly and bettre to see and feele what is best to be
doo in suche maters as beth meevyd. And whanne[m] the counseill is
accorded and appointed in suche maters, and of the tyme, and also of
the maner of doyng, and it is well seyn that it is good and profitable
wherupoun the counseill hath concluded, it is diligently to be considred that it be putte in feet and execucion, like as it is advised

---

[a] of, U.
  [b] estre deceptus et blasmes. Et pourroit len dire que ce seroient ses malhomes
en qui il . . . , R.   [c] for U.
  [d] theym *omitted in U.*   [e] *Omitted in T.*
  [f] and also charge, H.   [g] shulde, T.
  [h] unto him pure verite, H; unto hym the verrey trouth, T.
  [i] car il se conseille mie bien ne ne confesse qui ne dit verite. Et il n'est riens
qui nuyse au prince . . . , R.
    [j] ne *omitted in U.*   [k] he *omitted in U.*
    [l] so *omitted in U, which has a black space.*   [m] than, U.

(p. 160) by counseill; and to this accordeth the sentence of the Philosophre.[48] [a]

(XIII) Of the vertue of justise and how it apperteyneth sovereignly unto a Prince[b]

Here siwyngly it is in partie to treete of the vertue of justise with out which no reaume ne lordshippe may well be governyd ne long endure. And aftir the Lawe Civile, the diffinicion of justise is suche:[c] justise is perpetuell, ferme and constaunt will to yive unto every persoone his owne right and that he ought of dutie for to have.[49] And the right of justise yiveth unto every man III commaundementz: the first is to lyve honestly and mesurably, the secunde is to noon[d] to doo wronge ne iniurie, the thridde is[e] to yive and surende to every man his right and dutie. The wise man seith that justise is as the mothir of all vertues, for alle vertues have and comprehende in theyme the nature of justise. And verily, whan a Prince loveth justise and executeth it, he hath a greete resemblaunce and similitude unto God, as the Philosophre seith in this boke of Politiques, for God dooth no thinge but that he dooth by justise, loving the good and punisshing the yvell; as it is well shewed at the begynnyng of the worlde, for as soone as Lucifer, the first aungell, with his assenteers synnyd by pryde ayenst God, anoon by wey of justise God commaunded hem to a perpetuell deth in helle, and theyme chaced and devoicid[f] from the joyes of heven, (p. 161) nevyr to have mercy.[50] And the aungellys that hym obeyed, he stablissht and confermed in glorye and joye evyrlastingly perdurable. And also, as soone as God had made the worlde and had fourmed Adam and Eve and sett theyme in the blisse of paradyse, for so[g] moche as they disobeide his commaundement and presumed to[h] eyte[i] of the frute whiche he had theym streytly defendid, he put theyme from paradise terrestre and theyme condempnyd by justise to spirituell deeth and bodily, as it is well expressed in the bible.[51] And thus God by his justise governyd as well in heven and[j] in erthe. And this was for to yive ensaumple to kynges, Princes and greet lordys of this worlde that they governe in

---

[a] et selon ce que les besoignes dont len doibt conseiller pour mielx veoir ce que len doibt faire. Et quant len voit que cest bon, len le doibt diligeaument mettre a effet, si comme il a este consoillié; et ainsi le dit le philozophe en un livre qui est appelley ethiques, R.

[b] Hic sequitur de virtute Justicie cuiuslibet regis et principis, T.

[c] thus, T.
[d] to noon othir, T and H.
[e] is for to yive, T and H.
[f] and there them chased and devortid, T.
[g] as, T.
[h] theyme to, H.
[i] byte, T.
[j] as, T.

---

[48] Nicomachean Ethics, Bk VIII, ch. iii, 6 (trans. Rackham, p. 461).

[49] 'Iustitia est constans et perpetua voluntas ius suum cuique tribuens' (the opening words of Justinian's Institutes).

[50] Isa. 14: 12.   [51] Gen. 3: 23, 24.

like wyse whan they cometh to their lordshippe and that they doo
justise. And in this wyse did this sage and wyse kyng Salamon whiche,
as soon as he was kynge, did greete and good justise ayenst the yvell
men that had ben enmyes of the reaume of David his ffadyr, and did
justise up on Adonyas, his brothir, and put him unto deth for his evill
deedys[a] which he had doo and wolde have doo ayenst the reaume, as
it is more pleynly conteyned in the boke of Kynges in the bible.[52] Thus it
is convenient and accordinge that kynges and Princes and they will well
that[b] justise be kept, and punissh the yvell folke and furfetours with
oute sparyng of theyme othir for[c] favoure or greete lynage or for any
othir maner of affeccion; for veryly there is no[d] reaume ne lordshippe
that[e] may longe endure ne have peas yf justise be nat kept and susteyned.
And therfore seith the boke of Ecclesiastique[53] (p. 162) that for lakke
and defaute of justise the reaume, where it faileth, shall be transpoosid
and falle into the handes of straunge peeple and to the[f] enmyes of any[g]
kynge that will nat doo justise, whiche is a dreedfull thinge and greetly
to be had in consideracion. And for this cause a kynge or a Prince that
will nat doo justise by reson shall soone be with oute lordshippe. And
yf he desire that his lordshippe shall longe[h] abide and that he and his
heires shall it longe tyme reioyse, he most doo right greete diligence to
execute justise and it[i] susteyne. And for this cause, a kinge or a Prince
shuld chiefly and principally doo twey thinges. The first is he shuld
doo justise be duly kept[j] through his lande and alle his obeisaunce. The
secunde is that he love[k] especially and principally the comyn profite of
the peeple and of subgites,[l] and that he yive noon attendaunce to his
especial, private or particuler profyte so moche and so ferforthly that he
leve to doo the comyn profite above seide; for as it is fownde written in
acerteyn cronikle,[m] there was som tyme an emperour in the citee of
Rome that demawnded and asked of a certeyn philosophre sage,[n] of
the lordship or thempure of Roome to whom alle kynges obeide, yf the
seid empure shuld longe tyme endure in suche grete prosperite. To
wham[o] the philosophre answerde and seide that soo longe shuld the cite
stande in prosperite and endure as the emperours were more diligent
and bisy and curious to doo the comyn profite of the peeple[p] and of

[a] deedys *omitted in T.*
[b] and princes se justice be kept, *T*; that thei doo justise be kept, *H.*
[c] sparinge of them or for favour, *T.*   [d] no maner reame, *T.*
[e] that *omitted in T.*   [f] to the *omitted in T.*
[g] that, *T.*   [h] longe shall abide, *T.*
[i] and it to susteyne, *T.*   [j] justice to be duli and truli kepte, *T.*
[k] love and cherishe, *T and H.*   [l] the peple his subiettis, *T.*
[m] Narratio cronice *added in T.*   [n] sage *omitted in T.*
[o] Thann forth with the philosophre, *T.*
[p] profete of there subiettis thanne, *T.*

[52] 1 Kg. 2: 34.   [53] Si. 10: 8.

the subgites than they were of ther propre and particulere availe; and
as soone as they doon the contrarye, that is to sey that the emperours
recrocheth to their owne profites and yiveth speciall (p. 163) attendaunce to theire private availes, thempire and lordshippe shall anone
be gynne[a] to faile and appalle, and finally it most faute.[54] And this
may verily be suppoosid the cause why thempire there is failed. And
be like and sembleable wyse[b] may falle and come unto rwyn and in as
short tyme othir reaumes,[c] greet lordshippes and dominacions of this
worlde. The kynges and Princes of this worlde beth ordeyned and establissht in this worlde of auncientie[d] and principally for the comyn
profite[e] of the peeple and theire subgites. And therfore they shuld nat
yive hoole and principall[f] attendaunce[g] to theire owne particuler profite,
but unto the comyn profite of the subgites. And soo shall they kepe
truly justise, the whiche yf they will have well kept of theire subgites,
it is full covenable that they principally kepe it in theym self and in
theire owne persoones, for the wyse man seith that every vertu be-
gynneth at hym self.[h] That is to sey, who soo will doo any good vertu,[i]
he most begynne at hym self first chiefly.[j] And also he that desireth to
have othir folke juste, he oweth to doo justise first[k] in his owne persoone
and in his lignage, in his peeple, his servauntz and all his maynee, for
it is reson that the Prince doo good right and justise in his owne
persoone, on his lignage and freendys, on his peeple and maynee, as
well as upon his othir subgites. And it is greet laude and preisinge to a
kinge or Prince whan he kepith truly the lawe whiche he commaundeth
to be kept in his lande.[l] And so dyd oure lorde Crist Jhesu, Goddys
sone:[m] he kept in hym self the lawes and the justises[n] that were ordeyned
to be kept in othir (p. 164) as the lawe of deeth, of circumcision and
othir, as hooly scripture witnessith in divers manyers. And yf the kynge
or Prince will keepe in hym self justise, as it is heere seide, he shall be
halden and accownted a good and wyse lorde; and he shall be loved
and dradde. And he shall in noo wyse be clept a tiraunt, that is to sey
he shall not be halden a cruell lorde ne evill, for a tyraunt hath in hym
self principally many evill condicions. Ffirst, he yiveth noo force to doo
alle thinges to his awne pleasire and to his owne singuler profyte and
particuler[o] availe, and attendith noo thinge the honorable weele and

---

[a] anon gynne to faile, *T.*   [b] semblable ca.uses, *T.*
[c] gret reames, *T and H.*   [d] of auncientie *omitted in T.*
[e] profite and of the peeple, *U.*   [f] entendre du tout ne principalment, *R.*
[g] entendaunce, *H.*   [h] at is self, *H.*
[i] whoo so will begynne ony good vertue, *T.*
[j] chiefly *omitted in T.*   [k] first and kepe justice, *T.*
[l] whiche . . . lande *omitted in T.* [m] owre lorde Jhesu, *T.*
[n] Et ainsi le fist Dieu qui garde en soy les lois et les justices, *R.*
[o] singuler, *T.*

---

[54] This story does not come from the *Gesta Romanorum.*

profite of his lande, but more to his singuler and deleitable pleasire
to ben acqueynted with straungers and loveth nat his subgites, taketh
richesse and money by taxes and tallages, imposicions, extorsions
diversly in many evill wyse of his subgites.[a] And soo he deliteth more in
thacqueyntaunce of straungers than of the good peeple of his owne
lande. And that he taketh of his subgites and yiveth it unto othir of
straunge cuntrees[b] or elles to such as beth litle of value and unworthy;
but the good kinge or Prince that is noo tiraunt doth alle the contrarie
and hath at alle tymes greet feere and doute that he ne doon thinge
for whiche he may be clepid a tiraunt or elles[c] a wykked lorde. A kinge
or Prince shuld doo[d] greet diligence and peyne that in his reaume or
in his Princewyke shuld at all dayes ben had II wellys or II fowntaynes,
by the whiche and he have theym all good shall growe and come to him,
and no thinge shall him annoye ne[e] doo him grevaunce. The first
fowntayne is the love of God, the (p. 165) othir is the love of the peeple
to hym subgiet. And yf he keepe these II fowntaynes, the whiche ben
right faire and good, he shall have peas and good governaunce in his
lande. And these II fowntaynes ben evyr more ensembled for he that
loveth God, loveth is peeple. And who that loveth the peeple of God,
loveth God, and God loveth him. And soo the Prince aught specially
and singulierly take heede that he noo thing doo ayenst the commaundement of God, ne any thinge ayenst reason, to the greef and
preiudice of his peeple, for to yive theyme cause to hate hym and
curse him.[f] And a Prince shuld nat yive credence[g] in any wyse to any
of his counsellours that yiveth him counseill unto the contrarie as[h]
unto such counsellours as beth flaterers and untrue, and lyeth in awaite
to seeche meenys to their owne[i] preferrement, avauncement and
promocion, by conduyt of yvell counseill. And the good proverbe[55]
seith that he ne is lorde of his owne cuntree that is[j] hated of his subgites.
And therfore a kinge or Prince owith with all his[k] cure and bisinesse
take[l] heede to keepe and execute justise. And whan he shall it so putte
in execucion,[m] also to doo it with softnesse and with attemperaunce.
And for so[n] moche as mercy and pitee is it[o] that oweth to attempre the

[a] a querre richesses et denieres, extorsions et mauvaises causes sur ses subges,
R.

[b] And that he takith fro his subiettis he gevith unto othur of straunge landis,
T.

[c] elles omitted in T.   [d] doo omitted in T.
[e] ne omitted in T.   [f] and curse him omitted in T.
[g] counseil, T.   [h] and, T.
[i] From this point, lacuna in H.   [j] whanne he is, T.
[k] his omitted in T.   [l] to take, T.
[m] whanne he shall doo execucion, doo it with softenes, T.
[n] as, T.   [o] it omitted in T.

[55] 'N'est pas seigneur de son pays/Qui de son pays est hay' (Livre des proverbes francais, ii, p. 99).

rigoure and streitnesse of justise, it is to ben towched now aftirwarde of mercy, how she is necessarie unto the governaunce of a Prince whan she is medled with justise.

(p. 166) (*XIV*) *Of the vertue of mercy and how it apperteyneth unto a Prince*[a]

Mercy is a vertue greetly necessarye to every man, ffor it is a vertue that moch causeth the sauftie of the werkys of oure lorde God. And right as every[b] man hath neede that oure lorde God doo and shewe unto him mercy, soo it is convenient that all men and wymmen ben piteable eche to othir by wey of mercy. And the wise man seith that mercy with oute justise is no verrey mercy,[56] but rathir it may be seid folye and symplesse. And also justise with oute mercy is crueltie and felonye,[c] and therfore it is convenient that these II vertues be ever ensembled, soo that the oon may at alle tymes attempre the othir. And oure lord God that is verray juste, verrey mercifull and piteable ne dooth no thing othir wyse than by mercy and justise ensembled,[d] ffor he dooth noo justise that he ne hath som part of mercy, ne he dooth noo mercy that it ne hath som part of justise.[e] Nevyrthelesse, whan it hath more of mercy than of justise, it is called symplyche or principally mercy, and whan it apperith more of justise than of mercy, than it is called symplely justise. And soo it is convenient and reason will that a Prince which is just be also piteable[f] and that he have mercy with him, so whan[g] he shall execute justise and doo punysshment upon his subgites for any cryme or malefeture, he shuld have pitee upon the crymynouse and trespasiers. And he shulde be soory that the trespasiers shulde deserve to be putte to suche duresse and peyne, and he shulde demeene the trespasiers curteysly and compacionatly as thexecucion of justise. And (p. 167) especially above othir crymes and trespaces as beth doo[h] ayenst his owne estate and ayenst his owne persoone, he ought to be more piteable and more to shewe mercy in[i] the culpable. And soo shall he gete and purchase gret grace anenst God which pardoned his owne deeth and prayed for his malefetures; and soo shall also the Prince have grete favoure anenst his peeple.[j] And whan the Prince shall doo any mercy, he ne shall pardone soo ferforthly, but that in his pardone have souffisaunt parte of justise, and when he shall

---

[a] Hic sequitur de virtute misericordie et quid prodest sive principi sive regi, *T. R has* misericorde *for* mercy, *and no title for this chapter*.
[b] ony, *T*; as *repeated in U*.   [c] feersenes, *T*.
[d] with owte mercy and justice be ensembled, *T*.
[e] ne . . . justise *omitted in T*.   [f] peteable also, *T*.
[g] so that whan, *T*.   [h] of soche as be done, *T*.
[i] to, *T*.   [j] to his peple, that whanne he shall doo mercy, *T*.

---

[56] Si. 16: 13, 14.

doo any pardone or mercy to the trespaciers and malefetours, he shuld
have knowlege of the condicion of the trespa[c]ier and crymynouse
persoone, that is to sey yf he be custumed to doo yvell, the cause and
the maner wherfore and how he hath doo the trespace, and alle suche
causes as he ought to doo mercy fore, whethir it be grete cause or small.
And what Prince that othir wyse dooth, he ne shall never ben allowed,
ne loved, ne be accounted wise. A kinge and a Prince oweth naturelly
to be enclyned and well willed to doon grace and allmesse where it is
needful to be doon, and to suche as with oute helpe beth falle to greete
myscheeffes and in evill fortune. Nevyrthelesse, a Prince in noo wyse
shulde yive so greete yiftes ne be soo liberall of curthasyes, ne doo soo
grete graces, that he himself fall in greete suffraunce of streytnesse, ne
by encheson of whiche he may falle in to any poverte or yvell chevaunce,
ne thrugh whiche he be enforced by oppression to take othir mennes
goodys,[a] he for his owne indigence caused of such mysgovernaunce he
doo greef or wronges unto his subgites. And what Prince that (p. 168)
putteth hym self in suche streitnesse and yvell chevaunce[b] willfully,
he is like to fall into the perill of rebellion of his subgites, or ellys to
have grete werre of suche as beth inhabitauntes in the parties aboute
him. And therfore the Prince at all times shulde doo grete diligence
that the profites and revenues of his lande be ordeyned and disposed
wysely, soo that the Prince be at all dayes garnyssht and purveide to
make expenses good and honeurable and almesse, and to yive yiftes
covenable and to reserve sagely and wysely the surpluse for necessitees
resonable and to perfourme bysinesse suche as ben redoutable or like to
falle. And right as it is sed affore[c] that justise and mercy ensembled
ben souvereynly necessarye to the governaunce of a Prince, also[d] it is
according and convenient that a Prince have in hym selfe II vertues.
The oon is verite, and the othir[e] is constance. A Prince oweth to love
verite and to hate falsheede, lesinges and[f] doublesse or variaunce.
Ffor right as lawe Civile whan it schall ben executed oweth to be just,
true and feerme,[g] right soo the kynge or Prince whiche as the right
lawes Civiles seith is the qwykke and livinge lawe[57] shuld ben just,
ferme and veritable of theire deedis, wordes and promyses; and as it
is a foule and shamefull thinge to sey[h] untrouthe in the presence of
God,[i] soo it is a shamefull thinge and hatefull, whan a kinge or Prince

---

[a] thorugh which he may fall into ony poverte, and so bi force take othir
mennes goodis bi oppression, T.
  [b] indigence, T.   [c] to fore, T.
  [d] right so, T.   [e] That on is verite, and that other, T.
  [f] lesinges and omitted in T.
  [g] Ffor right as lawe is trewe and ferme, T.
  [h] as it is foule and shamefull to sey, H.
  [i] yet it is shamefull and hateful in the presence of God, T.

---

[57] 'Rex est lex animata in terris' (Accursius, ad L.5 Cod. de jure Pisci, X, I).

seith or affermeth other wyse than it is, or ellys that he will nat perfourme
and doo that he promyseth or seith. And it is write in the booke of Esdras
in the bible:[58] trouthe or verite is so stronge that it is vailaunt and hath
souvereyntee above all othir thinges. (p. 169) And how be it that
flaterers and suttell lesingmongers soo covertly wyrcheth theire deceite,
doublesse and falseheede aboute kyng and Princes, somtyme that
theire trecherye[a] hath a maner of coloure and apparence unto the
trouthe, yit oure lord God, that is the right wey, verite and lyf as the
gospell seith,[59] ne shall nat souffre[b] suche falsheede longe to endure.
And every kynge or Prince shulde doo gret diligence and alle his cure
to have resemblaunce unto God and hym to swe in his werkys, so that,
aftir his lordship temporell, he may have and reioyse the spirituell[c]
lordshippe whiche he shall have, yf he love trouthe. And also a Prince
most be constaunt, ferme and stable in thinges that he dooth, and nat
light of voulunte ne remeevable; ffor such thinges as a kynge or Prince
will take upon him to doo for his neede and for the honeure of his
estate, he shuld it enprise and undirtake by thadvise of good and true
counsellours whiche he shuld have aboute him, soo that whan a Prince
is well and truly counseiled, he ne shulde varie ne leeve to doo that he
is[d] counseiled to doo withoute he have right evident cause resonable to
the contrarye. For variaunce and light voluntie is to grete ablame and
defaute in every Prince. And it is nevyr the maner of a sage and wyse
Prince to ben inconstaunt, but it is a signe of little wytte or noon and of
hardyesse[e] and that suche a Prince is nat estable ne ferme ne for to be
allowed or commendyd. And it is right perilous a Prince to yive hasti
credence to raportes made at all tymes, in especiall of accusaciouns or
enpechementes, with oute gretter evidence and more preevable meenys
than the suggestion of envious and malicious flaterers of whos wrecchid
(p. 170) condicions groweth many tymes irreparable[f] harmes and greete
myschevis in many[g] reaumes, as experience opinly shewith.[h]

(*XV.*) *How and in what maner and with whiche circumstaunces a Prince
shulde cheese his officers and servauntes[i]*

Aftir that it[j] is before shewid and meevid somwhat of the good
governaunces perteynyng unto king, Princes and othir greet lordys, it
seemyth convenient and resonable now siwyngly to entreete of the

---

[a] that somtyme her trecherie, *T.*

[c] perpetuel, *T and H.*

[e] of little hardiesse, *T and H.*

[g] all, *T.*

[h] *The two last sentences are transposed in H. The last sentence of U and T,
however, is lacking in R.*

[i] Hic sequitur de officiariis et servientibus regis eligendis, *T.*

[j] it *omitted in U.*

[b] wil not suffre, *T.*

[d] he so is, *H*; he is so, *T.*

[f] irrecuperable, *T.*

[58] 3 Ezr. 4: 35, 36.   [59] Jn. 14: 6.

cheesing and eleccion of theire officers and servauntes. And for soo
moche as it is greetly nedfull that they have officers with outen the
whiche the lordes may never well governe, as seneshallz, ballifz,
vicowntes, provotz, capteynes of placez and many othir,[a] they shulde
knowe that for to have the good governementz of these above seide,[b]
the kinge or the Prince or the greet lorde shuld doo alle the good diligence that he might to have good and sage and true persoones in theire
offices. And whan they have putte into suche offices the moost covenable persoones that they can finde, they shulden ley upon theyme greete
charges and peynes, and doo theyme well to wyte and knowe how they
shall well and truly bere theym and demeene theyme in the seid offices,
ffor right as it is according that every lorde yilde unto God reson and
streyght accounte of his lordshippe and admynistracioun that he hath
had[c] in this worlde, as holy scripture seith, right so also[d] shall he
answere for (p. 171) the defaute of his evill[e] servauntz, that they by
favoure or affeccion or necligence putteth into offices,[f] yf they ne
puniysh[g] theyme ne correct theyme duly for theire trespaces. And
therfore especially they shuld doo greete peyne and diligence to take
good, wyse and true officers,[h] nat by meenys of prayer, affeccion[i] or
favoure. And here upon it is cronykled of the holy kinge Lowes, some-
tyme of Fraunce, how he was accustumed and used to bere at his girdyll
a peire of tables, in whiche he did[j] be writen the names of suche persoones as he herd[k] aboute in his lande well famed by good relacion and
by good name, how thei were good, true and wise, covenable and
convenient for suche offices. And whanne it felle that any suche office
was voide or vacaunt, there was oft tymes made unto him greet
meenye and prayere for preferrement[l] of[m] the seid office; to whiche[n]
it was the seide kinges maner and guyse to answere and sey he[o] wolde
doo in the matere like as his table yave him counseill.[60] And for so
moche as he putt in office suche as were write and remembred in his
tables aftir the good testimonye that he had herd[p] of theire good
conversacion, by that meene he was in his dayes purveide of good

[a] comme bailliz, vicomtes, chastelains, seneschaulx, prevaux et plusieurs
aultres, R.

[b] they . . . above seide omitted in T.

[c] had omitted in T.

[d] also omitted in T.

[e] evill omitted in T.

[f] they negligentli do in there offices, T.

[g] and correcte them, T.

[h] good and trewe officers ande wyse, T.

[i] affeccion omitted in T.

[j] to be written, T.

[k] hadde, T.

[l] preferryinge, T.

[m] to the said, H.

[n] to whom, T.

[o] that he, T.

[p] herd omitted in T.

[60] This is an interesting story, very similar in structure to an *exemplum*. But
there is no trace of it in Joinville, Guillaume de Saint-Pathus, or in Etienne de
Bourbon. It is not mentioned by D. O'Connell, *Les Propos de Saint Louis* (Paris,
1974).

officers, by whos trouthe and wysdome the reaume was well governyd
in his tyme. Wherfore he is now in the reaume of paradise, that nevyr
shall faile. And of the good king[a] Lowes shulden take good ensaumple
the Princes of his lignage, and alle othir that have reaumes and lordships
for[b] to governe. And yf any kinge or Prince perceyve and well can feele
that aftir his lordshipes (p. 172) have be in his handes, he hath mys-
governed and yvell reulyd his landys, his goodes and his owne estate,
for so moche as he ne hath yiven credence to wyse counseillours and
true and upon that his owne profites and Princy[c] is fallen in dekeye,
or is putte unto dishoneure, or ellys by liklinesse in shorte tyme may
falle unto suche inconveniencye, he[d] most anone and with oute delay
chaunge the manere of his governaunce, and also chaunge his counseill
by whiche he hath ben governed unduly and undiscreetly, and doo the
contrarie of suche thinges as he hath doo unwyselye. And yf he doo his
devoire and diligence thus to doo, he shall well addresse him self unto
good governaunce, for as the philosophre seith, [one][e] contrarie is
cured by an othir.[61] And also every Prince shuld with good wyll here
and knowe how othir kinges or Princes beth governed, to that fyn and
entent that he governe[f] hym self like as the wyse kynges and Princes
doth, and that eschwe to doon as the folious governours doth.[g] Every
Prince that well will governe his lande and his subgites oweth, as it is
heere[h] above reherced, do to be well governed his housholde[i] and all
his peeple and maynee,[j] for he that ne governeth well and wisely that
is nygh aboute him, he may nevyr governe well theyme that beth fer
from hym. And amonge alle othir thinges, a Prince shuld take good
heede that the lady his wyff and theire children shuld be well and
honeurably maynteyned. And the good lady shulde evyr have good and
due regarde to suche thinge as toucheth the profyte and the honeure
of hir lorde and of hir self. And she shulde take in hande (p. 173) noo
greet maters with oute licence or congie of hir lord, anenst wham at all
tymes she oweth to bere reverence and oneure, and at alle dayes to be
in greet feere and dowtaunce that she ne doo in any wise[k] any thinge
that may cause his displeasire, for that requireth the honeure of greete
estate and the verrey love and feith that shuld ben in mariage. And how
be it that a kinge or Prince shulde love his lady and wyf in maner as
him self, yit it is nat expedient that he uttyr unto hir, and discloose
the secrees, greete counseilles and greete thinges that he hath to doon

[a] this goode king, H; this kynge, T.   [b] have lordships to governe, T.
[c] his princie, H; provincis, T; princey, R.
[d] he omitted in U.   [e] oo, U.
[f] he shulde governe, T.   [g] that folious governance doth, T.
[h] heere omitted in T.   [i] ses hosteulx, R.
[j] to see his housold, his peple and his meayne wel governed, T.
[k] do in no wise, T.

[61] Nicomachean Ethics, Bk II, ch. iii, 4 (trans. Rackham, p. 81).

for his estate and for his lande, ne that in such thing he be governed aftir hir at som tyme, but he shulde at alle dayes reserve unto[a] him self the lordship and souvereyntee, or ellys many[b] perilles may betyde. The Prince and the lady shulde fulle diligentlye advertise and well take heede that theire children ben well noryshed and well induced in[c] good thewes, in faire[d] langage, in good wyse and faire maners, and in good countenaunces; for as the wyse man seith in the booke of Parables, the kunnyng and the wytte that the fadre seeth in his childe is greet glorie, coumfort and consolacion in[e] the ffadyr, for he seeth that he hath one goode heire and sage, and that his goodys and is possessions shall not remyne aftir his discees and deth[f] unto a foole successoure.[62] And therfore a kinge or a Prince, whan he hath children and issue male, as soone as thei atteigneth to any resonable age, he shulde ordeyne theyme good maisters, clerkes and othir sage persoones of good honest lyf and conversacioun, that shulde theyme enduce in to vertues, thewes and in (p. 174) to science of clergye or letterur, and to teche theyme well to reede and write frenshe, latyn and othir langage, and in especiall that they undirstande and convenablely speke latyn. Ffor it is greet honeure and greet good whan Princes have knowlege and undirstandinge of clergie and science, for than shall they more wysely and sagely governe bothe theyme self and theire lordshippes, and there ne is any man that by reason herof may sey the contrarie.[g] And whan it betideth a Prince to come n[e]wly unto the governaunce of his landys, and he finde theyme in evill poynt and at disioynt for the folious governaunce of his auncetres, or for any othir cause, he ne shulde ben therof abaysht ne slowe to sett it in good ordynaunce and it to refourme, but he shulde diligently seeke to have good wyse and true counseyll and good remedyes and moyans by which he might his landis and suche othir thinges him byhoveth well refourme and addresse.[h] And he shuld beseche God soo to doon,[i] he wolde yive him kunnyng and grace. For the philosophre Boece seith in the[j] booke of consolacion, that adversite, whan it cometh, causeth a man to preyse, love and dreed God. And it is more profitable som tyme that adversitee come than prosperite, for soo moche as adversite causeth a man to studie and to thinke how to be wyse and sagely to addresse suche thinges as beth behofull; but prosperite, which haldeth a man in greet ease, deceiveth him and yiveth him greet delitees, dispoortes and plesaunce, so that in tyme of prosperitee, he ne thinketh duly upon suche maters necessarie, as he hath

---

[a] after hur, but reserve unto, T.
[b] many omitted in U.
[c] with, T.
[d] good, T.
[e] to, H; unto, T.
[f] and deth omitted in T.
[g] The last part of the sentence is omitted in T.
[h] redresse, T.
[i] that so to doon, H; that so doon, T.
[j] his, T.

[62] Prov. 10: 1.

FEPT—H

to doo, but all wey supposeth that the (p. 175) same fortune and prosperite shall endure;[a] but the whele of fortune chaungeth and turneth alle day, soo that prosperite oft tymes deceyvith, but adversite maketh a man wyse and maketh him well to[b] thinke and remembre suche thing necessarie as he hath to doo. And it is comynly seid that whan the begynnyng of prosperite is feeble, bettre fortune shall folowe aftir and swe. And good fortune whan she cometh softly and slouly at the[c] begynnynge, it is signe that longe she shall endure; and soo seith the wyse man in the proverbe in the Bible. And here of also have we good ensaumple in the book of kynges,[63] how Salamon, whan he first come unto the governaunce of the reaume of I[s]rael, he founde it in evill poynt and in greet adverste; and that caused him to be sage and wyse and to studie how he might it refourme and well governe. But Roboam, his son, founde the seid reaume in greet richesse and in greet prosperite, soo that desired[d] no kunnyng ne grace well to governe, but governed amys so ferforthely that he lost by his mysgovernaunce the X partes of his reaume.[e]

By these above seide,[f] men may well parceive that a Prince whan he comyth new to the governaunce of his lande, and findith it[g] in greet peas and in great[h] prosperite, he shuld nat to moche reioyse him self, ne he shuld nat[i] be slowe ne necligence to thinke upon greet besinesse and behoofull maters that longeth unto his lande, but he most[j] doo greet diligence and peyne to knowe his owne governaunce and the good disposicions of his owne[k] landys, and well to kepe these advertismentz above in this tretye touched and mevid. And also, as it is before rehercid, a Prince ne shulde ben[l] abasht ne desperate of (p. 176) feeble estate that he fyndeth his landys ynne, whan he first comyth to his governaunce, but he shulde, like a good Prince of gret wisdome and of greet[m] corage, have good and true counseill and doo greete devoire and diligence to refourme and amende that is mys. And soo shall he be a good Prince and governe wysely and discreetly. And, in all the governaunce of a Prince, he most considre especially II tymes:oone is the tyme of peas, an othir is the tyme of werre. And twixt[n] these II tymes is greet difference, for, in tyme of werre, it is full[o] covenable and

a shall ever endure, T.
b well to omitted in T.
c slouli and softli in the, T.
d that he desired, H.
e At this point, a new chapter, without title, starts in R and in H.
f aforeseid, T.
g them, T and H.
h in great omitted in T.
i he shuld nat omitted in T.
j he owith, T.
k owne omitted in T.
l As it afore rehersed, a prince shulde nat be, T.
m of greet omitted in T.
n bitwene, T.
o full omitted in T.

63 I Kg. 13, 14.

moost[a] accordinge that the prince be full resonable and famulier as
anenst his subgites, like as oweth[b] to be in tyme of peas. Nevyrtheles,
more opinly[c] he shulde discloose him self in tyme of werre than in
tyme of peas in rewardys, curthasies, amyablesses and othir suche
princely condicions, as moore adquireth the love of his subgites, both
to noble and riche, to citeyes and townys, and souverreynly to men of
holy chirche. And suche tymes[d] as he will have effectuelly doo for the
conduit and acchevaunce of his werres, he shulde shewe wysely and
secreely to the sage and true persoones of these above seid,[e] and
especiall to good clerkes, that beth well named and famed and endued
with kunnyng. In tyme of werre, a Prince shulde souvereynly have in
regarde and considre the causes, the qualitees and alle the circumstaunces and alle the meevinges unto the werres. And he shulde
considre well, and se by his good counseill yf he have cause resonable
and right to make werre and wherfore the werre is meevid. And if it
can ben avised and considred (p. 177) by his good and true counseill
that he hath right and may noon othir wyse atteigne to his right than
by force of werre, than most he knyghtly and corageously undirtake and
susteyne his werres, putting hooly his esperaunce and good hoope
principally in God and in his right, praying God continuelly and
devoutly that he will yive him grace, helpe and ende to have his right
and it to kepe. And soo may he procede unto the werres by sadde advise
and good wysdome.[f] And evyr shuld a Prince be well remembred and
avised that he nevyr putte his affiaunce ne to moche truste in his owne
puissaunce ne in the greet multitude of his greet[g] hoste and of his
peeple, though he excede and be moo in nombre than his adversarie,
or elles though he be more mighty and more riche, but principally he
shuld have his affiaunce in God and in his good right, for it is oft tymes
seyn in werre and in bataile that the partie that hath lasse nombre of
peeple hath victorye and prevaileth. And[h] of this we have pleyne
ensample in the bible, in the booke of Juges,[64] wher it is seide that for
asmoche as the lyne of Beniamyn, that were of the peeple of Israel, had
doon a greet cryme and trespace, wherof they wolde nat ben amended
ne correct, alle the othir tribes of the seid peeple of Israel wolde have
theym correct by justise. And the seid peeple of Israel gadred and
assembled theyme in bataile all ayenst the lyne of Beniamyn, but the
seid lyne had no moo but aboute the nombre of XXV.M. men of
armes, had victorye II tymes, and put unto discoumfeture the peeple

---

[a] wel, *T and H.*   [b] he owith, *T*; oweth also, *H.*   [c] pleynli, *T.*
[d] *The end of the previous sentence is omitted in T, which continues:* And so the
thinges as.
[e] theis forseid, *T.*
[f] puttynge holli his esperaunce bi sadde and good wisdom, *T.*
[g] greet *omitted in T.*   [h] and so, *T.*

---

[64] Jg. 20.

of all the othir tribes, the whiche were garnysht*a* (p. 178) of men of
armes in to the noumbre of CCCC.M. . And this was for so moche as
the seide peeple put feith and affiaunce in theire owne strenght and in
theire greet multitude, and nat in the helpe and grace of God as they
shulde have doo, but aftir that, than whan the seide peeple well appar-
ceyved theire owne trespace of theire owne presumpcion,*b* they be
sought God of mercy, and putt fully theire hope and esperaunce in his
grace, and forsooke theire owne presumpcion, than had they victorye of
the seid lyne and did due execucion of justise*c* upon theyme; so that,
in tyme of werre or bataile, a kynge or Prince in his right shulde have
all his hope and trust in God, for, as it is wryten in the booke of Macha-
beys, in werre and bataile the victorye cometh from heven and nat of
the force and strenght or multitude of men.[65] And therfore, in all wyse
having*d* rewarde unto the grace of God and full esperaunce that*e* he
shall*f* guyde and condue the Prince and his peeple,*g* the Prince shuld doo
greet diligence and greet purveaunce for the sustenaunce of his werres,
and make good prudent provision for all suche thinges as ben nedfull to
his werres, so that he may be souffisauntly furnyssht and garnysht of
alle thinges covenable for the mayntenaunce of his seid werres.*h* And
he shuld make by right good advise of discreete and true counseill the
officers of his ooste and of the werres, assignyng unto suche offices able
and convenient persoones for the werre: that is to sey, capiteyns of the
werres and of the oost, marshallez of the oost, marshalles of the bataile
(p. 179) of the Prince, maisters of the archers, maistres of thordinaunce,
capteyns of townes, capteyns of castell of warde, treserers of the werres,
maisters of the werkys, espies and a*i* maistre of the espyes, the provoost
of the oost, and a juge for crymes and trespaces doon withynne the oost,
with many othir divers officers, acording unto the guyses and usages of
the cuntrees where the werres ben exercised, for in sondry cuntrees beth
sondry guyses and divers usages and*j* feetys in the werre. And aftir that
is provision to be made and ordinaunce and disposicion of officeres for
the acchevaunce of the werres in every cuntree, soo that every Prince,
by the good advise of his true counseill, shuld be well assured of his
good and convenient officers for the conduit of his werres, as well upon
the lande as upon the see, as the thinge and tyme*k* will require. And

---

a harvest, *T.*   *b* trespas, defaute and presumpcion, *T.*
c of justise *omitted in T.*   *d* it is to have, *T.*
e and, *T.*   *f* hath, *H.*
g that he . . . people *omitted in R.*
h comment que le prince et ses gens mettent grant diligence et grant pour-
veance a gouverner leur guerre et ce quil yfait, et que len face, par bon advis et
par bon conseil, des officiers de loste, *R.*
i maisters of the werkys, espies and a *omitted in T.*
j dyvers, *T.*   *k* as the tyme, *T.*

---

[65] 1 Mac. 3: 19.

these above seid thus breefly touched, I passe ovyr, and speke no more
of the governaunce of a Prince in tyme of his werres, but yf it be
pleasire to my Prince to have more pleneure and parfyte knowlege of
a Princys reule and governaunce in his werres,[a] let him beholde and
see Vegecius[b] in hys treety full souffisauntly made upon the ffeet of
chyvalrye, and also the IIIde. booke of Gyles[c] made of the regiment and
governaunce of Princes, and in the bookys of othir divers clerkys which
more largely and pleneurly[d] entretith of this matere.[e]

Explicit

[a] werres *omitted in U.*   [b] *A blank space in T.*
[c] Gyles in his boke, *T.*   [d] largely spekith, *T and H.*
[e] cappitaines des villes, chastellains de chasteaulx de garde, tresoriers de la
guerre, clers des mareschaulx, clers des herbalestriers, maitre des ouvrages,
espies de leur maistre, prevost de lost, le juge des crimes, le roy des ribaux, le
mestre sur les esplenceures, sur de gasteurs, diseniers, cinquanteniers, centeniers,
le mestre de la bulete, le mestre portant la banniere du prince, le mestre au
penmichel, le restreigneur des batailles, la garde du fraing au prince, lamiral de
la mer. Par ce que dit est, je me passe de plus parler des enseignemens du
gouvernement au prince en temps de guerre, et qui en vouldra plus savoir, voie
le livre de Vegece sur le fait de chevalier, et le tiers livre du gouv. des princes et
autres parlans de cest matiere, *R.*

APPENDIX I

Introductory poem to the French version of the tract[66]

^aEn l'an de dix sept et trente
Tenans de treize cens la sente,^b
Un prince de royal noblesse,
Qui en aage de joennesse
Et grant et excellent seigneur,
Ordeney a estre greigneur
Par subcession naturelle,
Dit sagement parolle telle:

Sur toutes choses je desire
Que de la grace^c nostre sire
Je puisse avoir entendement
De moy gouverner sagement,
Et de bien garder et tenir,
L'estat où Dieu m'a fait venir,
Si que chose n'emprenge a faire
Qui au roy des roys puist deplaire^d
Et que mes subges, quielx qu'ilz soient,
Amer et obeir me doient,
Et que a moy ne soient mie
Gens diffamés de male vie,
Mon conseil soit de loiauté,
Plain de sens et sans cruaulté,
Et ainsi a mes^e offices
Soient bonnes gens, non pas vicés,
^fMaiz sages et sans convoitise,
Diligens a faire justise.
Et pour ce voulentiers eusse
Un livre par quoy je peusse^g
Congnoistre apoint et sagement
^hL'estat et le gouvernement
De seigneurie temporelle,
Qui sans sens n'est bonne ne belle.

^a R: *fo. 165 ra.* P: *p. 151.*   ^b R: treize CC.
^c P: que la grace.   ^d P: Qui doie au roy des roys desplaire.
^e P: Et que aussi en mes.   ^f P: *p. 152.*
^g P: ie sceusse.   ^h R: *fo. 165 rb.*

---

⁶⁶ This is the text of R, collated with P; differences of spelling have not been indicated.

Ainsi, ces choses cy escriptes
Furent bien dudit Prince dittez.
Aucuns de son conseil oyans,
Qui en furent liez et joyans,
Si comme sergens[a] doivent estre
Quant ilz voyent sens en leur mestre,
Et aucuns de ceulx qui l'oyrent
Apres ce diligence firent.
Tant que par eulx est pourveu,
Et le plus tost qu'ilz ont peu,
Un livre sur ceste matiere,
Que l'en appelle grâce entiere,
Duquel, pour l'amour dudit Sire,
L'en a fait cy apres escripre
En sa teneur toute planiere,
Qui s'ensuit en ceste maniere.

[b]La plus belle chose du monde,
En qui plus de profit habonde,
C'est quant l'en voit par les provinces
Le bon gouvernement des Princes.
Adonc, la royal noblesse
Regne, et subgez sont en leesse.
Et paix, qui est bonne et belle,
Sur toute beauté[c] temporelle
Se tient partout communément
[d]Ou il a bon gouvernement,
Des seigneurs sages, raisonnablez,
Et a leurs subges aimables.
Princes sont des subgiez les chiefs,
Si que auxi come grans meschiefs
Sont es corps quant de sa trempance
Est es chiefs et belle ordenance.
Ainsi ont subgiez grant dommage
[e]Quant li seigneurs ne sont pas sage,
Et auxi par vraye semblance
Doivent avoir mal chevance.

Seigneurie bien gouvernée
Est belle, forte et redoubtée.
En tel seigneur est assise
[f]Amour, honneur, paix et justise.

Lors est bel l'estat d'exelense,
Quant il a sens et prudence,
Car il n'est riens si bien seant
A Prince qu'estre cler voyant
Par sens a tout ce qu'il regarde;
Son honneur, son estat se garde.

Vegece se premier n'oublie
En livre de chevalerie:
Tout seigneur qui veult sagement
Gouverner doibt premierement
Cognoistre soy et sa nature,
Et puis doibt adrecier sa cure
Aux choses hors de soy veoir.
De ce peut bonne^a example avoir
Comme de celle ou de celuy
^bQui entour soy et pres de luy
Ne voit riens, maiz en loing regarde
Par une maniere musarde.
Maiz le sage premierement
Voit près de soy et sagement,
Si que le bien voit et retient,
Et par diligence se tient
A maintenir bien deuement
Soy^c et son bon gouvernement.
^dEn ce povons pour mielx entendre
De Salmon exemple prendre:
Car sitost comme en sa joenesse
Il se vit en royal haultesse,
Suscesseur de David son pere,
Il pensa moult qu'il devoit faire
Et considera son enffance,
Et qu'il n'avoit pas suffisance
A bien jugier et discerner
Pour son royaume gouverner,
Si qu'il prya Dieu humblement
Qu'il lui donnast entendement,
Du sens du ciel, si qu'il tenist
Science qui de Dieu venist,
Par qui son regne et sa maison
Gouvernast bien et par raison.

^a P: bien.   ^b R: fo. 165 vb.
^c P: Et soy et son gouvernement.   ^d P: p. 155.

Il requist sens tant seullement
Et le demanda sagement,
Et pour ce Dieu lui ottroya
Plus largement qu'il ne proia,
[a]Et luy fist grace trop plus grande
Que ne contenoit sa demande:
Car il lui donna excellence
De bonne et parfaitte science,
Et avecques sens, abundance
De richesses et de puissance,
Et de ces annemiz victoire.
[b]Et qu'il ne chiet pas en memoire
Qu'aucun roy de si grand habundance
De sens, de richesse et puissance[c]
Ait eu en quiconques aage
Si comme Salmon le Sage.
En la Bible ceste besoigne,
Ou livre des Roys bien[d] tesmoigne.

Ainsi doivent communement
Les princes mettre entendement
A Dieu devotement requerre,
Pour savoir gouverner leur terre
Par science qui de Dieu vienge.
Car il n'est estat qui se tienge,
Ne qui vaille ne qui bien face,
Fors celui qui de Dieu a grace:
Car l'estat de Dieu conforte,
Vault et est[e] finalement porté
En la seigneurie treshaulte,
Durant sans fin et sans deffaute.
En ceste presente matiere,
Se quant aurez consideré
Que souvent les ensaignemens
Ennuient aux entendemens
Quant ilz sont longs et trop prolis,
Ou de langage trop prolis,[f]
Pour ce vueil je lessier la rime
[g]Et le langage leonime

[a] R: fo. 166 ra.   [b] P: p. 156.
[c] The next four lines are lacking in R.   [d] P: le tesmoigne.
[e] R omits est.
[f] P: Ou de lange trop poliz.
[g] R: fo. 166 rb.

Pour parler en bresve matiere,
Et par poursuite plus legiere.
Et donc je dit[a] aucune chose
Si que j'en parleray en prose.

[a] *P*: Cen dont iay dit . . . .

APPENDIX II

Concluding poem to the French version of the tract

[a]Pour ce que cest livre se commence par maniere de rime et de leonimeté, et, assez tost apres, la leonimeté[b] fut lessié pour parler plus pleinement et par maniere de prose sans rimer, je retourne à la leonineté et a la rime en[c] la fin de cest livre, et diray ancore aucun pou de chose et briefment de la matiere dessus dite.

Les grans seigneuries mondaines
Sont pesantes, briesvez et vaines,
Fors qu'en cas que bien ordenées
Sont, et selon Dieu gouvernées.
Car adonc par les temporelles
L'en acquiert les perpetuelles
Que Dieu donne en parfaicte gloire.
De ce doibt l'en avoir memoire.
Les dessus diz ensaignemens
Parlent des bons gouvernemens
Que les princes doivent avoir,
S'ilz veullent paradis avoir.
Prince qui[d] doibt garder justice,
Ne doibt souffrir en nulle guise
Que toute juivre et vilanie
[e]Ne soit diligeaument pugnie,
Tant soit ce qu'elle soit petite,
Et faicte à gent de povre eslite.
Car quant une petite juivre
Est tost pugnie et par droiture,
Le cours des grans maulx amenuise
Pour la paour de la justise:
Car quant le chenet batue crie,
Le lyon qui l'oi s'en chastie.

Prince qui veult honneur acquerre,
Pour bien garder soy et sa terre
Doibt en sa terre demourer
Pour bien entendre et labourer

[a] R: fo. 180 va. P: p. 207.
[b] P omits the passage from et, assez . . .
[c] P: ie veil retourner a la fin de cest livre a la leolinetté et a la rime, et diray. . .
[d] R omits qui.
[e] R: fo. 180 vb. P: p. 208.

Et mettre diligence et cure
De faire a ses subges droiture,
Et de veoir en quelle guise
Ses officiers font justise.
Et se doibt faire amer[a] et craindre
Si que nul ne s'en doye plaindre,
Et si doibt bien mettre sentente
De savoir bien que vault[b] sa rente,
Et sa terre, et sa revenue,
Qui par droit en doibt[c] estre eue.
Car qui ne congnoist son estat,
Il doibt redoubter le restat[d]
Qui vient moult perilleusement
Par non sage gouvernement.

Prince demourant en sa terre
Doibt bien savoir et bien enquerre
[e]Comment ses officiers se portent,
Et come ils gardent et confortent
Les subges et tout le pais,
S'ilz y sont améz ou haïs,
S'il maintiennent a droit justise,
S'il sont blasméz de convoitise.
Et s'il les treuve convenables,
Si leur donent loyers convenables,
Et telx qui bien leur doye plaire,
Et qui les meuvent a mielx faire.
Et s'il gouvernent follement,
Ostéz soient hastivement,
Et bien pugnis en la maniere
Que requiert rigour droituriere.
Et ceulx qui ont fait les offices
Loyalment, non blasméz de vices,
Soyent mis en plus honourables
Offices, a eulx convenables,
Car il est bon que l'en avance
Les bons dont l'en a congnoissance.
Et qui ainsi en ouvreroit,
Le prince bien servi seroit.
Mauvaiz gouvernment adviennent
Par ceulx qui les offices tiennent,

---

[a] *P*: Et ce fait amer . . . .   [b] *P*: A conbien vault . . . .
[c] *P*: puet.   [d] *End of P.*
[e] *R*: *fo. 181 ra.*

Quant ils se portent mauvaisement.
Et pour ce doibt souverainement
Le prince estre bien pourveuz
D'officiaulx bien esleuz,
Car, sans tielx, princes vraement
[a]Ne gouvernent mie sagement.

Ainsi, par bonne providence,
Prince, ne seigneur d'excellence,
Doibt congnoistre son païs,
Amer doibt sans estre haïs,
Et doibt visiter les cités
Et les lieux de antiquités,
Et oir tousiours volentiers
Et par ville et par sentiers
Les plaintes et les doleances,
Les meffaiz et les mescheances,
Que ses subges desirent dire
A leur prince comme a leur Sire,
Affin que justice leur face,
Et les mauvais pugnisse et chace,
Et que refourmateurs ordeine,
Sages, loyaulx et mettant paine
A oir pour lui les querelles,
Des complaintise grans et crueles,
Et a faire en droit prestement
Par vertu et grant jugement.
Et des grans qui si hault se boutent
Car en faisant mal riens ne doubtent,
Sur ce faire infourmacion
Fassent bonne relacion.

Ainsi le prince vraiement
Vit volenters et longuement,
Dedens sa terre soy tenir
Pour les mauvaiz faire fuir,
[b]Et les bons garder doulcement.
Car le bon pasteur vraement
De ses brebiz pas ne s'esloigne,
Maiz entent bien en sa besoigne
Si qu'ilz aient bonne pasture,
Et en place bonne et seure,

Si que le lou ne autre chose
Ne les puisse grever, ne nose.
Se le prince prent en sa grace
Aucun, pour deduit qu'il lui face.
Et en lui avoir se delice,
Et veult que pres de lui habite
Pour aucuns esbatemens faire,
Qui peuent bien au prince plaire,
Pour ce le prince ne doibt mie
Tel eslever en grant baillie
Ne en office honnorable,
Si n'est ad ce bien convenable:
Maiz l'en fait souvent l'oposite
Par folour qui n'est pas petite.
En nul temps, soit paix ou guerre,
Ne peut royaume ou autre terre
Joir de bon gouvernement,
Ne vivre en paix deuement,
Se l'en ne met par les offices
Gens convenables et propices,
Diligens a faire justise,
Sans orgueil et sans convoitise,
Sans trop grans et excessif numbre,
*a*Car trop d'officiers encombre
Aux demourans en la province.
Et si est dommageux au prince,
Car il n'est rien que par nature
Vaille, s'il n'est fait par mesure.
Et tout ce doibt estre quassez
Qui passe trop le point d'assez.
Qui se veult sumettre a raison,
Il est seigneur de sa maison.
Et toute seigneurie dure,
Qui vait par compas de mesure:
Et sans mesure seigneurie
Fait tant qu'elle pert mestrie.

Le bon philozophe Aristote
Dist a Alixandre ceste note:
Si tu veulx toute ta saison
Sumettre du tout a raison,
Raison, des vertus la greigneur,
Te fera du monde seigneur.

a fo. 181 vb.

C'est notable, crut Alixandre.
Si qu'il entendit a espandre
Son povoir raisonnablement,
Tant que il vint finablement
Ad ce qu'il fut roy et seigneur,
Et de ses voysins le greigneur.

A la fin de notre matiere
De cest livre dit grace entiere,
Faisons par devote maniere
Au roy des roys notre priere:
^aQue le prince, pour qui cest livre
Est fait, puisse regner et vivre
Longuement en estat de grace,
Par quoy Dieu lui octroit qu'il face
Bien garder justice et sa terre,
Tenir paix et oster la guerre.
Sur ses anemis ait victoire,
De bien gouverner ait memoire,
Et sens, et bonne diligence,
Et qu'il ait bonne obedience
De ses subges et par sa terre,
Et qu'il puisse vers Dieu conquerree
Grace entiere et grace souveraine
Apres la seigneurye mondaine.

Amen. Amen.

^a *fo. 182 ra.*

INDEX OF PERSONS AND PLACES
REFERRED TO IN THE TEXTS

INDEX OF PERSONS REFERRED TO IN THE INTRODUCTIONS AND NOTES

INDEX OF MANUSCRIPTS CITED OR DESCRIBED

(Manuscripts in italics are described in the present volume)